Öffentliches Baurecht

2015

Dr. Martin Stuttmann,
Vorsitzender Richter am Verwaltungsgericht,
Lehrbeauftragter an der Universität Münster

ALPMANN UND SCHMIDT Juristische Lehrgänge Verlagsges. mbH & Co. KG
48143 Münster, Alter Fischmarkt 8, 48001 Postfach 1169, Telefon (0251) 98109-0
AS-Online: www.alpmann-schmidt.de

Zitiervorschlag: Stuttmann, Öffentliches Baurecht, Rn.

Dr. Stuttmann, Martin
Öffentliches Baurecht
7., überarbeitete Auflage 2015
ISBN: 978-3-86752-372-1

Verlag Alpmann und Schmidt Juristische Lehrgänge
Verlagsgesellschaft mbH & Co. KG, Münster

Unterstützen Sie uns bei der Weiterentwicklung unserer Produkte.
Wir freuen uns über Anregungen, Wünsche, Lob oder Kritik an:
feedback@alpmann-schmidt.de.

INHALTSVERZEICHNIS

Vorbemerkung 1

1. Teil: Überblick 2
- A. Grundlagen 2
- B. Prüfungsrelevanz 2
- C. Das baurechtliche Grundschema 3
- D. Die entscheidenden baurechtlichen Normen 4

2. Teil: Baugenehmigung 7

1. Abschnitt: Das Baugenehmigungsverfahren 7
- A. Wesen und Wirkung der Baugenehmigung 7
- B. Baugenehmigungspflichtige Vorhaben 11
- C. Formelle Baurechtmäßigkeit 13

2. Abschnitt: Materielle Baurechtmäßigkeit – die bauplanungsrechtliche Zulässigkeit 14
- A. Bauliche Anlage, § 29 Abs. 1 BauGB 15
- B. Vorhaben im Bebauungsplangebiet 16
  - I. Bebauungspläne und BauNVO 16
  - II. Zulässigkeit nach § 30 BauGB 20
    - 1. Qualifizierter BPlan 20
    - 2. Einfacher, vorhabenbezogener und BPlan in Aufstellung 21
    - Fall 1: Terrorgefahren 22

3. Abschnitt: Überwindung von Genehmigungshindernissen durch Baulasten 36

4. Abschnitt: Verhinderung der Baugenehmigung 37

5. Abschnitt: Vorhaben im unbeplanten Innenbereich 40
- Fall 2: Wohnen auf dem Dorf 43

6. Abschnitt: Anwendung der BauNVO 51
- A. Begrifflichkeiten 51
- B. § 15 Abs. 1 BauNVO und das Gebot der Rücksichtnahme 53

7. Abschnitt: Vorhaben im Außenbereich 58
- A. Land- und Forstwirtschaft, § 35 Abs. 1 Nr. 1 BauGB 59
  - Fall 3: Schwimmen auf dem Lande 59
- B. Weitere privilegierte Vorhaben i.S.v. § 35 Abs. 1 BauGB 64
  - I. Ortsgebundene Betriebe, § 35 Abs. 1 Nr. 3 BauGB 64
  - II. Sonstige privilegierte Vorhaben, § 35 Abs. 1 Nr. 4 BauGB 64
  - III. Rückbauverpflichtung und deren Sicherstellung, § 35 Abs. 5 BauGB 65
- C. Öffentliche Belange, § 35 Abs. 3 BauGB 66

8. Abschnitt: Bestandsschutz 71

3. Teil: Bauaufsichtliche Ordnungsverfügungen ... 73
A. Stilllegung ... 75
B. Nutzungsuntersagung ... 77
C. Beseitigungs-/Abrissanordnung ... 78
D. Einwendungen gegen Bauordnungsverfügungen ... 80
Fall 4: Die zaghafte Beseitigungsverfügung ... 80
E. Rechtsnachfolge ... 88
F. Zwangsweise Durchsetzung von Bauordnungsverfügungen ... 89
G. Betretungsrechte ... 91

4. Teil: Rechtsschutz des Bauherrn ... 93
A. Widerspruch und Klage bei verweigerter Baugenehmigung ... 93
B. Eilrechtsschutz des Bauherrn ... 93

5. Teil: Baurechtlicher Nachbarschutz ... 95
A. Abwehrrecht des Nachbarn – drittschützende Norm ... 96
B. Nachbar ... 97
C. Besonderheiten im Prüfungsaufbau bei Nachbarrechtsbehelfen ... 97
Fall 5: Die erdrückende Doppelhaushälfte ... 100
D. Nachbarschützende baurechtliche Normen ... 103
I. Bestimmtheit der Baugenehmigung, § 37 Abs. 1 VwVfG ... 104
II. Nachbarschutz im BPlan-Gebiet (§§ 30, 31 BauGB) ... 104
1. Anspruch auf Gebietserhaltung und Gebietsprägungserhaltung ... 104
a) Gebietserhaltungsanspruch ... 104
b) Gebietsprägungserhaltungsanspruch ... 105
2. Maß, Bauweise, überbaubare Grundstücksflächen, Ausnahmen und Befreiungen ... 106
III. Nachbarschutz im unbeplanten Innenbereich, § 34 BauGB ... 107
1. § 34 Abs. 2 BauGB: Nähere Umgebung wie Baugebiet in §§ 2–9 BauNVO ... 107
2. Einfügen, § 34 Abs. 1 S. 1 BauGB ... 108
IV. Nachbarschutz im Außenbereich, § 35 BauGB ... 108
V. Nachbarschutz durch bauordnungsrechtliche Normen ... 109
1. Materielles Bauordnungsrecht ... 109
2. Nachbaranspruch auf bauaufsichtliches Einschreiten ... 111
E. Rechtsschutz des Nachbarn ... 113
I. Widerspruch und Klage ... 113
II. Vorläufiger Rechtsschutz nach §§ 80a, 80 Abs. 5 VwGO ... 115
III. Einstweilige Anordnung nach § 123 VwGO ... 116
Fall 6: Parken und Wohnen ... 117

6. Teil: Bauleitplanung 127

1. Abschnitt: FPlan und BPlan im Überblick 127

2. Abschnitt: Das BPlan-Verfahren 129

3. Abschnitt: Materielle Rechtmäßigkeit des BPlans 135

A. Erforderlichkeit, § 1 Abs. 3 BauGB 135
B. Zwingende Planungsvorgaben des BauGB 136
C. Abwägungsgebot und Abwägungsfehler 137
D. Fehlerfolgen – Planerhaltung, §§ 214 ff. BauGB 139
E. Rechtsschutz gegen BPläne 141
Fall 7: Industrie an der Gemeindegrenze 142

Synopse 151

Stichwortverzeichnis 155

LITERATURVERZEICHNIS

Battis	Öffentliches Baurecht und Raumordnungsrecht 6. Aufl., 2014
Battis/Krautzberger/Löhr	Baugesetzbuch 12. Aufl., 2014
Bönker/Bischopink	Baunutzungsverordnung 2014
Bracher/Reidt/Schiller	Bauplanungsrecht 8. Aufl., 2013
Brügelmann	Baugesetzbuch Loseblatt, Stand: Okt. 2014
Ernst/Zinkahn/Bielenberg	BauGB Loseblatt, Stand: Nov. 2014
Ferner/Kröninger/Aschke	BauGB mit BauNVO 3. Aufl., 2013
Finkelnburg/Ortloff/Kment	Öffentliches Baurecht Band I: Bauplanungsrecht 6. Aufl., 2011
Finkelnburg/Ortloff/Otto	Öffentliches Baurecht Band II: Bauordnungsrecht, Nachbarschutz, Rechtsschutz 6. Aufl., 2010
Gädtke/Czepuck/Johlen/Plietz/Wenzel	BauO NRW 12. Aufl., 2011
Hoppe/Bönker/Grotefels	Öffentliches Baurecht 4. Aufl., 2010
Hornmann	Hessische Bauordnung 2. Aufl. 2011
Jäde/Dirnberger/Weiss	BauGB-BauNVO 7. Aufl. 2013
Muckel/Ogorek	Öffentliches Baurecht 2. Aufl., 2014

Rabe/Pauli/Wenzel	Bau- und Planungsrecht 7. Aufl. 2014
Sauter	Landesbauordnung für Baden-Württemberg Loseblatt, Stand: April 2014
Schönenbroicher/Kamp	Bauordnung Nordrhein-Westfalen 2012
Schroeder	Baurecht NRW 2. Aufl. 2014
Schrödter	Baugesetzbuch 8. Aufl., 2015
Simon/Busse	Bayerische Bauordnung Loseblatt, Stand: Juli 2014
Spannowsky/Uechtritz	BauGB 2. Aufl., 2014
Stollmann	Öffentliches Baurecht 9. Aufl. 2013

Vorbemerkung – Zum Gebrauch dieses Skripts

1 Das öffentliche[1] Baurecht ist ein Teil des Besonderen Verwaltungsrechts. In Studium und Examen steht es in seiner Wichtigkeit dem Polizei- und Ordnungsrecht nicht nach. In der Rechtspraxis ist es eines der bedeutsamsten Gebiete des Verwaltungsrechts überhaupt. Der Zugang zum öffentlichen Baurecht wird allerdings vielfach als schwierig empfunden, weil die meiste Literatur von Baupraktikern für Baupraktiker geschrieben ist. Dieses AS-Skript richtet sich dagegen ganz nach den **Bedürfnissen im Studium**. Es findet sich (nur) das, was in der baurechtlichen Fallbearbeitung in Studium und Examen (Pflichtfach und Schwerpunktbereich) verlangt wird. Die dort gestellten Fälle unterscheiden sich nämlich erheblich von denen der „Echt-Praxis", auf die Kommentare und Erläuterungswerke ansonsten ausgerichtet sind. Deswegen werden BPläne und FPläne erst am Schluss erklärt.

Baurechtliche Fälle sind in der Praxis durch umfangreiche Unterlagen wie Planzeichnungen, Schnitte, Ansichten, Gutachten verschiedenster Fachrichtungen (Immissionen, Verkehrsströme, Umweltauswirkungen usw.), Lichtbilder, Karten, Protokolle von Ortsterminen und vieles mehr gekennzeichnet. Die Bauverwaltungsakten umfassen viele Aktenordner, die Gerichtsakten mehrere Bände. Die **Prüfungsfälle** in Studium und Examen bestehen dagegen nur aus ein bis zwei Textseiten. Pläne gehören kaum, allenfalls als kleiner Planausschnitt, zum Sachverhalt. Studium und Praxis fallen also gehörig auseinander.

Dieses Skript ist so konzipiert, dass es trotz der verschiedenen LBauO **bundesweit** nutzbar ist. Soweit es auf die jeweilige landesrechtliche Bauordnung ankommt, sind stets die jeweils einschlägigen Vorschriften aller 16 LBauO in einer **Normenleiste** nachgewiesen (Beispiel: Baugenehmigung):

58	68	71	67	72	72	64	72	70	75	70	73	72	71	73	71

Im Anhang findet sich zudem eine **tabellarische Übersicht**, in der die für die Ausbildung wichtigen Vorschriften aller LBauO synoptisch nebeneinander aufgeführt sind.

Dem Baurecht eilt der Ruf voraus, wenig greifbar („schwammig") zu sein. Das Ergebnis sei rein zufällig („Glücksspiel", „völlig unvorhersehbar"). Es sei zugestanden, dass etwa die Frage, ob sich ein Gebäude in die Eigenart der näheren Umgebung „einfügt", oder ob eine bauliche Nutzung „gebietsverträglich" ist, nicht so eindeutig zu beantworten ist wie die Frage, ob eine Frist versäumt ist. Doch auch das öffentliche Baurecht vollzieht sich durch systematische Gesetzesanwendung nach den **strengen Regeln der Subsumtion**. Die Wertungsoffenheit der zahlreichen unbestimmten baurechtlichen Rechtsbegriffe sowie das Zusammenspiel verschiedener Gesetze (BauGB, BauNVO, LBauO und Fachgesetze) verführen allerdings oftmals dazu, die Subsumtionsregeln nicht genau zu beachten. Das Skript zeigt, wie es richtig gemacht wird.

Das öffentliche Baurecht zeichnet sich dadurch aus, dass es besonders intensiv von der **Rechtsprechung geprägt** ist. Allein mithilfe des Wortlauts der einschlägigen Normen lässt sich ein baurechtlicher Fall kaum je lösen. Es ist daher unabdingbar, zu wissen, wie die Rechtsprechung die baurechtlichen Tatbestandsmerkmale versteht. Dies wird vorwiegend anhand der Rechtsprechung des **BVerwG** nachgewiesen, die – anders als die teils variierenden Ansichten der fünfzehn OVG/VGH – bundesweit Geltung beanspruchen kann.

---

1 Privates Baurecht: vor allem §§ 903 ff., insb. §§ 907, 929, 1018 ff. BGB.

1. Teil: Überblick

A. Grundlagen

2 Das Eigentumsgrundrecht (Art. 14 GG) umfasst das Recht, das Eigentum an Grund und Boden baulich zu nutzen **(„Baufreiheit")**.[2] Das private Interesse an ungehemmter Bodennutzung läuft dem Allgemeininteresse an einer geordneten Bodennutzung allerdings zuwider. Akzeptable Lebensverhältnisse lassen sich nur erzielen, wenn es ein öffentliches Baurecht gibt, das die Bodennutzung am allgemeinen Wohl orientiert. Deswegen besteht die Baufreiheit von vornherein nur in den Grenzen, die das öffentliche Baurecht zieht. Die baurechtlichen Vorschriften sind Inhalts- und Schrankenbestimmungen des Eigentums (Art. 14 Abs. 1 S. 2 GG).

3 Es gibt keine einheitliche **Gesetzgebungskompetenz** für das Baurecht. Vielmehr weist Art. 74 Abs. 1 Nr. 18 GG dem Bund die konkurrierende Gesetzgebungskompetenz für das Bodenrecht zu. Zu ihm gehört etwa das Recht der städtebaulichen Planung[3], die sich vor allem nach dem BauGB und der BauNVO richtet. Deren Vorschriften sind flächenbezogen. Dagegen sind die 16 Landes-Bauordnungen (LBauO), die an eine Musterbauordnung (MBO)[4] angelehnt sind, objektbezogen. Ihre Regelungen dienen der Gefahrenabwehr und gehören zum (Sonder-)Ordnungsrecht, für das ausschließlich die Länder nach Art. 70 GG gesetzgebungskompetent sind. In den LBauO sind außerdem die Organisation, das Verfahren und die Genehmigungs- bzw. Eingriffsbefugnisse der zuständigen Behörden geregelt. Hinzu kommt das Ortsrecht der Gemeinde, in der das Bauvorhaben liegt. Ihre Planungshoheit (Art. 28 GG) üben die Gemeinden aus, indem sie Bebauungspläne (BPlan) in Form von Satzungen als örtliches Baurecht erlassen (§ 10 BauGB). Schließlich spielen oftmals die Vorgaben besonderer Fachgesetze eine Rolle, vor allem des BImSchG (ansonsten Natur- und Denkmalschutzgesetze, Landesplanungsgesetze usw.).

B. Prüfungsrelevanz

4 Das öffentliche Baurecht ist besonders prüfungsrelevant.[5] Das liegt zum einen daran, dass es nicht auf zweipolige Rechtsverhältnisse (Bauherr und Baubehörde) beschränkt ist, sondern Dritte hinzutreten (Nachbarn, Gemeinde). Das führt zu verfahrens- und materiellrechtlichen Besonderheiten. Außerdem weist das Planungsrecht mit seinen oft wertungsoffenen Begriffen und seinem Bestreben, eine Vielzahl gegenläufiger Interessen rechtlich zum Ausgleich zu bringen, öffentlich-rechtliche Spezialitäten auf, die zum Prüfen einladen. Die baurechtlichen Nachbarrechtsbehelfe sind besonders bedeutsam, weil sie als Blaupausen für alle anderen öffentlichen Rechtsgebiete mit Drittbeteiligung dienen.[6]

---

2 BVerfGE 35, 263; Battis, in: Battis/Krautzberger/Löhr § 1 Rn. 7.

3 BVerfGE 3, 407 (Rechtsgutachten, dazu: Reidt, in: Bracher/Reidt/Schiller Rn. 1 ff.).

4 Laufend fortgeschrieben von der Bauministerkonferenz, vgl. www.bauministerkonferenz.de; Battis Rn. 492.

5 Dürr JuS 2007, 328; Beaucamp JA 2005, 471.

6 Böhm JA 2013, 81.

Arten von Baurechtsklausuren
■ Der Bauherr verlangt von der Baubehörde die Erteilung einer Baugenehmigung.
■ Bauherr wehrt sich gegen eine Bauordnungsverfügung (z.B. Nutzungsuntersagung) der Baubehörde.
■ Der Nachbar greift eine Baugenehmigung an, die der Bauherr von der Baubehörde erhalten hat.
■ Der Nachbar verlangt von der Baubehörde, dass sie gegen den Bauherrn einschreitet (z.B. wegen eines ungenehmigten Bauvorhabens).
■ Die Gemeinde greift die Baugenehmigung an, die die Baubehörde dem Bauherrn auf ihrem Gemeindegebiet erteilt hat.
■ Bauherr, Nachbar oder Nachbargemeinde greifen einen Bebauungsplan inzident oder mit der abstrakten Normenkontrolle (§ 47 VwGO) an.

C. Das baurechtliche Grundschema

Für den Bauherrn, die Baubehörde und die Nachbarn ist stets entscheidend, ob das Bauvorhaben rechtmäßig ist. Es ist rechtmäßig, wenn es **bauplanungs- und bauordnungsrechtlich** rechtmäßig ist und nicht gegen andere öffentlich-rechtliche Vorschriften verstößt. Hieraus leitet sich ein Grundschema der Prüfung ab, das immer wiederkehrt. Dieses Grundschema wird je nach Fallgestaltung lediglich variiert, indem einzelne Punkte eingefügt, ausgelassen oder vertieft untersucht werden. Allein bei der Überprüfung der Rechtmäßigkeit/Wirksamkeit eines BPlans gelten andere Grundsätze. 5

Beispielsweise wird bei Nachbarrechtsrechtsbehelfen nur geprüft, ob der Bauherr gegen nachbarschützende Vorschriften verstößt (z.B. Rücksichtnahmegebot); dagegen werden im Allgemeininteresse erlassene, nicht nachbarschützende Vorschriften nicht geprüft (z.B. ausreichende Anzahl von Stellplätzen).

Das Bauvorhaben ist rechtmäßig, soweit es nicht gegen die Vorschriften des BauGB i.V.m. der BauNVO und ggf. den BPlan sowie gegen die LBauO verstößt, also formell und materiell baurechtmäßig ist, und auch im Übrigen mit den öffentlich-rechtlichen Vorschriften in Einklang steht.

6 **Grundschema**
Rechtmäßigkeit eines Bauvorhabens

I. Bauordnungsrechtliche Rechtmäßigkeit („formelle Legalität“)

In der bauordnungsrechtlichen Rechtmäßigkeit wird das Vorhaben auf seine Übereinstimmung mit den Anforderungen der LBauO geprüft. Damit sind die materiellen Anforderungen gemeint (Gefahrenabwehr, Verhinderung von Verunstaltung usw.), nicht die Regeln über den Ablauf der baurechtlichen Verwaltungsverfahren.

Die LBauO tritt in Studium und Examen vor allem durch die Regelung des baubehördlichen Verfahrens in Erscheinung. Materielle ordnungsrechtliche Anforderungen treten zurück. Die in der Praxis überragend wichtigen Einzelheiten des Abstandsflächenrechts sind für die akademische Juristenausbildung zu technisch. Gleiches gilt für Standsicherheitsfragen (Statik) und Anforderungen des Brandschutzes.

II. Bauplanungsrechtliche Rechtmäßigkeit („materielle Legalität“)

1. In der bauplanungsrechtlichen Rechtmäßigkeit wird geprüft, ob ein Vorhaben i.S.d. § 29 Abs. 1 BauGB den städtebaulichen Vorgaben der §§ 30–35 BauGB (i.V.m. BauNVO und ggf. dem BPlan) widerspricht.

2. Die Lage des Baugrundstücks bestimmt, ob sich die städtebauliche Zulässigkeit nach § 30, § 34 oder § 35 BauGB richtet. Liegt das Grundstück in einem BPlan-Gebiet („Plangebiet“, „beplanter [Innen-]Bereich“), gilt § 30 BauGB. Fehlt ein BPlan oder ist er unwirksam, liegt das Grundstück aber in einem schon besiedelten Gebiet („unbeplanter Innenbereich“), ist § 34 BauGB einschlägig. Befindet es sich in keinem dieser beiden Gebiete („Außenbereich“), richtet sich die planungsrechtliche Zulässigkeit nach § 35 BauGB.

3. Im Anschluss an die bisherige typisierte Prüfung gewinnen die besonderen Einzelfallumstände an Bedeutung. Sie können sowohl zur planungsrechtlichen Zulässigkeit als auch zur Unzulässigkeit führen. Ist das Vorhaben eigentlich (bei typisierter Betrachtung) planungsrechtlich unzulässig, können die Einzelfallumstände es ausnahmsweise rechtfertigen, das konkrete Bauvorhaben doch zuzulassen (v. a. nach § 31 Abs. 2 BauGB). Ist das Vorhaben dagegen eigentlich zulässig, kann es in seiner konkreten Ausprägung in der konkreten Umgebung trotzdem ausnahmsweise unzulässig sein, weil es gegen das Gebot der Rücksichtnahme verstößt (v. a. nach § 15 Abs. 1 BauNVO).

III. Sonstige öffentlich-rechtliche Vorschriften

Nicht zur baurechtlichen Rechtmäßigkeit i.e.S. zählen die sonstigen öffentlich-rechtlichen Vorschriften wie z.B. das BImSchG, die DenkmalschutzG, die NaturschutzG, das WHG usw. Diese Gesetze werden jedoch bei der Erteilung der Baugenehmigung mitgeprüft, soweit die LBauO den Prüfungsumfang der Baubehörde nicht beschränkt.

D. Die entscheidenden baurechtlichen Normen

7 Bei der Beurteilung eines baurechtlichen Sachverhalts wirken immer verschiedene Gesetze zusammen. In Ausbildungs- und Prüfungsfällen müssen neben der VwGO stets das BauGB, die BauNVO, verschiedentlich ein (nur verbal beschriebener) BPlan sowie die

LBauO nebeneinander angewendet werden. Hinzu treten besondere Fachgesetze. Allein die Kerngesetze BauGB, BauNVO und LBauO umfassen fast 400 Paragrafen. Für Studium und Examen genügt es jedoch, von jedem der Baugesetze einige wenige Vorschriften zu kennen und deren Zusammenspiel zu beherrschen.

Geht es um die Baurechtmäßigkeit eines einzelnen Bauvorhabens, genügen in aller Regel die folgenden Vorschriften des **BauGB**, um über die bauplanungsrechtliche Zulässigkeit befinden zu können. 8

BauGB	Inhalt
§ 29 Abs. 1	Einstiegsnorm für die bau**planungs**rechtliche Prüfung, „Tor" zu §§ 30, 34, 35 BauGB
§ 30 Abs. 1 u. 3	Bauplanungsrechtliche Zulässigkeit eines Vorhabens, das in einem **BPlan-Gebiet** liegt
§ 31	**Ausnahmen** und **Befreiungen** von den Festsetzungen des BPlans oder von der BauNVO
§ 34 Abs. 1 u. 2	Bauplanungsrechtliche Zulässigkeit im **unbeplanten Innenbereich**, insbesondere in einem Bereich, der einem der Baugebiete der **BauNVO** entspricht
§ 35 Abs. 1–3	Vorhaben im **Außenbereich**
§ 36	**Einvernehmen der Gemeinde**, wenn sie nicht selbst Bauaufsichtsbehörde ist
§ 212a Abs. 1	**Keine aufschiebende Wirkung** von Widerspruch bzw. Anfechtungsklage des Nachbarn gegen eine erteilte Baugenehmigung

Kommt es darauf an, ob ein **BPlan wirksam** ist (z.B. Normenkontrolle, Anwendbarkeit von § 30 BauGB), sind noch folgende Vorschriften des BauGB bedeutsam.

BauGB	Inhalt
§ 1 Abs. 3 § 1 Abs. 6 § 1 Abs. 7	Planungs**befugnis** und Planungs**pflicht** Planungs**leitlinien** **Abwägungsgebot** (i.V.m. § 2 Abs. 3)
§ 2 Abs. 1 § 2 Abs. 2	**Aufstellungsbeschluss** Nachbargemeindliche („interkommunale") **Abstimmungspflicht**
§§ 3, 4	Beteiligung der **Öffentlichkeit** und anderer **Fachbehörden**
§ 8 Abs. 1 u. 2	**Zweck** des BPlans, Entwicklung aus dem **FPlan**
§ 10 Abs. 1 u. 3	**Beschluss** und **Inkrafttreten** des BPlans
§ 214 Abs. 1, 2 u. 3 § 215	Beachtlichkeit von **Fehlern** des BPlans **Frist** für deren Geltendmachung

9 Als Teil des BPlans (vgl. § 1 Abs. 3 S. 2 BauNVO) bzw. als Ersatz für einen nicht vorhandenen BPlan (vgl. § 34 Abs. 2 BauGB) kann die bauplanungsrechtliche Zulässigkeit nicht ohne die **BauNVO** festgestellt werden. Die BauNVO ist mindestens ebenso wichtig für die Lösung eines Falles wie die §§ 30 ff. BauGB. Ihr Zusammenspiel mit dem BauGB und die (immer gleiche) Methode ihrer Anwendung muss man beherrschen. Aus der BauNVO sind knapp die Hälfte der Vorschriften studienrelevant.

BauNVO	Inhalt
§ 1 Abs. 3	**Einbeziehung** der BauNVO in den BPlan
§§ 3–11	**Baugebiete:** Reine und Allgemeine Wohngebiete, Dorf-, Misch-, Kern- und Gewerbegebiete, Industriegebiete etc.
§§ 12–14	Stellplätze, freie Berufe, Nebenanlagen
§ 15	Einschränkungen im Einzelfall aus Gründen der **Rücksichtnahme**
§ 22	Bauweise

10 Das **Bauordnungsrecht** der jeweiligen LBauO ist stets zumindest am Rande beteiligt, weil es das **bauaufsichtliche Verwaltungsverfahren** regelt. Die LBauO bestimmt die zuständigen Behörden und stellt die Instrumente zur Verfügung, mit denen diese das materielle Baurecht verwirklichen, wenn nötig durchsetzen: Baugenehmigung, Vorbescheid, Bauordnungsverfügungen.

Das Bauordnungsrecht dient der Gefahrenabwehr („Baupolizei", z.B. Statik), Verhütung von Verunstaltungen, wohlfahrts- und sozialpflegerischen Belangen (z.B. Spielplatzpflicht) und der Sicherung ökologischer Standards.[7]

Inhalt	Normen der LBauO
Bauaufsichtsbehörde	BW: §§ 45-48; BY: Art. 53; Bln: § 4 AZG, § 2 IV ASOG, § 58 BauO; BB: §§ 51-53; Bre: §§ 57, 58; Hmb: § 58 BauO, § 3 BezVG, § 4 VwBehG; He: §§ 52, 53; MV: § 57 I; Nds: § 57; NRW: §§ 60, 62; RP: §§ 58, 60; Saar: § 58 I; Sachs: § 57 I; LSA: § 56; SH: § 58; TH: § 57
Baugenehmigung	BW: § 58; BY: Art. 68; Bln: § 71; BB: § 67; Bre: § 72; Hmb: § 72; He: § 64; MV: § 72; Nds: § 70; NRW: § 75; RP: § 70; Saar: § 73; Sachs: § 72; LSA: § 71; SH: § 73; TH: § 71
Bauvorbescheid	BE: § 57; BY: Art. 71; Bln: 74; BB: § 59; Bre: § 75; Hmb: § 63; He: § 66; MV: § 75; Nds: § 73; NRW: § 71; RP: § 72; Saar: § 76; Sachs: § 75; LSA: § 74; SH: § 66; TH: § 74
Bauordnungsverfügungen	BW: §§ 64, 65; BY: Art. 75, 76; Bln: §§ 78, 79; BB: §§ 73, 74; Bre: §§ 78, 79; Hmb: §§ 75, 76; He: §§ 71, 72; MV: §§ 79, 80; Nds: § 79; NRW: § 61 I 2; RP: §§ 80, 81; Saar: §§ 81, 82; Sachs: §§ 79, 80; LSA: §§ 78, 79; SH: § 59 II; TH: §§ 78, 79

7 Battis Rn. 4.

2. Teil: Baugenehmigung

Die staatliche **Bauaufsicht**, die darauf schaut, dass beim Bauen die öffentlich-rechtlichen Vorschriften eingehalten werden, lässt sich idealtypisch auf zwei verschiedenen Wegen durchführen. Entweder wird der künftige Bau einer **vorherigen** Genehmigungspflicht unterworfen: die Baugenehmigung wird nur erteilt, wenn das Vorhaben nach den vorgelegten Planungen die Bauvorschriften erfüllt. Oder es wird nicht vorab geprüft und erst nach der Realisierung des Vorhabens – ggf. viele Jahre später – geht die Bauaufsicht **nachträglich** mit einer Bauordnungsverfügung gegen das Vorhandene vor, wenn ihr auffällt, dass das Gebäude nicht mit den öffentlich-rechtlichen Vorschriften in Einklang steht. Beides hat Vor- und Nachteile. Ein vorgeschaltetes Baugenehmigungsverfahren kann die Verwirklichung eines Vorhabens auf lange Zeit verzögern (mehrinstanzliche Gerichtsverfahren). Dafür bietet die erteilte Baugenehmigung als bestandskräftiger Verwaltungsakt dem Bauherrn die Sicherheit, dass seine Investition dauerhaft und öffentlich-rechtlich weitgehend risikolos ist. Die nachträgliche Kontrolle ermöglicht es dagegen, ein Bauvorhaben schnell umzusetzen. Der Bauherr trägt jedoch das volle (Investitions-)Risiko, dass die Bauaufsicht im Nachhinein einen Baurechtsverstoß feststellt und schlimmstenfalls die Beseitigung des Baus verlangt.[8] 11

Die LBauO sehen eine Kombination aus beiden Möglichkeiten vor. Im Grundsatz ist danach jedes Bauvorhaben **baugenehmigungspflichtig**. Allerdings muss meistens (Ausnahme: Sonderbauten wie Hochhäuser, Krankenhäuser, großflächiger Einzelhandel usw.) nur das **vereinfachte** Genehmigungsverfahren mit reduziertem Prüfungsumfang durchgeführt werden, was zu einer Verfahrensbeschleunigung führt. Daneben gibt es einzeln aufgeführte Vorhaben geringer Bedeutung, die ohne vorhergehendes Verwaltungsverfahren realisiert werden (**verfahrensfreie** Vorhaben). Sie stellen typischerweise keine Gefahr für die öffentliche Sicherheit dar (Gartenlauben, Antennen, kleine Werbetafeln u.ä.). Schließlich gibt es Vorhaben, die zwar eigentlich genehmigungspflichtig sind, die aber vom **Genehmigungsverfahren freigestellt** sind. Das betrifft vor allem normale Ein- und Zweifamilienhäuser, die innerhalb eines BPlans liegen. 12

1. Abschnitt: Das Baugenehmigungsverfahren

A. Wesen und Wirkung der Baugenehmigung

Die Baugenehmigung dient der präventiven Kontrolle von Bauvorhaben. Als **präventives Verbot mit Erlaubnisvorbehalt**[9] schränkt die Baugenehmigungspflicht die aus Art. 14 GG folgende Baufreiheit[10] nur formal ein. Denn der Bauherr hat einen gebundenen **Anspruch** auf Erteilung der Baugenehmigung, wenn öffentlich-rechtliche Vorschriften nicht entgegenstehen, die im bauaufsichtlichen Genehmigungsverfahren zu prüfen sind. 13

58	68	71	67	72	72	64	72	70	75	70	73	72	71	73	71

8 Vgl. Garrelmann, Die Entwicklung des Bauordnungsrechts, 2010, S. 20 ff.; Mehde/Hansen NVwZ 2010, 14.

9 Vgl. BVerwGE 20, 12; OVG Lüneburg BauR 2013, 926.

10 BVerfGE 35, 263; BVerwGE 120, 130.

14 Die Baugenehmigung ist ein Verwaltungsakt mit **Doppelwirkung** i.S.v. § 80a VwGO. Sie wirkt für den Bauherrn begünstigend. Für Drittbetroffene, insbesondere die Nachbarn, kann sie belastend wirken.

15 Das Bauvorhaben muss **formell und materiell baurechtmäßig** (legal) sein. Die Unterscheidung ist im Baurecht (anders als z.B. im Wasserrecht) nötig, weil das Recht zum Bauen bereits Inhalt des Eigentumsrechts (Art. 14 GG) am Grundstück ist **(„Baufreiheit")**. Das Genehmigungsverfahren (bauordnungsrechtliche = formelle Baurechtmäßigkeit, LBauO) dient nur dazu, die Erfüllung der materiellen gesetzlichen Voraussetzungen des Bauens (bauplanungsrechtliche = materielle Baurechtmäßigkeit, BauGB/BauNVO usw.) festzustellen.[11]

16 Die Baugenehmigung ist ein **Verwaltungsakt** gemäß § 35 S. 1 VwVfG. Er besteht aus einem feststellenden und einem verfügenden Teil. Die Baugenehmigung **stellt fest**, dass dem Bauvorhaben die im Genehmigungsverfahren zu prüfenden öffentlich-rechtlichen Vorschriften nicht entgegenstehen und dem Bauherrn deswegen ein baurechtlicher Anspruch zusteht.[12] Der **verfügende** Teil besteht in der konstitutiven[13] Aufhebung des Bauverbots (vgl. § 75 Abs. 5 BauO NRW), indem er – in der Regel unausgesprochen – den Bau zur Ausführung freigibt („Baufreigabe"). Weiterhin können der Baugenehmigung Nebenbestimmungen (§ 36 VwVfG) beigegeben sein.

17 **Grüneintragungen.** In der Praxis besteht die Baugenehmigung aus einem meist kurzen schriftlichen Bescheid („Bauschein") und den eingereichten Bauvorlagen (Baupläne und -beschreibung) des Bauherrn, die die Bauaufsichtsbehörde förmlich zum Bestandteil der Baugenehmigung gemacht hat (durch sog. „Grünstempeln"). Daneben gibt es noch den „Grüneintrag" und den „Grünvermerk". Sie sind mit grüner Tinte vorgenommene Korrekturen und geringfügige Änderungen der Bauvorlagen, die in der Baugenehmigung (Bauschein) für verbindlich erklärt werden. Dieses nicht geregelte, aber bundesweit bewährte Instrument dient dem Zweck, mit vermuteter Zustimmung der Bauherrschaft den Bauantrag dem zu prüfenden materiellen Recht anzupassen und damit eine – nach den Umständen des Einzelfalles unverhältnismäßige – Versagung der Baugenehmigung zu vermeiden.

18 Die **Feststellungswirkung** der Baugenehmigung reicht nur soweit wie die Prüfungskompetenz der Bauaufsichtsbehörde. Unter dem Stichwort „**Schlusspunkttheorie**" wird seit langer Zeit darüber gestritten, ob die Baugenehmigung erst erteilt werden darf, wenn alle öffentlich-rechtlichen Genehmigungen für das Bauvorhaben (straßen-, wasser-, landschaftsschutz-, gaststättenrechtliche Erlaubnis usw.) vorliegen oder ob die Baugenehmigung unabhängig davon ergeht.[14] Die Auswirkungen sind weitreichend. Nur wenn die Baugenehmigung der Schlusspunkt aller Genehmigungsverfahren ist, verleiht sie dem Bauherrn öffentlich-rechtliche Investitionssicherheit. Ist sie es nicht, können andere Fachbehörden später weitergehende Anforderungen an das Vorhaben stellen oder seiner Realisierung sogar ganz im Wege stehen. Der Streit wurde in vielen Ländern dadurch beigelegt, dass die meisten LBauO den Prüfungsumfang ausdrücklich auf den (primär) baurechtlichen Kontext beschränken („... keine öffentlich-rechtlichen Vorschriften entgegenstehen, die im bauaufsichtlichen Verfahren zu prüfen sind"). Das

11 Vgl. BVerwGE 3, 351; BVerwG BRS 15 Nr. 117.

12 BVerwGE 48, 242, 245; 58, 124, 127; 69, 1; BVerwG ZfBR 2014, 375.

13 OVG Münster BRS 57 Nr. 256.

14 Nachweise bei Jäde UPR 2013, 321; Hornmann NVwZ 2012, 1294; Finkelnburg/Ortloff/Kment S. 104 ff.

Risiko einer übersehenen anderweitigen Genehmigungspflicht trägt also der Bauherr.[15] Auch in diesen Ländern besteht das Bedürfnis, vor Erteilung der Baugenehmigung (= Baufreigabe) offensichtlich entgegenstehendes anderes öffentliches Recht zu prüfen, aber weiterhin. Man behilft sich damit, dass die Behörde das Sachbescheidungsinteresse für den Bauantrag verneinen darf, wenn öffentlich-rechtliche Vorschriften jenseits des bauaufsichtlichen Prüfprogramms (offensichtlich[16]) entgegenstehen (vgl. ausdrücklich Art. 68 Abs. 1 S. 1 Hs. 2 BauO BY;[17] § 64 Abs. 1 Hs. 2 BauO He).[18]

Beispiele: In Bremen, NRW,[19] RhPf und SH erfasst der Prüfungsumfang (noch) umfassend das gesamte öffentliche Recht. Weitergehend bestimmt Bbg,[20] dass die Baugenehmigung alle erforderlichen weiteren Entscheidungen einschließt. Ähnlich verfährt Hmb, das aber eine Aufzählung der zu prüfenden öffentlich-rechtlichen Vorschriften in der HBauO verlangt.[21] MV, Sachsen und Bayern zählen neben dem Baurecht im engeren Sinne das öffentliche Recht zum Prüfungsumfang, das per gesetzlicher Anordnung im Baugenehmigungsverfahren zu beachten ist. In SH holt die Baugenehmigungsbehörde alle anderen Genehmigungen und Erlaubnisse ein und händigt sie zusammen mit der Baugenehmigung aus (§ 67 Abs. 5 BauO SH). Das Problem des Prüfungs- und damit Entscheidungsumfangs ist bislang nicht hinreichend gelöst.[22]

Die Baugenehmigung entfaltet eine weitreichende materielle **Schutzfunktion**. Der feststellende Teil der bestandskräftigen und nicht anderweitig erledigten Baugenehmigung hat eine sog. „Legalisierungswirkung",[23] die dem Bauherrn dauerhafte Rechtssicherheit gegenüber Behörden, Gerichten und Nachbarn vermittelt. 19

- Ist die Baugenehmigung einmal wirksam erteilt, darf der Bauherr auch dann noch bauen, wenn der Bau zwischenzeitlich nicht mehr genehmigungsfähig wäre (z.B. Gemeinde ändert den BPlan).
- Dem genehmigungskonform errichteten Gebäude kann nicht (später) entgegengehalten werden, es verstoße gegen materielles Baurecht oder habe bei der Errichtung gegen materielles Baurecht verstoßen. Auch Eingriffe aufgrund von späteren Rechtsänderungen (z.B. geänderter BPlan, höhere bautechnische Anforderungen) wehrt die Baugenehmigung grundsätzlich ab.

Hinweis: *Diese vor allem formelle Wirkung darf nicht mit dem materiellen (passiven) Bestandsschutz verwechselt werden, der darauf beruht, dass das Vorhaben irgendwann einmal materiell baurechtmäßig war (s. Rn. 148).*

Die Baugenehmigung legalisiert nur soweit wie der ihr zugrunde liegende Prüfungsumfang reicht.[24] Dieser ist im **vereinfachten** Verfahren je nach LBauO teilweise erheblich vermindert. In einigen Ländern ist das vereinfachte Verfahren inzwischen das Regelverfahren, d.h. soweit die LBauO nicht ausdrücklich für bestimmte Vorhaben das vollstän- 20

15 Hornmann NVwZ 2012, 1294; Lechner, in: Simon/Busse Art. 68 Rn. 96.

16 OVG Münster, Beschl. v. 12.01.2015 – 2 B 1386/14 –, juris.

17 Lechner, in: Simon/Busse Art. 68 Rn. 156 ff.

18 Vgl. Jäde UPR 2013, 321, 322 (vor allem Fn. 23–27).

19 Vgl. zum internen Streit der Bausenate des OVG Münster, ob in NRW die Schlusspunkttheorie gilt: Hellhammer-Hawig in: Schönenbroicher/Kamp § 75 Rn. 53 f. m.w.N.; Muckel/Ogorek § 9 Rn. 67.

20 Dazu Hecker BauR 2006, 629.

21 Zu den komplizierten Konkurrenzfolgen: Wittreck VerwArch 100 (2009), 71.

22 Vgl. zu den Länderregelungen im Einzelnen: Finkelnburg/Ortloff/Kment S. 107 ff.

23 BVerwG ZfBR 2014, 375; kritisch: Hellhammer-Hawig, in: Schönenbroicher/Kamp § 75 Fn. 19.

24 OVG Hamburg BRS 78 Nr. 153.

dige Genehmigungsverfahren vorsieht, wird immer nur im vereinfachten Verfahren geprüft. Dabei ist zumeist das Baunebenrecht (Immissionsschutz-, Denkmalschutz-, Naturschutz-, Straßenrecht usw.) ausgeklammert und es werden nur die bauplanungsrechtliche Zulässigkeit nach §§ 29 ff. BauGB sowie bestimmte Vorschriften der LBauO geprüft.

21 Um dem Beschleunigungszweck zu genügen, ist der Bauaufsicht gesetzlich eine kurze **Bearbeitungsfrist** gesetzt. Läuft diese ab, ohne dass sie den Bauantrag beschieden hat, gilt die Baugenehmigung als erteilt (**Fiktion**), vgl. allgemein § 42a VwVfG.

52	59	64	57	63	61	57	63	63	68	66	64	63	62	69	62

22 Wird eine Baugenehmigung erteilt, das Bauvorhaben mehrere (drei/vier) Jahre aber nicht verwirklicht oder länger unterbrochen, **erlischt** sie, wenn sie nicht verlängert wird.

62	69	72	69	73	73	64 VII	73	71	77	74	74	73	72	75	72

23 Wird das genehmigte Gebäude zerstört, **erledigt** sich die Baugenehmigung (vgl. § 43 Abs. 2 VwVfG), büßt also ihre Regelungswirkung ein.[25] Dasselbe gilt, wenn der Genehmigungsinhaber auf sie verzichtet,[26] was auch durch schlüssiges tatsächliches Tun wie die endgültige Nutzungsaufgabe geschehen kann.[27]

Baugenehmigung

Feststellende Wirkung
zu prüfende öff.-rechtl. Vorschriften stehen nicht entgegen

Verfügende Wirkung
Aufhebung des präventiven Bauverbots („Baufreigabe")

⇩

Legalisierungswirkung

- Die Baugenehmigung setzt sich gegen spätere Rechtsänderungen durch
- Das Bauvorhaben darf während der Geltungsdauer verwirklicht werden, auch wenn es nach aktueller Rechtslage unzulässig wäre
- Es können im Grundsatz keine nachträglichen Anforderungen gestellt werden
- Reichweite: soweit das materielle öffentliche Recht im Genehmigungsverfahren geprüft worden ist

25 BVerwG BRS 24 Nr. 193.

26 VGH Mannheim BRS 74 Nr. 164.

27 Vgl. Decker BayVBl. 2011, 517, 523.

B. Baugenehmigungspflichtige Vorhaben

Baugenehmigungspflichtig sind grundsätzlich die Errichtung, Änderung, Nutzungsänderung und der Abbruch baulicher Anlagen **(genehmigungsbedürftige Vorhaben)**. 24

49	55	60	54	59 I	59 I	54	59 I	59	63 I	61	60	59	58 I	62	59

Bauliche Anlagen im bauordnungsrechtlichen Sinne sind alle mit dem Erdboden verbundene, aus Bauprodukten hergestellte Anlagen (Legaldefinition in § 2 aller LBauO[28]). Eine feste Verbindung mit dem Boden muss nicht vorliegen, eigene Schwere genügt (Containerbaracke). Auch die mittelbare Verbindung reicht aus. Überdies werden in § 2 aller LBauO andere Anlagen als bauliche Anlagen fingiert (z.B. Aufschüttungen und Abgrabungen, Lager- und Sportplätze, Gerüste). 25

Werbeschild an Hauswand;[29] Windräder (Rotoren usw. sind Maschinen, keine Bauprodukte) über den Mast;[30] täglich an derselben Stelle auf- und abgebauter Verkaufsstand;[31] aber nicht: bewegliche Möbel eines Biergartens.[32]

Merke: *Der bauordnungsrechtliche Begriff der „baulichen Anlage" ist nicht gleichbedeutend mit dem bauplanungsrechtlichen Anlagenbegriff. Man kann dieses Tatbestandsmerkmal z.B. in § 29 Abs. 1 BauGB oder § 15 BauNVO nicht allein unter Rückgriff auf § 2 LBauO definieren. Dogmatisch liegt der Unterschied in den unterschiedlichen Zwecken, die das Bauordnungs- und Bauplanungsrecht verfolgen. (Fall-)Praktisch hat die Unterschiedlichkeit der Begriffe kaum Auswirkungen (s. Rn. 42).*[33]

Errichtung bedeutet die erstmalige Herstellung eines Bauwerks oder die Wiederherstellung einer zerstörten Anlagen. Die **Änderung** setzt voraus, dass der vorhandene Baubestand in seiner Substanz umgestaltet wird (Umbau, Ausbau). Sie umfasst den dazu nötigen Teilabbruch. Ein **Abbruch** setzt den Willen zur endgültigen Beseitigung der baulichen Anlage voraus. 26

Bei der Änderung sind Instandhaltung und Instandsetzung zu unterscheiden. Die **Instandhaltung** dient dazu, die Gebrauchsfähigkeit und den Wert des Gebäudes zu erhalten, ohne dass die Konstruktion und die äußere Gestalt des Gebäudes wesentlich verändert werden (wertende Betrachtung aller Gesamtumstände).[34] Die weiter gehende **Instandsetzung** wird zur Änderung, wenn die Baumaßnahmen so intensiv sind, dass sie die Standfestigkeit der Anlage berühren (statische Nachberechnung nötig), oder den Arbeitsaufwand für einen Neubau erreichen.[35] 27

Ein Gebäude wird nicht abstrakt als solches genehmigt, sondern nur zu einem bestimmten **Zweck**, z.B. zum Wohnen, zur Nutzung als Garage, zum Betrieb einer Buchhandlung. Deswegen unterliegt auch die bloße **Nutzungsänderung** der Genehmigungspflicht. Bei der Nutzungsänderung wird – ggf. ohne jede bauliche Maßnahme – nur der bishe- 28

28 Beim Verweis auf alle LBauO, ist die Bezeichnung „Art." der BayBauO mitzulesen.

29 VGH Mannheim BRS 50 Nr. 142; a.A. OVG Hamburg NVwZ-RR 2002, 562.

30 Schöneberg, in: Schönenbroicher/Kamp § 2 Rn. 3.

31 VGH Mannheim BRS 27 Nr. 124.

32 OVG Münster BRS 78 Nr. 138.

33 Vgl. Guckelberger ZfBR 2013, 425; Decker BayVBl. 2011, 517, 523; Dziallas NZBau 2009, 436 jew. m.w.N.

34 VGH München NVwZ-RR 2012, 956; OVG Magdeburg BRS 79 Nr 193; OVG Bln-Bbg LKV 2013, 427.

35 VGH Mannheim BRS 78 Nr.150.

rige Zweck der baulichen Anlage, nicht deren Substanz, verändert (Ladenlokal soll zum Sonnenstudio werden). Da jede genehmigte Nutzung eine gewisse Variationsbreite von Nutzungen beinhaltet, ist nicht jede geringfügige Abweichung vom ursprünglich genehmigten Zweck eine Nutzungsänderung. Aber wegen des präventiven Zwecks des Baugenehmigungsverfahrens liegt eine Nutzungsänderung bereits vor, wenn nur die Möglichkeit besteht, dass das geänderte Vorhaben bauplanungs- oder bauordnungsrechtlich (z.B. mit Blick auf die Nachbarn) anders zu beurteilen ist als vorher *(Faustformel: Unterschiedlicher Stellplatzbedarf?)*.[36]

29 Die bloße **Nutzungsintensivierung** bewegt sich in der Variationsbreite, die die bisherige Baugenehmigung abdeckt. Erfasst sind vor allem Fälle, in denen sich die tatsächlichen Verhältnisse ohne Zutun des Bauherrn ändern,[37] z.B. ein bislang ruhiges Lokal wegen eines geänderten Gästegeschmacks plötzlich zum vielbesuchten „In-Lokal" wird.[38]

30 Wird die genehmigte **Nutzung** (zunächst) **aufgegeben** und (später) wieder **aufgenommen**, z.B. im Rahmen einer Betriebsnachfolge, die sich zeitlich hingezogen hat, stellt sich die Frage, ob die alte Baugenehmigung noch gilt. Sie ist nur erloschen, wenn sich ein zumindest konkludenter Verzicht des Genehmigungsinhabers feststellen lässt (s. Rn. 23). Ein früher vom BVerwG in anderem Zusammenhang vertretenes Zeitmodell[39] wird heute nahezu einhellig abgelehnt. Damit genügt die bloße (zeitweilige) Aufgabe der Nutzung (Zeitablauf) für sich gesehen noch nicht, um von einem Erlöschen der Baugenehmigung auszugehen.[40]

31 Von der Genehmigungspflicht gibt es verschiedene **Ausnahmen**. Manche Genehmigungen außerhalb des Baurechts haben eine sog. Konzentrationswirkung und schließen die Baugenehmigung spezialgesetzlich ein (vgl. § 13 BImSchG, § 75 Abs. 1 VwVfG). Aber auch die LBauO selbst sehen zahlreiche Ausnahmen vor, indem sie bestimmte einzeln aufgeführte Bauvorhaben entweder ganz von einem Genehmigungsverfahren freistellen oder sie nur anzeigepflichtig machen. Sie dürfen ohne Baugenehmigung errichtet werden.

50 f.	57 f.	62 f.	55, 58	61 ff.	60	55 f.	61 f.	60, 62	65-67	62, 67	61-63	61 f., 76	60 f.	63	60, 61

Der Bauherr muss im Anzeige- bzw. Freistellungsverfahren zwar die Baupläne einreichen, darf aber nach Ablauf einer kurzen **Frist** mit dem Bau **beginnen**, wenn die Bauaufsichtsbehörde nicht ausdrücklich die Durchführung eines Genehmigungsverfahrens verlangt. Mit der Entgegennahme der Pläne allein legalisiert die Bauaufsichtsbehörde das Vorhaben allerdings nicht, weil keine Baugenehmigung ergeht. Auch verfahrensfreie und freigestellte Vorhaben unterliegen allen materiellen öffentlich-rechtlichen Anforderungen. Deswegen kann der Bauherr bei freigestellten Vorhaben in manchen Län-

36 Vgl. OVG Lüneburg NVwZ-RR 2014, 255; NVwZ-RR 2010, 634; OVG Münster BauR 2011, 240.

37 OVG Lüneburg NVwZ-RR 2014, 255.

38 BVerwG BRS 60 Nr. 68 (Ausgangsentscheidung zum Bauplanungsrecht); OVG Bln, Beschl. v. 10.07.2008 – OVG 10 S 31.07 (juris).

39 BVerwG BRS 48 Nr. 138.

40 VGH Mannheim, Urt. v. 08.07.2014 – 8 S 1071/13, juris; OVG Magdeburg, Beschl. v. 05.03.2014 – 2 M 164/13, juris; OVG Lüneburg BauR 2011, 1154; OVG Koblenz NVwZ-RR 2013, 672; vgl. auch OVG Münster BauR 2014, 679; Mager, JA 2010, 79; Goldschmidt/de Witt, BauR 2011, 1590; a.A. Decker BayVBl. 2011, 517, 528.

dern freiwillig das Genehmigungsverfahren durchführen, um eine Baugenehmigung und deren Schutzwirkung zu erlangen.

Hinweis: *In der Fallbearbeitung ist zunächst festzustellen, ob das Vorhaben grundsätzlich genehmigungsbedürftig ist. Anschließend muss geprüft werden, ob eine der vorstehenden Normen einschlägig ist und eine Ausnahme vom Genehmigungsverfahren eingreift. Trotz der langen Gesetzestexte müssen Sie die Ausnahmevorschriften Nummer für Nummer durchgehen, weil sie kaum innere Systematik besitzen.*

Ist eine **Gemeinde**/ein Kreis Bauherr, gelten für sie keine besonderen Ausnahmen. Auch **32**
die bauwillige Kommune, bedarf – schon zur Aufhebung des präventiven gesetzlichen Bauverbots – der Baugenehmigung. Das gilt auch, wenn die Gemeinde/der Kreis zugleich Bauherr und Träger der Bauordnungsbehörde ist. Wegen der unterschiedlichen wahrgenommenen Aufgaben entfaltet die Baugenehmigung auch in diesen Fällen Außenwirkung (str.).[41]

Bei Bauvorhaben anderer **öffentlicher Bauherren**, vor allem von Bund und Land, wird unter bestimm- **33**
ten Umständen die Baugenehmigungspflicht durch die Zustimmung einer höheren Bauaufsichtsbehörde ersetzt (vgl. § 80 BauO NRW).

C. Formelle Baurechtmäßigkeit

Zu den öffentlich-rechtlichen Vorschriften, die dem Bauvorhaben nicht entgegenste- **34**
hen dürfen, damit eine Baugenehmigung erteilt wird,

58	68	71	67	72	72	64	72	70	75	70	73	72	71	73	71

zählen auch die Vorschriften über die **formelle** Baurechtmäßigkeit, also über Zuständigkeit, Verfahren und Form.

Sachlich zuständig ist in den Flächenländern die (untere) Bauaufsichtsbehörde (s. An- **35**
hang Synopse LBauO). Je nach Landesrecht ist diese beim Kreis, den kreisfreien Städten oder den großen und mittleren kreisangehörigen Städten angesiedelt (Berlin: Bezirke, Hamburg: Bezirksämter). Größere Städte sind also selbst Bauaufsichtsbehörde und entscheiden damit eigenständig über Bauvorhaben auf ihrem Stadtgebiet, während über die Bauvorhaben in kleineren Gemeinden nicht diese selbst, sondern der Landrat oder eine andere übergeordnete Behörde entscheidet. Die **örtliche** Zuständigkeit folgt regelmäßig aus § 3 LVwVfG und richtet sich nach der Lage des Baugrundstücks.

Hinweis: *Die Zuständigkeitsnormen aller 16 Bundesländer können hier nicht aufgezählt werden. Für Prüfungsaufgaben ist es aber sinnvoll, sich einmal die Kette der eigenen landesrechtlichen Zuständigkeitsnormen herauszusuchen, sie hier handschriftlich am Rand zu notieren und zu merken.*

Die Baugenehmigung ergeht nur auf **Antrag**. Ihm müssen die erforderlichen Bauvorla- **36**
gen (Baupläne usw.) beigegeben sein. Die Anforderungen im Einzelnen variieren in den

41 Ja: OVG Münster BRS 52 Nr. 208; zustimmend: OVG Magdeburg, Urt. v. 06.02.2004 – 2 L 283/01, juris; zweifelnd: OVG Hamburg BRS 38 Nr. 194; a.A. VG Dessau LKV 1996, 342.

LBauO; meist wird jedoch verlangt, dass ein bauvorlageberechtigter Entwurfsverfasser (vor allem Architekt) den Antrag einreicht.

37 **Angrenzer** (gemeinsame Grenze) und/oder **Nachbarn** (Grundstücke im Einwirkungsbereich des Vorhabens, s. Rn. 198) müssen vom Genehmigungsverfahren benachrichtigt werden, wenn nachbarliche Belange berührt werden, die öffentlich-rechtlich geschützt sind.

55	66	–	64	70	71	62	70	68	74	68	71	70	69	72	69

38 In bestimmten Fällen müssen vor der Erteilung der Baugenehmigung **andere (Fach-) Behörden** beteiligt werden (Denkmalschutz, Wasser, Immissionsschutz usw.). Am wichtigsten ist der Fall, dass die Gemeinde, in der das Bauvorhaben liegt, nicht zugleich Trägerin der Bauaufsichtsbehörde ist, z.B. eine kleinere Gemeinde in einem Kreis. In solchen Fällen darf die Bauaufsichtsbehörde (z.B. Landrat) nur im Einvernehmen mit der Gemeinde entscheiden, in der gebaut werden soll, vgl. § 36 Abs. 1 S. 1 BauGB (s. Rn. 63 ff.).

39 Die Baugenehmigung muss aus Gründen der Rechtsklarheit und Rechtssicherheit **schriftlich** ergehen (vgl. § 75 Abs. 1 S. 2 BauO NRW). Sie gewährt schließlich über Jahrzehnte eine formelle Legalisierung. Nebenbestimmungen (§ 36 VwVfG) sind nur zur Sicherstellung der Genehmigungsvoraussetzungen möglich. Die Baugenehmigung wirkt auch gegenüber dem **Rechtsnachfolger** des Bauherrn (vgl. § 75 Abs. 2 BauO NRW).

2. Abschnitt: Materielle Baurechtmäßigkeit – die bauplanungsrechtliche Zulässigkeit

40 Ganz im Vordergrund der baurechtlichen Prüfung stehen – zumindest in Studium und Examen – die Vorschriften des Bauplanungsrechts, also der **§§ 29–36 BauGB** und der **BauNVO**. Sie bilden den Kern der öffentlich-rechtlichen Vorschriften, die dem Bauvorhaben nicht entgegenstehen dürfen, damit nach der LBauO ein Anspruch auf Erteilung der Baugenehmigung besteht.

Die §§ 30 ff. BauGB sind nur anwendbar, wenn eine bauliche Anlage nach § 29 Abs. 1 BauGB gegeben ist („Eingangstor" zum Bauplanungsrecht). Anschließend ist das Baugrundstück einem der drei Bauplanungsgebiete zuzuordnen, die das BauGB kennt. Zu jedem Gebiet gehört eine bzw. gehören zwei exklusive Normen. Nur nach diesen richtet sich die bauplanungsrechtliche Zulässigkeit.

- **Bebauungsplangebiet** → §§ 30, 33 BauGB – das Baugrundstück liegt innerhalb eines wirksamen BPlans,
- **(unbeplanter) Innenbereich** → § 34 BauGB – das Baugrundstück liegt in bereits tatsächlich bebautem Gebiet, für das es keinen BPlan gibt oder dessen BPlan unwirksam ist,
- **Außenbereich** → § 35 BauGB – das Baugrundstück liegt außerhalb des tatsächlich bebauten oder beplanten Gebiets (ohne dass es deswegen zwingend „in freier Natur" oder im Wald liegen müsste).

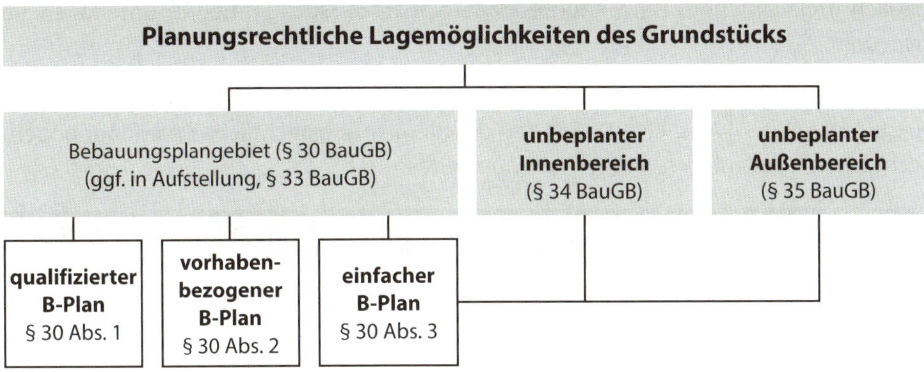

Widerspricht die bauliche Anlage den planungsrechtlichen Vorgaben, kann sie planungsrechtlich gleichwohl zulässig sein, wenn die Bauaufsichtsbehörde ausnahmsweise nach § 31 Abs. 2 BauGB von entgegenstehenden Anforderungen **befreit**. Entspricht sie den Vorgaben, kann die bauliche Anlage trotzdem planungsrechtlich unzulässig sein, wenn sie dem Gebot der **Rücksichtnahme** (z.B. § 15 Abs. 1 BauNVO) widerspricht.

A. Bauliche Anlage, § 29 Abs. 1 BauGB

Immer wenn eine bauliche Anlage errichtet, geändert oder deren Nutzung geändert werden soll, also ein **Vorhaben** nach § 29 Abs. 1 BauGB gegeben ist, sind die bauplanungsrechtlichen Vorschriften der §§ 30 ff. BauGB zu beachten. Das gilt auch, wenn keine Baugenehmigung erforderlich ist.[42] 41

Der Abbruch ist von § 29 Abs. 1 BauGB anders als von den Genehmigungsvorschriften der LBauO nicht erfasst. Er ist bauplanungsrechtlich irrelevant.

Eine **bauliche Anlage** i.S.v. § 29 Abs. 1 BauGB ist gekennzeichnet durch das weite Merkmal des Bauens und das einschränkende Merkmal möglicher bodenrechtlicher (städtebaulicher/städteplanerischer) Relevanz.[43] Das Merkmal des **Bauens** erfüllen alle Anlagen, die in einer auf Dauer gedachten Weise künstlich mit dem Erdboden verbunden sind.[44] Maßgeblich für die Dauerhaftigkeit ist die Funktion der Anlage, die der Eigentümer ihr beimisst.[45] Insofern stimmt der planungsrechtliche Begriff der baulichen Anlage mit dem bauordnungsrechtlichen Begriff[46] überein. Bodenrechtliche Relevanz ist (nur) gegeben, wenn das Vorhaben die in § 1 Abs. 5 und 6 BauGB genannten Belange in einer Weise berühren kann, die – unterstellt das Vorhaben tritt gehäuft auf[47] – geeignet ist, das Bedürfnis nach einer ihre Zulässigkeit regelnden verbindlichen Bauleitplanung hervorzurufen.[48] Letzteres ist fast immer der Fall. Somit fallen lediglich Kleinst- und Kleinvorhaben wie Werbeschilder und Litfasssäulen (nicht: selbstständige Außenwerbeanlagen wie Großplakate) aus dem bauplanungsrechtlichen Anlagenbegriff, weil sie städte- 42

42 Battis Rn. 347.
43 BVerwGE 114, 206.
44 BVerwGE 44, 59 (62); 114, 206; BVerwG BRS 63 Nr. 115.
45 Reidt, in: Battis/Krautzberger/Löhr § 29 Rn. 10.
46 Dazu Grotefels, in: Hoppe/Bönker/Grotefels § 15 Rn. 4; Dürr, in: Brügelmann § 29 Rn. 8.
47 BVerwGE 114, 206; 44, 59.
48 BVerwGE 114, 206; 44, 59, 62.

baulich irrelevant sind. Dem bauordnungsrechtlichen Anlagenbegriff unterfallen sie trotzdem.[49]

Hintergrund: Wegen der auf das Bodenrecht beschränkten Gesetzgebungsbefugnis des Bundes (Art. 74 Abs. 1 Nr. 18 GG) darf der bauplanungsrechtliche Begriff nur bodenrechtlich/städtebaulich relevante Vorhaben erfassen.

Bauplanungs- und bauordnungsrechtlicher Anlagenbegriff
Abgesehen von fingierten baulichen Anlagen geht der bauordnungsrechtliche Anlagenbegriff (§ 2 LBauO) nur bzgl. Klein- und Kleinstanlagen weiter als der bauplanungsrechtliche Anlagenbegriff (§ 29 Abs. 1 BauGB).

B. Vorhaben im Bebauungsplangebiet

43 Liegt das Baugrundstück im Geltungsbereich eines BPlans, richtet sich die planungsrechtliche Zulässigkeit des Bauvorhabens nach § 30 BauGB.

I. Bebauungspläne und BauNVO

44 ***Hinweis:*** *Meistens kann man in Studium und Examen (häufig auch in der Praxis) die Zulässigkeit eines Vorhabens im BPlangebiet beurteilen, ohne vertiefte Kenntnisse über Aufstellung, Wirksamkeit, Inhalte usw. von BPlänen zu besitzen. Für Prüfungsfälle gilt der Grundsatz, dass ein BPlan nur auf seine Wirksamkeit zu untersuchen ist, wenn der Sachverhalt (eindeutige) Hinweise darauf enthält, dass der BPlan fehlerhaft sein könnte. Solche werden selten gegeben (Ausnahme: Normenkontrollverfahren nach § 47 VwGO). Deswegen behandelt dieses AS-Skript die Bauleitplanung erst im Schlussteil (s. Rn. 249 ff.). Für die gewöhnliche baurechtliche Fallbearbeitung, bei der die Wirksamkeit des BPlans nicht angezweifelt wird, genügt das nachfolgend zusammengestellte Basiswissen. Üblicherweise wird im Sachverhalt kein Ausschnitt aus einem BPlan vorgelegt, sondern es wird nur verbal beschrieben, welche relevanten Festsetzungen der BPlan enthält.*

45 Die Gemeinde besitzt nach Art. 28 Abs. 2 S. 2 GG die **Planungshoheit** für ihr Gemeindegebiet. Diese erfasst auch die städtebauliche Entwicklung. In Ausübung der Planungshoheit stellt die Gemeinde für das gesamte Gemeindegebiet einen **Flächennutzungsplan** (FPlan) auf (§§ 5 ff. BauGB). Er beschreibt als gesamträumliches Entwicklungskonzept das städtebauliche Entwicklungsprogramm der Gemeinde[50] und dient als vorbereitende Bauleitplanung. Was im FPlan dargestellt werden kann, findet sich beispielhaft in § 5 Abs. 2 BauGB. Der FPlan ist keine Rechtsnorm, sondern eine verwaltungsinterne Maßnahme eigener Art. Bürger können sich regelmäßig nicht unmittelbar auf ihn berufen. Er bindet grundsätzlich nur die Gemeinde bei der Aufstellung ihrer BPläne (§ 8 Abs. 2 S. 1 BauGB).[51]

49 Zusammenfassend zu Werbeanlagen: Guckelberger ZfBR 2013, 425; Jäde ZfBR 2010, 34, jeweils m.N.d.Rspr.

50 BVerwGE 124, 132, 139; 109, 371, 376; 77, 300, 304.

51 Bönker, in: Hoppe/Bönker/Grotefels § 5 Rn. 85.

Ein **BPlan** ist dagegen eine gemeindliche Satzung (§ 10 Abs. 1 BauGB) und gilt als Rechtsnorm gegenüber jedermann[52] (§ 1 Abs. 2 BauGB: „verbindlicher Bauleitplan"). Der BPlan ist „parzellenscharf". Er setzt also für jedes Flurstück (Grundstück) seines Plangebiets fest, welche bauliche Nutzung dort bauplanungsrechtlich erlaubt ist. Der BPlan besteht aus einer Karte des Plangebiets. In diese werden Farben und Zeichen nach der PlanzeichenVO[53] eingetragen, insbesondere die Festsetzungen für die städtebauliche Ordnung (Gebietstypen). Die dem BPlan beigefügte (§ 9 Abs. 8 BauGB) textliche Begründung (§ 2a BauGB) ist nicht verbindlich, kann aber zur Auslegung herangezogen werden.[54] **46**

Hinweis: *FPläne und BPläne sind in den Internetauftritten vieler Städte und Gemeinden frei zugänglich. Dort kann man sich einen guten Eindruck vom „Recht in Planform" verschaffen.*

Der wesentliche Inhalt des BPlans sind seine **Festsetzungen**. Welche Festsetzungen möglich sind, ergibt sich im Grundsatz abschließend[55] aus § 9 BauGB. § 9 BauGB ist jedoch nur abstrakt gefasst. Welche Festsetzungen im Einzelnen möglich sind, gibt erst die Baunutzungsverordnung **(BauNVO)** vor. Bei ihr handelt es sich um eine Rechtsverordnung (Art. 80 GG), zu deren Erlass § 9a BauGB ermächtigt. Die mit Abstand wichtigste der zahlreichen möglichen Festsetzung in einem BPlan besteht in der **Art** der baulichen Nutzung (§ 9 Abs. 1 Nr. 1 BauGB). Nach § 1 Abs. 3 S. 1 BauNVO wird die Art der baulichen Nutzung durch die Festsetzung eines der in § 1 Abs. 2 BauNVO aufgezählten **Baugebiete** bestimmt (§§ 1 bis 15 BauNVO).[56] § 1 Abs. 2 BauNVO zählt die zehn zur Verfügung stehenden Baugebiete auf. **47**

Baugebiete nach der BauNVO	
Kleinsiedlungsgebiete (WS) Reine Wohngebiete (WR)	Dorfgebiete (MD) Mischgebiete (ME) Kerngebiete (MK)
Allgemeine Wohngebiete (WA) Besondere Wohngebiete (WB)	Gewerbegebiete (GE) Industriegebiete (GI)
	Sondergebiete (SO)

Welche konkrete Nutzungsart in dem jeweiligen Baugebiet möglich ist, ergibt sich aus den konkretisierenden Bestimmungen der §§ 2–14 BauNVO. Diese Vorschriften sind parallel strukturiert:[57] **48**

- Absatz 1: allgemeine **Zweckbestimmung/Eigenart** des Baugebiets *(wichtig bei der Auslegung)*
- Absatz 2: **Regelbebauung** – diese Nutzungen sind allgemein zulässig, der Bauherr hat einen Anspruch auf ihre Zulassung

52 BVerwG BRS 28 Nr. 6.

53 Farbig abgedruckt bei Bönker/Bischopink 2. Teil, S. 565 ff.

54 BVerwGE 74, 47 (50).

55 BVerwGE 92, 56 (60).

56 Bönker, in: Bönker/Bischopink Einf. Rn. 7 ff.

57 Stollmann § 14 Rn. 14.

- Absatz 3: **Ausnahmebebauung** – diese Nutzungen kann die Bauaufsichtsbehörde nach Ermessen zulassen (vgl. § 31 Abs. 1 BauGB).

49 Von den Baugebieten der BauNVO darf die Gemeinde grundsätzlich nicht abweichen **(„Typenzwang“).**[58] Sie kann allerdings bestimmte Regelnutzungen (Absätze 2) zur Ausnahmebebauung herabstufen oder sie ganz ausschließen (§ 1 Abs. 5 BauNVO). Ebenfalls kann sie gemäß § 1 Abs. 6 BauNVO die Ausnahmebebauung (Absätze 3) ganz ausschließen.

§ 1 Abs. 3 S. 2 BauNVO bestimmt, dass die §§ 2 bis 14 BauNVO durch die Festsetzung eines bestimmten Baugebiets zum Bestandteil des BPlans werden (Ausnahmen nach § 1 Abs. 4 bis 10 BauNVO).

Hinweis: *Fallpraktisch bedeutet die Einbeziehung der §§ 2 bis 14 BauNVO in den BPlan, dass bei einem Vorhaben im BPlangebiet (nur) unter die Vorschriften der BauNVO, also gewöhnliche Textnormen, subsumiert wird. Der BPlan als solcher muss gar nicht angewendet werden. Er fungiert nur als Brücke in die BauNVO.*

50 Die Bestimmungen der BauNVO sind regelmäßig auslegungsbedürftig. Bei der Beurteilung, ob ein Vorhaben der zugelassenen Regel- oder Ausnahmebebauung unterfällt, muss eine **typisierende Betrachtung** angestellt werden. Typisierung bedeutet Verallgemeinerung. Es sind also nicht das konkrete Bauvorhaben und die konkrete Umgebung maßgeblich, sondern es kommt darauf an, ob ein typisches Bauvorhaben dieser Art in einem typischen betreffenden Baugebiet möglich ist. Danach ist ein Bauvorhaben gebietsunverträglich, wenn es auf Grund seiner typischen Nutzungsweise störend wirkt. Zu fragen ist also, ob ein Vorhaben dieser Art generell geeignet ist, den Baugebietszweck zu stören **(„Gebot der Gebietsverträglichkeit“)**. Gegenstand der Betrachtung sind die Auswirkungen, die typischerweise von einem Vorhaben der beabsichtigten Art ausgehen (Umfang, Emissionen, An- und Abfahrtsverkehr usw.).[59]

Beispiele: Für die Frage, ob in einem allgemeinen Wohngebiet eine Schreinerei als „nicht störend“ i.S.v. § 4 Abs. 2 Nr. 2 BauNVO regelhaft zulässig ist oder nach § 4 Abs. 3 Nr. 2 BauNVO ausnahmsweise erlaubt werden kann, kommt es weder darauf an, dass der konkret zur Genehmigung gestellte Betrieb aufgrund von Betriebsbesonderheiten viel leiser als normale Schreinereien ist noch darauf, dass es in dem konkreten allgemeinen Wohngebiet ungewöhnlich lebhaft und geräuschvoll zugeht, die Schreinerei also gar nicht auffällt.

Konsequent ist ein Dialysezentrum mit 33 Behandlungsplätzen im Zwei-Schicht-Betrieb von 6–18 Uhr von Montag bis Samstag zwar als Anlage für gesundheitliche Zwecke im allgemeinen Wohngebiet nach § 4 Abs. 2 Nr. 3 BauNVO regelhaft zulässig. Aufgrund seiner Größe, Betriebsweise und dem ausgelösten Verkehr ist es aber typischerweise gebietsunverträglich. Auf die Vereinbarkeit mit Lärmwerten nach BImSchG oder die konkrete Nachbarschaft kommt es nicht mehr an. Zur Prüfung von § 15 Abs. 1 BauNVO gelangt man nicht mehr.[60] Dasselbe gilt für einen Zustellstützpunkt der Post mit neun offenen Stellplätzen, der trotz § 4 Abs. 3 Nr. 3 BauNVO (Anlagen für Verwaltungen) schon typisiert gebietsunverträglich ist.[61]

---

58 BVerwGE 94, 151 (154).

59 BVerwG BRS 73 Nr. 70; BVerwGE 138, 166.

60 BVerwG BRS 73 Nr. 70.

61 BVerwGE 116, 155.

Die **Umstände des Einzelfalls** gewinnen erst im nächsten Prüfungsschritt an Bedeutung, in dem § 31 Abs. 2 BauGB oder § 15 Abs. 1 BauNVO untersucht werden. Wegen der Umstände des Einzelfalles (des Bauvorhaben und/oder des Baugebiets) kann nach § 31 Abs. 2 BauGB von den Festsetzungen befreit werden, wenn das konkrete Vorhaben doch nicht gebietsunverträglich ist. Dagegen führt das **Gebot zur Wahrung des Gebietscharakters** des § 15 Abs. 1 S. 1 BauNVO dazu, die Genehmigung solcher Vorhaben zu versagen, die zwar nach Art, Größe und störenden Auswirkungen generell (typischerweise) den Gebietscharakter nicht gefährden, jedoch nach Anzahl, Lage, Umfang oder Zweckbestimmung angesichts der konkreten Verhältnisse an Ort und Stelle der Eigenart des Baugebiets widersprechen. § 15 Abs. 1 S. 2 BauNVO, ein Anwendungsfall des **Rücksichtnahmegebots**, verhindert Bauvorhaben, die wegen ihrer konkreten Ausführung für die konkrete Nachbarschaft mit unzumutbaren Belästigungen oder Störungen verbunden sind.[62] 51

Ist eine bestimmte Nutzungsart nicht in den §§ 2 bis 11 BauNVO geregelt, kann sie in den **§§ 12–14 BauNVO** zu finden sein. Dort sind baugebietsübergreifend Stellplätze und Garagen, Gebäude und Räume für freie Berufe sowie Nebenanlagen unter bestimmten Bedingungen für zulässig erklärt. 52

Die BauNVO regelt in §§ 16 bis 21a auch das **Maß** der baulichen Nutzung (vgl. § 9 Abs. 1 Nr. 1 BauGB). Es bezeichnet das zulässige Volumen der Baukörper auf dem Grundstück. § 16 Abs. 2 BauNVO stellt einen abschließenden Kanon von Bezugsgrößen zur Verfügung. 53

Hinweis: *Das Maß der baulichen Nutzung ist bereits sehr technisch. In Studium und Examen erscheint es regelmäßig nur als Zahl der erlaubten Vollgeschosse (§ 16 Abs. 2 Nr. 3, Abs. 4 BauNVO).*

Bei der Bauweise (§ 9 Abs. 1 Nr. 2 BauGB) kann gemäß § 22 BauNVO nur **offene** oder **geschlossene Bauweise** festgesetzt werden. Nach § 22 Abs. 2 BauNVO meint die offene Bauweise Einzel- und Doppelhäuser sowie Hausgruppen von maximal 50 m Länge. Die geschlossene Bauweise gemäß § 22 Abs. 3 BauNVO meint Gebäude „Wand an Wand", also auf allen Geschossen[63] ohne seitlichen Grenzabstand (z.B. Reihenhäuser). 54

Hinweis: *Die im Übrigen möglichen Festsetzungen des BPlans, wie die überbaubaren Grundstücksflächen (Baulinien, Baugrenzen, Bebauungstiefen usw.) sowie besondere Flächenfestsetzungen (Spiel- und Sportplätze, Gemeinbedarfsflächen, Ver- und Entsorgungsflächen, Verkehrsflächen, Grünflächen usw.) spielen in Studium und Examen praktisch keine Rolle.*

62 BVerwG BRS 73 Nr. 70.

63 VGH Kassel BRS 35 Nr. 94.

BauNVO

allgemein *zulässig*, §§ 2–11 BauNVO (Absätze 2)	*ausnahmsweise* zulässig, §§ 2–11 BauNVO (Absätze 3)	allgemein *unzulässig* nach BauNVO
Ggf. zulässig nach **§ 30 BauGB** im Einzelfall aber unzulässig, wenn Gebot der Rücksichtnahme verletzt, § 15 Abs. 1 S. 2 BauNVO	Ggf. zulässig nach **§ 31 Abs. 1 BauGB** wenn nicht (schon) nach § 15 Abs. 1 S. 2 BauNVO unzulässig	Ggf. zulässig nur nach **§ 31 Abs. 2 BauGB** aber wiederum Gebot der Rücksichtnahme, § 31 Abs. 2 a.E. BauGB

II. Zulässigkeit nach § 30 BauGB

55 Die bauplanungsrechtliche Zulässigkeit richtet sich nach § 30 BauGB, wenn das Baugrundstück im Gebiet eines – wirksamen – BPlans liegt. Welcher der drei Absätze des § 30 BauGB einschlägig ist, richtet sich danach, ob es sich um eine sog. qualifizierten (Abs. 1), einfachen (Abs. 3) oder vorhabenbezogenen BPlan (Abs. 2, § 12 BauGB) handelt.

Bebauungsplangebiete gemäß § 30 Abs. 1–3 BauGB

qualifizierter Bebauungsplan (§ 30 Abs. 1 BauGB)	**einfacher Bebauungsplan** (§ 30 Abs. 3 BauGB)	**vorhabenbezogener Bebauungsplan** (§ 30 Abs. 2 BauGB)
▪ Art der baulichen Nutzung **und** ▪ Maß der baulichen Nutzung **und** ▪ überbaubare Grundstücksflächen **und** ▪ öffentl. Verkehrsflächen	Fehlen einer der in § 30 Abs. 1 BauGB genannten Festsetzungen	▪ Vorhaben- u. Erschließungsplan des Investors ▪ Durchführungsvertrag ▪ Vorhabenbezogener Bebauungsplan (§ 12 BauGB)

1. Qualifizierter BPlan

56 Ein **qualifizierter** BPlan liegt vor, wenn im BPlan zu allen vier Festsetzungsarten, die § 30 Abs. 1 BauGB aufzählt (Art und Maß der baulichen Nutzung, überbaubare Grundstücksflächen, öffentliche Verkehrsflächen), Festsetzungen getroffen sind. Im Gebiet eines solchen qualifizierten BPlans ist ein Vorhaben zulässig, wenn es sämtlichen Festsetzungen des BPlans, also vor allem den Vorgaben der BauNVO, nicht widerspricht und die Er-

schließung gesichert ist. Soweit der BPlan keine Festsetzungen enthält (= lückenhaft ist), ist nichts Einschränkendes geregelt und er dem Vorhaben nicht entgegen;[64] der Rückgriff auf § 34 BauGB ist ausgeschlossen.[65] Mit **Erschließung** ist die Anbindung an das öffentliche Straßennetz und die Versorgung mit Strom und Wasser sowie die Abwasserbeseitigung gemeint.[66] Sie ist **gesichert**, wenn objektiv erwartet werden kann, dass die Erschließungsanlagen bis zur Fertigstellung (nicht: bei der Entscheidung über den Bauantrag) der anzuschließenden baulichen Anlage benutzbar sind.[67]

Auf die Zulassung eines Bauvorhabens, das der **Regelbebauung** (Absätze 1 der §§ 2 ff. 57
BauNVO) entspricht, besteht grundsätzlich ein **Anspruch.** Lediglich Anspruch auf **ermessensfehlerfreie Entscheidung** aus § 31 Abs. 1 BauGB besteht, wenn das Vorhaben nur der **Ausnahmebebauung** entspricht (Absätze 2 der §§ 2 ff. BauNVO); der entsprechende Antrag ist konkludent im Bauantrag enthalten. Aus Gründen der Gleichbehandlung kann das Ermessen auf Null reduziert sein. Führt auch das nicht zur Erteilung der Baugenehmigung, hat der Bauherr schließlich noch einen Anspruch auf ermessensfehlerfreie Entscheidung über die Erteilung einer Befreiung (Dispens) von den planungsrechtlichen Festsetzungen nach § 31 Abs. 2 BauGB. Von der Beachtung des Rücksichtnahmegebots (§ 15 Abs. 1 BauNVO) kann allerdings weder eine Ausnahme noch eine Befreiung erteilt werden. § 15 BauNVO ist gewissermaßen das Gegenstück zu § 31 BauGB. Beide Normen dienen der Einzelfallgerechtigkeit. § 31 BauGB ermöglicht an sich planwidrige Nutzungen, § 15 Abs. 1 BauNVO schränkt an sich plankonforme Nutzungen ein.[68]

2. Einfacher, vorhabenbezogener und BPlan in Aufstellung

Ein **einfacher BPlan** (§ 30 Abs. 3 BauGB) liegt vor, wenn mindestens eine der vier in § 30 58
Abs. 1 BauGB vorgegebenen Festsetzungsarten fehlt. Das Bauvorhaben ist städtebaulich zulässig, soweit es den vorhandenen Festsetzungen des BPlans nicht widerspricht und im Übrigen den Anforderungen der §§ 34 oder 35 BauGB genügt. Weil der einfache BPlan keine umfassende Planung darstellt, führen fehlende (= lückenhafte) Festsetzungen nicht wie beim qualifizierten BPlan dazu, dass das Vorhaben zulässig ist. Vielmehr stellen die §§ 34 bzw. 35 BauGB ergänzende Anforderungen an die bauplanungsrechtliche Zulässigkeit.

Beispiel: Der BPlan setzt im Innenbereich („34er-Gebiet") eine viergeschossige Wohnbebauung fest. Er enthält aber keine Festsetzungen zur überbaubaren Grundstücksfläche. Damit liegt ein einfacher BPlan vor. Ein viergeschossiges Wohnhaus ist grundsätzlich nach § 30 Abs. 3 BauGB zulässig. Was die überbaubaren Grundstücksflächen (§ 23 BauNVO) angeht, gibt es keine Vorgaben, sodass sich das Haus insofern nach § 34 BauGB in die Eigenart der näheren Umgebung einfügen muss.

Der **vorhabenbezogene BPlan** dient dazu, die planungsrechtlichen Voraussetzungen 59
für einen privaten Investor für ein spezifisches Bauprojekt zu schaffen. Der Investor muss sich vertraglich gegenüber der Gemeinde verpflichten, das Vorhaben durchzuführen

64 BVerwGE 42, 30 (33 ff.).
65 F/O/F Öffentliches Baurecht I, S. 336.
66 Mitschang in: Battis/Krautzberger/Löhr § 30 Rn. 21 m.w.N.
67 BVerwGE 137, 74.
68 Reidt, in: Battis/Krautzberger/Löhr § 31 Rn. 8.

und die Planungs- und Erschließungskosten zu tragen (§ 12 BauGB). Die Festsetzungen sind nicht an § 9 BauGB gebunden. Das Vorhaben des Investors ist nach § 30 Abs. 2 BauGB zulässig, wenn es dem (gesamten) BPlan nicht widerspricht und die Erschließung gesichert ist.[69]

60 Fehlt es noch an einem wirksamen BPlan und ist das Vorhaben nach den (noch) geltenden §§ 34 oder 35 BauGB (bei einem Änderungs-BPlan auch nach § 30 BauGB i.V.m. dem alten BPlan) unzulässig, erlaubt § 33 BauGB, die planungsrechtliche Zulässigkeit ausnahmsweise auf einen erst noch zu erlassenen BPlan zu stützen. Zunächst ist also stets zu prüfen, ob das Vorhaben nach §§ 30, 34 oder 35 BauGB zulässig ist. Ist das nicht der Fall, verleiht § 33 Abs. 1 BauGB dem Bauherrn einen Rechtsanspruch darauf, dass sein Vorhaben so behandelt wird, als ob die zu erwartenden Festsetzungen des noch **in Aufstellung befindlichen** BPlans bereits rechtswirksam wären.[70] § 33 BauGB verlegt also das Inkrafttreten des BPlans im Verhältnis zwischen Bauherrn, Gemeinde und Bauaufsichtsbehörde vor.[71] Wird der BPlan überraschend doch nicht rechtsverbindlich, bleibt die erteilte Baugenehmigung wirksam.[72]

Hinweis: *In Prüfungsarbeiten werden hauptsächlich qualifizierte, manchmal einfache BPläne vorgegeben. Soll ein qualifizierter BPlan vorliegen, werden die Festsetzungen der Art und teils des Maßes der Nutzung regelmäßig eingehender beschrieben. Im Übrigen wird meist lapidar mitgeteilt, dass der BPlan auch Festsetzungen zu den überbaubaren Grundstücksflächen und öffentlichen Verkehrsflächen enthält. Soll ein einfacher BPlan zugrunde liegen, fehlen diese Angaben naturgemäß; in diesen Fällen geht es vor allem um das Zusammenspiel von einfachem BPlan und §§ 34, 35 BauGB.*

Fall 1: Terrorgefahren

Investor I plant, in der kleinen Gemeinde G auf dem Grundstück des E ein Büro- und Verwaltungsgebäude zu errichten und es langfristig an den Staat S als Konsulat zu vermieten. Auf Einrichtungen des S im Ausland werden vielfach Terroranschläge verübt; für konkrete Attentatspläne in Deutschland gibt es nach Auskunft der Sicherheitsbehörden allerdings derzeit keine Anhaltspunkte. Ein Bauantrag des I ist bereits einmal förmlich abgelehnt worden, ohne dass I dagegen vorgegangen ist.
Als I ein Jahr später erneut denselben, formell nicht zu beanstandenden, Bauantrag stellt, hofft I, dass bald ein BPlan für das Grundstück, das innerhalb eines im Zusammenhang bebauten Ortsteil liegt, beschlossen wird. G verweigert allerdings ihr Einvernehmen, obwohl I die einrichtungsüblichen Sicherheitsmaßnahmen (befestigte Zäune, gesicherte Zufahrten usw.) in seinen Bauvorlagen vorgesehen hat. Die zuständige Bauaufsichtsbehörde B des Kreises lehnt daraufhin den Antrag erneut ab. Hiergegen erhebt I fristgemäß Klage. Wenig später wechselt die Ratsmehrheit und noch vor der mündlichen Verhandlung tritt der wirksame BPlan „Flussaue" in Kraft, der lediglich die Festsetzung GE enthält. Gegen I's Hoffnung sind Büro- und Verwal-

69 Näher Finkelnburg/Ortloff/Kment § 10.

70 BVerwGE 20, 127 (131).

71 BVerwGE 101, 58.

72 Reidt, in: Battis/Krautzberger/Löhr § 33 Rn. 1.

tungsgebäude aber nur ausnahmsweise zulässig. B trägt vor, es sei nicht auszuschließen, dass ein Terroranschlag auf das Konsulat verübt wird. Diese Gefahr sei für die zahlreichen Gebäude in unmittelbarer Nachbarschaft und die dort befindlichen Menschen nicht hinnehmbar. Überdies versperre das Gebäude dem alteingesessenen Kunstmaler K die schöne Aussicht auf den Fluss, an deren Anblick er sich seit Jahrzehnten in Arbeitspausen erfreue. Wie entscheidet das zuständige Verwaltungsgericht?

Das zuständige Verwaltungsgericht gibt der Klage statt, soweit sie zulässig und begründet ist. **61**

A. **Zulässigkeit**

I. Auf- oder abdrängende Sonderzuweisungen fehlen. Es liegt eine öffentlich-rechtliche Streitigkeit nichtverfassungsrechtlicher Art vor, bei welcher der **Verwaltungsrechtsweg** nach § 40 Abs. 1 S. 1 VwGO eröffnet ist. Streitentscheidend sind Normen des öffentlichen Baurechts (BauGB, BauNVO, LBauO), die ausschließlich Träger öffentlicher Gewalt (Kreis) berechtigen und verpflichten.

II. Statthaft ist die **Verpflichtungsklage** nach § 42 Abs. 1, 2. Alt. VwGO. Bei der von I erstrebten Baugenehmigung handelt es sich um einen begünstigenden Verwaltungsakt i.S.d. § 35 S. 1 VwVfG.

III. I muss die nach § 42 Abs. 2 VwGO erforderliche **Klagebefugnis** besitzen.

1. Der bauwillige **Grundstückseigentümer** kann sich auf seine aus Art. 14 Abs. 1 GG folgende Baufreiheit berufen. Wegen des Anwendungsvorrangs des einfachen Rechts ergibt sich sein subjektiv-öffentliches Recht allerdings aus der Norm der LBauO, die den Anspruch auf Erteilung der Baugenehmigung verleiht. I ist jedoch nicht Eigentümer des Grundstücks, sondern E.

2. Das subjektiv-öffentliche Recht des I folgt allerdings ebenfalls aus der einfachrechtlichen Anspruchsgrundlage der LBauO, weil diese die Eigentümerstellung nicht voraussetzt. Grundrechtlich kann der **Nichteigentümer** sich allerdings nur auf Art. 2 Abs. 1 GG berufen.[73]

IV. Ob vor der Klage erfolglos **Widerspruch** nach § 68 Abs. 2 VwGO erhoben worden sein muss, richtet sich nach den landesrechtlichen Ausführungsgesetzen zur VwGO. Die **Klagefrist**, § 74 VwGO, ist nach dem Sachverhalt gewahrt. Der richtige Klagegegner (§ 78 Abs. 1 VwGO) richtet sich ebenfalls nach Landesrecht.

V. Schließlich muss I das erforderliche **Rechtsschutzinteresse** besitzen.

1. Hieran könnte es fehlen, weil der Bauantrag des I bereits vor einem Jahr **bestandskräftig abgelehnt** worden ist. Im öffentlichen Baurecht besteht jedoch eine Besonderheit. Der Anspruch auf Erteilung einer Baugenehmigung wird durch die Bestandskraft eines zuvor ablehnenden Bescheides nicht ausge- **62**

73 Dürr JuS 2007, 328, 329.

schlossen,[74] sofern kein rechtskräftiges Urteil zwischen denselben[75] Beteiligten die Ablehnung bestätigt hat.[76]

Der Streit, ob diese Besonderheit auf dem Schutz der Baufreiheit durch Art. 14 Abs. 1 GG (so die Rechtsprechung) beruht oder darauf, dass nur der konkrete frühere Bauantrag abgelehnt worden ist und die Ablehnung das materielle Baurecht nicht erfasst[77], wirkt sich im Ergebnis nicht aus.

Da der erste Antrag nicht im Klagewege abgewiesen worden ist, musste B den Antrag des I erneut (inhaltlich) prüfen, ohne dass die Voraussetzungen des § 51 VwVfG erfüllt sein mussten. I fehlt wegen der vorhergehenden Ablehnung das Rechtsschutzinteresse nicht.

3. Dem Kläger fehlt das Rechtsschutzinteresse ebenfalls, wenn feststeht, dass er aus Gründen, die jenseits des Baugenehmigungsverfahren liegen (vor allem privatrechtliche Gründe), an einer **Verwertung** der begehrten **Genehmigung gehindert** ist, die Erteilung der Genehmigung daher nutzlos wäre (Nichteigentümer ohne Nutzungsrecht, entgegenstehende Grunddienstbarkeit).[78] Diese Gründe müssen aber offensichtlich (unzweifelhaft) sein.

Es gibt keine Anhaltspunkte dafür, dass sich I nicht – wie bei der gewerblichen Immobilienentwicklung üblich – im Einvernehmen mit dem Grundstückseigentümer E um die Baugenehmigung bemüht.

Um die Baugenehmigungsbehörde von der Prüfung komplizierter zivilrechtlicher Sachverhalte zu entlasten, ergeht die Baugenehmigung nach den LBauO stets unbeschadet privater Rechte Dritter. Da das Privatrecht nicht mitgeprüft wird, steht die Baugenehmigung umgekehrt einem zivilrechtlichen Vorgehen gegen ein Vorhaben nicht entgegen.[79]

63 Die Klage ist zulässig.

B. Beiladung

Hinweis: *Die Beiladung nach § 65 VwGO spielt in baurechtlichen Fällen eine große Rolle. Vor allem ist der Bauherr beizuladen, wenn Nachbarn die diesem erteilte Baugenehmigung angreifen oder von der Bauaufsicht verlangen, mit Ordnungsverfügungen gegen ihn vorzugehen. Die Beiladung ist keine Zulässigkeitsvoraussetzung. Ist fehlerhaft nicht beigeladen worden, entfällt lediglich die Rechtskrafterstreckung auf den Beizuladenden, vgl. §§ 121 Nr. 1, 63 Nr. 3 VwGO. Bei der Lösung von Prüfungsfällen sollten Sie sich der Gepflogenheit anpassen, die Beiladung zwischen Zulässigkeit und Begründetheit zu thematisieren.*

In Betracht kommt eine **Beiladung der Gemeinde** G nach § 65 Abs. 2 VwGO. Gemäß § 36 Abs. 1 S. 1 BauGB wird über die Zulässigkeit von Vorhaben nach §§ 31, 33–35 im **Einvernehmen mit der Gemeinde** entschieden, wenn diese – wie hier – nicht zu-

74 BVerwGE 38, 152; BVerwG BRS 24 Nr. 190; BVerwGE 48, 271; vgl. auch BGHZ 90, 17.

75 Ein anderer Bauherr ist nicht gebunden, vgl. BVerwG BRS 76 Nr. 163.

76 BVerwGE 48, 271.

77 Vgl. Finkelnburg/Ortloff/Kment S. 113; Gaentzsch NJW 1986, 2792

78 BVerwGE 42, 115; 61, 128; BVerwG NVwZ 1994, 482; OVG Saarlouis BRS 44 Nr. 150; VGH München BayVBl. 2006, 537.

79 BVerwG BRS 60 Nr. 175.

gleich die Baugenehmigungsbehörde ist.[80] Das Einvernehmenserfordernis schützt die gemeindliche Planungshoheit (Art. 28 Abs. 2 S. 1 GG).[81] Die Gemeinde darf sich bei der Verweigerung nur auf die Gründe der §§ 31, 33 bis 35 BauGB stützen, kann Ermessensspielräume des § 31 BauGB aber nutzen.[82] Ob das Einvernehmen erteilt werden muss oder nicht, ist eine rechtliche, keine (kommunal-)politische Frage. Die Gemeinde darf nur prüfen, ob (aus ihrer Sicht) die Tatbestandsmerkmale der §§ 31, 33 bis 35 BauGB erfüllt sind (Rechtsprüfung).

Im Bereich eines qualifizierten BPlans (§ 30 Abs. 1 BauGB) hat die Gemeinde ihren Planungswillen abschließend betätigt.[83] Dort gilt daher kein Einvernehmenserfordernis.

Ein erteiltes Einvernehmen bindet die Baugenehmigungsbehörde nicht, sie muss **64**
selbst voll prüfen. Das Einvernehmen ist nicht widerruflich oder rücknehmbar, auch nicht das nach § 36 Abs. 2 S. 2 BauGB fingierte.[84] Erteilt die Baugenehmigungsbehörde ohne erklärtes oder ersetztes gemeindliches Einvernehmen die Baugenehmigung, kann die Gemeinde diese mit der Anfechtungsklage angreifen.[85] Die Klage ist ohne materiellrechtliche Prüfung wegen dieses Verfahrensmangels immer begründet (absolutes Verfahrensrecht, für das § 46 VwVfG nicht gilt).[86]

Verweigert die Gemeinde rechtswidrig ihr Einvernehmen, hat der Bauherr gegen sie keine **Amtshaftungsansprüche** aus § 839 BGB/Art. 34 (z.B. Verzögerungsschaden, wenn die Baugenehmigungsbehörde später doch gerichtlich zur Erteilung der Baugenehmigung verpflichtet wird). Soweit die Baugenehmigungsbehörde das fehlende Einvernehmen ersetzen kann, besteht die Einvernehmenspflicht nämlich nur verwaltungsintern. Sie ist keine drittgerichtete, gegenüber dem Bauherrn bestehende Amtspflicht. Amtshaftungspflichtig ist allein der Träger der Baugenehmigungsbehörde.[87]

Die landesrechtlich zuständige Behörde

54 III, IV	67	–	70	–	–	22 III DVO-BauGB	71	2 DVO-BauGB	2 III DVO-BauGB	71	72	71	70	1 II LVO*	70

*SH: Landesverordnung zur Übertragung von Zuständigkeiten auf nachgeordnete Behörden.

„kann" das rechtswidrig versagte **Einvernehmen** nach § 36 Abs. 2 S. 3 BauGB ersetzen. Insofern ist streitig, ob es sich um eine Befugnis- oder Ermessensnorm handelt.[88] Hat sie es nicht ersetzt, kann der Bauherr nicht unmittelbar gegen die Gemeinde vorgehen, weil das Einvernehmen nur eine verwaltungsinterne Mitwirkungshandlung ohne Außenwirkung[89] (Verwaltungsinternum) ist. Er muss vielmehr die Baugenehmigungsbehörde verklagen. Ein obsiegendes Verpflichtungsurteil könnte diese aber

80 BVerwGE 121, 339; Muckel/Ogorek § 7 Rn. 202; Finkelnburg/Ortloff/Kment S. 403. Kritisch Schoch NVwZ 2012, 777, 779 f.; Jäde UPR 2010, 248.

81 BVerwG BRS 73 Nr. 156.

82 BVerwGE 137, 247.

83 Dippel NVwZ 2011, 769.

84 BVerwGE 122, 13; BVerwG BRS 58 Nr. 142.

85 BVerwGE 31, 263.

86 BVerwG BRS 73 Nr. 156; Muckel/Ogorek § 7 Rn. 208; Schoch NVwZ 2012, 777, 780 f.; Dippel NVwZ 2011, 769, 770.

87 BGHZ 187, 51; BGH BRS 79 Nr. 150; Singbartl/Wehowsky NVwZ 2013, 1525; Muckel JA 2013, 319; Greim/Michl Jura 2012, 373 zur Staatshaftung im Baurecht.

88 Streitstand bei: VGH Mannheim BRS 78 Nr. 166; Dippel NVwZ 2011, 769, 773 f.

89 BVerwGE 22, 342; Reidt, in: Battis/Krautzberger/Löhr § 36 Rn. 5.

wegen des Einvernehmenserfordernisses nicht erfüllen, wenn die widerstrebende Gemeinde nicht an das Prozessergebnis gebunden wäre. Diese Bindung wird durch die Rechtskrafterstreckung erreicht, die die Beiladung gemäß §§ 121 Nr. 1, 65 Abs. 2, 63 Nr. 3 VwGO auslöst. Im Ergebnis ersetzt das gerichtliche Urteil das gemeindliche Einvernehmen.[90]

65 **Rechtsschutz der Gemeinde:** Hat die zuständige Landesbehörde das versagte gemeindliche Einvernehmen ersetzt, kann die Gemeinde gegen die Ersetzungsentscheidung Widerspruch und Anfechtungsklage erheben.[91] Die Ersetzung wird gegenüber der Gemeinde als VA aufgefasst.[92] Nur wenn sie die Frist des § 36 Abs. 2 S. 2 BauGB versäumt hat, fehlt ihr das Rechtsschutzbedürfnis.[93] Die Gemeinde kann alle Genehmigungshindernisse nach §§ 31, 33 bis 35 BauGB geltend machen, nicht nur die bisher vorgetragenen.[94] Die Klage hat in vielen Ländern keine aufschiebende Wirkung, soweit die Ersetzung als (kommunalaufsichtliche) Ersatzvornahme wirkt (z.B. § 54 BauO BW, Art. 67 BauO BY, § 70 BauO Bbg, § 71 BauO MV, § 70 BauO LSA, § 71 BauO RP, § 72 BauO Saar, § 71 BauO Sachs, § 70 BauO TH). Die Gemeinde muss daher vorläufigen Rechtsschutz nach § 80 Abs. 5 VwGO beantragen, wenn sie verhindern will, dass die Baugenehmigung ausgenutzt wird.

Da G das erforderliche Einvernehmen versagt hat und es nicht von der zuständigen Behörde ersetzt worden ist, war G nach § 65 Abs. 2 VwGO notwendig beizuladen. Der nachträgliche Erlass des BPlans ersetzt das Einvernehmen nicht.

C. Begründetheit

66 Die Klage ist begründet, wenn der Ablehnungsbescheid der B rechtswidrig ist und I einen Anspruch auf Erteilung der Baugenehmigung besitzt, § 113 Abs. 5 S. 1 VwGO.

I. **Anspruchsgrundlage** ist die Vorschrift der LBauO über die Erteilung der Baugenehmigung. Danach hat I einen Anspruch auf Erteilung der Baugenehmigung, wenn dem Vorhaben öffentlich-rechtliche Vorschriften nicht entgegenstehen.

58	68	71	67	72	72	64	72	70	75	70	73	72	71	73	71

II. Formelle Voraussetzungen

Zu diesen Vorschriften gehören auch die der LBauO über das bauaufsichtliche Verfahren.

1. Die Errichtung des Konsulats muss ein **baugenehmigungsbedürftiges** Vorhaben i.S.d. LBauO darstellen. Nach ihr unterliegt jedenfalls die **Errichtung** einer baulichen Anlage i.S.v. § 2 LBauO (im Grundsatz) der Genehmigungspflicht. Hierzu zählt ohne Weiteres der Neubau des aus Bauprodukten hergestellten Büro- und Verwaltungsgebäudes, den I beabsichtigt.

49	55	60	54	59 I	59 I	54	59 I	59	63 I	61	60	59	58 I	62	59

90 BVerwGE 28, 145; BVerwG BRS 73 Nr. 156; BVerwG NVwZ-RR 1992, 529.

91 BVerwGE 137, 74 (Rn. 34).

92 VGH Kassel BRS 63 Nr. 122; VGH München BRS 63 Nr. 119; Hornmann § 61 Rn. 18a; Söfker in Ernst/Zinkahn/Bielenberg § 36, Randziffer 42.

93 OVG Lüneburg BRS 62 Nr. 112; OVG Münster BRS 71 Nr. 15; Söfker, in: Ernst/Zinkahn/Bielenberg § 36 Rn. 32: verwirkt.

94 BVerwGE 137, 74 (Rn. 34); Reidt, in: Battis/Krautzberger/Löhr § 36 Rn. 25.

Das Bauvorhaben ist nicht ausnahmsweise von der Genehmigungspflicht befreit.

50 f.	57 f.	62 f.	55, 58	61 ff.	*	55 f.	61 f.	60, 62	65-67	62, 67	61-63	61 f., 76	60 f.	63	60 f.

*Hamburg: § 60 HBauO i.V.m. Anlage 2 zur HBauO.

2. Den erforderlichen **Antrag** hat I bei der zuständigen Baugenehmigungsbehörde B in der nach der LBauO vorgeschriebenen Form gestellt.

53	64	69	62 f.	68 f.	70	60 f.	68 f.	67, 69	69	63, 65	69, 71	68 f.	67 f.	64, 67	67 f.

Auf die Erfüllung der übrigen Verfahrensvoraussetzungen, wie die Beteiligung anderer Behörden oder von Nachbarn, hat I keinen Einfluss.

II. Materielle Voraussetzungen

In materieller Hinsicht darf das geplante Gebäude den bauplanungs- und bauordnungsrechtlichen Vorschriften und den darüber hinaus im Baugenehmigungsverfahren zu prüfenden sonstigen öffentlich-rechtlichen Vorschriften nicht widersprechen. **67**

1. Die **bauplanungsrechtliche** Zulässigkeit richtet sich nach den §§ 30 ff. BauGB.

   a) Soweit das Vorhaben dem **vereinfachten** Genehmigungsverfahren unterfällt, unterliegt es in bauplanungsrechtlicher Hinsicht (§§ 29 ff. BauGB) der vollständigen Prüfung durch die Baugenehmigungsbehörde.

52	59	64	57	63	61	57	63	63	68	66	64	63	62	69	62

   b) Die **Anwendbarkeit** der §§ 30 ff. BauGB richtet sich nach § 29 Abs. 1 BauGB. Demnach gelten die planungsrechtlichen Grenzen der §§ 30–37 BauGB u.a. für Vorhaben, die die Errichtung, Änderung oder Nutzungsänderung von baulichen Anlagen zum Inhalt haben. Der bundesrechtliche Begriff der baulichen Anlage ist nur teilidentisch mit dem entsprechenden bauordnungsrechtlichen Begriff in § 2 LBauO. Einschränkend kommt das Merkmal der **bodenrechtlichen Relevanz** hinzu. Das Vorhaben muss die in § 1 Abs. 5 und 6 BauGB genannten Belange in einer Weise berühren können, die geeignet ist, das Bedürfnis nach einer ihre Zulässigkeit regelnden verbindlichen Bauleitplanung hervorzurufen.

   c) Die Errichtung des Konsulatsgebäudes kann schon wegen des mit ihm verbundenen Verkehrs und der mit ihm einhergehenden Gefahren zu Konflikten mit öffentlichen und nachbarschaftlichen Drittinteressen führen. Das Konsulatsgebäude besitzt bodenrechtliche (städtebauliche) Relevanz (vgl. § 1 Abs. 6 Nr. 1 BauGB). Die §§ 30 ff. BauGB sind anwendbar.

d) Die Anwendbarkeit der §§ 30 ff. BauGB ist auch nicht wegen einer Veränderungssperre (§§ 14, 16 ff. BauGB) oder einer Zurückstellung (§ 15 Abs. 1 BauGB) ausgeschlossen (s. Rn. 82 f.).

68 2. Als I den Bauantrag einreichte, lag das Baugrundstück nicht im Geltungsbereich eines BPlans, wohl aber bei der mündlichen Verhandlung. Damit ist die Frage nach dem **Zeitpunkt der maßgeblichen Sach- und Rechtslage** aufgeworfen.

Hinweis: *Der maßgebliche Zeitpunkt ist im Baurecht häufiger zu thematisieren. Einerseits überdauern Gebäude Jahrzehnte, in denen sich das Baurecht ändert. Andererseits können die Gemeinden das örtliche Baurecht (BPläne) schnell ändern. Schließlich stellen die §§ 14 ff. BauGB den Gemeinden Instrumente zur Verfügung, um die Rechtslage auch in einem bereits laufenden Genehmigungsverfahren noch grundlegend zu beeinflussen (s. Rn. 83 f.).*

Diesen Zeitpunkt bestimmt nicht das Prozessrecht, sondern das materielle Recht.[95] Sieht dieses weder ausdrücklich noch schlüssig etwas anderes vor, kommt es in Verpflichtungssituationen auf den Zeitpunkt der letzten mündlichen Verhandlung an, weil die Behörde wegen Art. 20 Abs. 3 GG nicht gerichtlich zu einem rechtswidrigen Verwaltungshandeln verpflichtet werden darf.[96] Hat sich – wie hier – die Rechtslage während des Verfahrens zum **Vorteil** des Bauherrn geändert, kann die bei Bauantragstellung bzw. Klageerhebung noch unbegründete Klage zwischenzeitlich begründet werden. Diese Fallgestaltung wirft keine grundrechtlichen Fragen auf. Nach umstrittener, aber überwiegender Meinung gilt das auch, wenn der Anspruch des Bauherrn auf die Baugenehmigung zunächst bestand, die Behörde den Bauantrag rechtswidrig abgelehnt hat und nun durch eine **nachteilige Veränderung** der Sach- und Rechtslage zum Zeitpunkt der gerichtlichen Entscheidung kein Anspruch mehr auf die Baugenehmigung besteht. Als der Bauherr den Bauantrag gestellt hat, besaß er noch keine grundrechtskräftig verfestigte Anspruchsposition, die eine Vorverlegung des entscheidungserheblichen Zeitpunkts verlangen würde. Zwar ist die Baufreiheit Ausfluss von Art. 14 GG. Dieser sichert den bloßen Anspruch auf Baugenehmigung aber noch nicht. Erst die erteilte Baugenehmigung vermittelt dem Bauherrn eine Rechtsposition, die sich gegenüber nachfolgenden Rechtsänderungen durchsetzt.[97]

In Betracht kommen allerdings staatshaftungsrechtliche Schadensersatzansprüche gegen die Bauaufsichtsbehörde wegen rechtswidriger Genehmigungsablehnung.

Die Vereinbarkeit des Bauvorhabens des I mit den bauplanungsrechtlichen Vorschriften (und dem übrigen öffentlichen [Bau-]Recht) richtet sich demnach nach der Sach- und Rechtslage zum Zeitpunkt der letzten mündlichen Verhandlung.

69 3. Der BPlan enthält lediglich Festsetzungen über die Art der baulichen Nutzung und stellt deswegen einen **einfachen BPlan** i.S.v. § 30 Abs. 3 BauGB dar. So-

95 Näher: AS-Skript VwGO (2013), Rn. 603 ff.

96 BVerwG NVwZ 2012, 880 (881); DÖD 2012, 104.

97 AS-Skript VwGO (2013), Rn. 624 f. m.w.N.

weit diese Festsetzungen reichen, darf das Bauvorhaben ihnen nicht widersprechen. Im Übrigen kommt es für die planungsrechtliche Zulässigkeit auf § 34 BauGB an, weil das Baugrundstück im Innenbereich (s. Rn. 88) belegen ist.

a) Nach dem BPlan liegt das Grundstück in einem Gewerbegebiet. Die dort zulässigen Nutzungsarten ergeben sich aus § 8 BauNVO. Diese Vorschrift der auf die Verordnungsermächtigung in § 9a BauGB gestützten BauNVO ist anwendbar, weil sie mit der Gebietsfestsetzung gemäß § 1 Abs. 3 S. 2 BauNVO Bestandteil des BPlans geworden ist.

Als höherrangiges Recht (bundesrechtliche RechtsVO) würde die BauNVO auch ohne den Befehl des § 1 Abs. 3 S. 2 BauNVO gelten. Sein Zweck besteht vor allem darin, die Gemeinden beim Erlass von BPlänen auf die nach § 1 Abs. 4 bis 10 BauNVO erlaubten Abweichungen zu beschränken.[98]

b) Nach § 8 Abs. 2 Nr. 2 BauNVO sind Büro- und Verwaltungsgebäude in Gewerbegebieten als Regelbebauung ohne Weiteres zulässig. Die Festsetzung könnte jedoch fehlerhaft und der BPlan damit unwirksam sein, wenn sie gegen den aus § 1 Abs. 3 S. 1 BauNVO folgenden sog. **Typenzwang** verstößt, indem sie abweichend von § 8 Abs. 2 Nr. 2 BauNVO Büro- und Verwaltungsgebäude nur ausnahmsweise für zulässig erklärt. Die Herabstufung der Regelbebauung zur Ausnahmebebauung stellt jedoch eine von § 1 Abs. 5 BauNVO erlaubte (und häufig genutzte) Ausnahme vom Typenzwang dar. Da die allgemeine Zweckbestimmung des Gewerbegebiets, die sich aus § 8 Abs. 1 BauNVO ergibt, trotz der Umkehrung des Regel-Ausnahmeverhältnisses für diese Nutzungsart gewahrt bleibt, ist der BPlan nicht fehlerhaft.

Demzufolge hat I **keinen Anspruch** darauf, dass B ihm die Errichtung eines Büro- und Verwaltungsgebäudes als Konsulat erlaubt.

4. Das Bauvorhaben des I kann lediglich im Wege der Ausnahme gemäß § 31 Abs. 1 BauGB zulässig sein. Insofern steht I nur ein Anspruch auf **ermessensfehlerfreie Entscheidung** zu.[99] Der entsprechende Antrag ist im Baugenehmigungsantrag stets unausgesprochen enthalten.[100] Sind die Voraussetzungen des Ausnahmetatbestands erfüllt, ist die Ermessensausübung zugunsten des Bauherrn auf Null reduziert (intendiertes Ermessen).[101] Die Baugenehmigungsbehörde darf nur städtebauliche, nicht etwa wettbewerbliche oder fiskalische Gründe berücksichtigen.[102] Die wichtigsten Ausnahmetatbestände finden sich in den jeweiligen Absätzen 3 der §§ 2 ff. BauNVO. Deren **ungeschriebene Tatbestandsvoraussetzung** ist stets, dass die Ausnahmenutzung mit dem Gebietscharakter (jeweiliger Absatz 1) verträglich sein muss (Grundsatz der **Gebietsverträglichkeit**).[103] Ist das Vorhaben gebietsverträg- **70**

98 Jäde, in: Jäde/Dirnberger/Weiß § 1 BauNVO Rn. 7 f. m.w.N.

99 BVerwG NJW 1987, 969.

100 BVerwG BRS 50 Nr. 171; Rieger, in: Schrödter § 31 Rn. 41.

101 Reidt, in: Battis/Krautzberger/Löhr § 31 Rn. 19; Dürr JuS 2007, 328 (329 f.); differenzierend Söfker, in: Ernst/Zinkahn/Bielenberg § 31 Rn. 26.

102 VGH Mannheim BRS 59 Nr. 58.

103 BVerwGE 142, 1.

lich, darf eine Ausnahme trotzdem nicht zugelassen werden, wenn es mit § 15 Abs. 1 BauNVO nicht zu vereinbaren ist.

Hinweis: *Es hat sich im Baurecht eingebürgert, aufbaumäßig nicht zwischen dem gebundenen Baugenehmigungsanspruch und der im Ermessen stehenden Baugenehmigung, die auf einer Ausnahme oder Befreiung (§ 31 Abs. 1 und 2 BauGB) beruht, zu unterscheiden (kein neuer Prüfungsansatz). Das rührt daher, dass die Baugenehmigung faktisch erteilt werden muss, wenn die Ausnahme- bzw. Befreiungsvoraussetzungen vorliegen. Fehlt es daran, ist schon kein Ermessen eröffnet. Für die Fallbearbeitung bedeutet das: Ist keine Regelbebauung gegeben, wird anschließend einfach weitergeprüft, ob eine Ausnahmebebauung nach § 31 Abs. 1 BauGB gegeben ist. Fehlt es auch daran, muss noch eine Befreiung nach § 31 Abs. 2 BauGB untersucht werden.*

71 a) Das als Konsulat zu nutzende Gebäude darf dem Grundsatz der **Gebietsverträglichkeit** nicht widersprechen.

aa) In einem ersten Schritt ist festzustellen, ob das Vorhaben in eine bestimmte **Begriffskategorie** (Nutzungs- oder Anlagenart) eingeordnet werden kann, die in den Ausnahmevorschriften vorgesehen ist. Das ist bei dem Konsulatsgebäude der Fall. Es unterfällt der (zur Ausnahmenutzung herabgestuften) Kategorie des § 8 Abs. 2 Nr. 2 BauNVO „Büro- und Verwaltungsgebäude".

Rein begrifflich fällt bspw. auch ein Krematorium mit Abschiedsraum in einem Gewerbegebiet unter § 8 Abs. 3 Nr. 2 BauNVO, wonach u.a. Anlagen für kirchliche, kulturelle, soziale und gesundheitliche Zweck ausnahmsweise zulässig sind.[104]

bb) Im zweiten Schritt ist dann zu untersuchen, ob das Vorhaben der **Zweckbestimmung** des jeweiligen Baugebiets entspricht. Die Prüfung der **Gebietsverträglichkeit** rechtfertigt sich aus dem typisierenden Ansatz der Baugebietsvorschriften der BauNVO. Die BauNVO will die vielfältigen und oft gegenläufigen Ansprüche an die Bodennutzung zu einem schonenden, städtebaulich verträglichen Ausgleich bringen. Dazu ordnet sie jedem Baugebiet eine bestimmte Nutzung zu, die mit ihrer allgemeine Zweckbestimmung den Charakter des Gebiets eingrenzt. Sowohl die regelhaft zulässigen Nutzungen als auch die ausnahmsweise zulässigen Nutzungen müssen gebietsverträglich sein.[105]

(1) Welchem **Zweck** ein Baugebiet dient, ist durch **Auslegung** zu ermitteln. Deren Ausgangspunkt ist in BPlangebieten der BPlan. Hinzu tritt der jeweilige Absatz 1 der §§ 2 ff. BauNVO, in dem der Baugebietszweck allgemein umschrieben ist. Um diesen näher zu konkretisieren, müssen weiterhin die Nutzungen herangezogen werden, die nach der BauNVO jeweils zulässig sind. Denn es besteht ein sog. **„funktionaler Zusammenhang"** zwischen der Zweckbestimmung des Baugebiets und den

104 OVG Münster BRS 76 Nr. 71; VGH München BRS 69 Nr. 68; OVG Koblenz BRS 69 Nr. 70; offen lassend: BVerwGE 142, 1; BVerwG BRS 69 Nr. 69.

105 BVerwGE 142, 1; 138, 166; 116, 155.

zugeordneten Nutzungsarten. Prägend wirken dabei vor allem die regelhaft zulässigen Nutzungen, die im jeweiligen Absatz 2 von §§ 2 ff. BauNVO aufgeführt sind. Ausnahmenutzungen (jeweilige Absätze 3) können die Eigenart des Baugebiets nur prägen, wenn ein besonderer funktionaler Zusammenhang zu dem Gebiet besteht.[106]

Ein solcher funktionaler Zusammenhang besteht bei Betriebsleiterwohnungen, die §§ 8 Abs. 3 Nr. 1, 9 Abs. 3 Nr. 1 BauNVO ausnahmsweise zulassen. Sie dienen spezifisch dem Gewerbe- bzw. Industriegebiet, weil sie nur dort vorkommen. Dagegen fehlt der funktionale Zusammenhang bei den in § 8 Abs. 3 Nr. 2 BauNVO aufgeführten Anlagen. Ihnen fehlt typischerweise der besondere Bezug zum Gewerbegebiet. Das zeigt sich u.a. daran, dass sie auch in fast allen anderen Baugebieten zulässig sind (vgl. §§ 2 Abs. 3 Nr. 2, 3 Abs. 3 Nr. 2, 4 Abs. 2 Nr. 2, 5 Abs. 2 Nr. 7 BauNVO usw.).[107]

Gewebegebiete dienen gemäß § 8 Abs. 1 BauNVO vorwiegend der Unterbringung von nicht erheblich belästigenden Gewerbebetrieben. Das GE-Gebiet wird nach den Absätzen 2 und 3 dadurch geprägt, dass es frei von allgemeiner Wohnnutzung als Standort für Produktions- und Dienstleistungsbetriebe dient, vgl. § 8 Abs. 2 Nr. 1 BauNVO: „Gewerbebetriebe aller Art".[108] Deswegen ist es unerheblich, dass Büro- und Verwaltungsgebäude hier nur ausnahmsweise zulässig sind.[109] Da heute zunehmend Dienstleistungsbetriebe die gewerblichen Tätigkeiten bestimmen,[110] besteht auch ein hinreichender funktionaler Zusammenhang zum Gewerbebetrieb, obwohl die dazu benötigten Gebäude auch in anderen Baugebieten zulässig sind.

(2) Ob das Vorhaben mit der allgemeinen Zweckbestimmung des Bau- 72
gebiets verträglich ist, richtet sich danach, ob ein Vorhaben dieser Art **generell** geeignet ist, ein bodenrechtlich (= städtebaulich/bauplanungsrechtlich) beachtliches **Störpotenzial** zu entfalten, das sich mit der Zweckbestimmung der (abstrakten) Gebietsfestsetzung nicht verträgt. Das Störpotenzial kann sowohl im Störungsgrad (anderer) als auch der (eigenen) Störungsempfindlichkeit liegen. Die gebotene **typisierte Betrachtung** beruht auf dem Grundgedanken, dass auf jedem Baugrundstück in einem ausgewiesenen Baugebiet grundsätzlich die Nutzungen möglich sein sollen, die nach dem Katalog der Norm zulässig sind.[111] Dazu ist zu fragen,

- welche **Anforderungen** das Vorhaben **an** das Baugebiet hat,
- welche **Auswirkungen** das Vorhaben **auf** das Baugebiet hat und
- ob es den **spezifischen Gebietsbedarf** erfüllt.[112]

106 BVerwGE 142, 1; 138, 166; 116, 155.
107 BVerwGE 142, 1.
108 BVerwG BRS 67 Nr. 34.
109 Söfker, in: Ernst/Zinkahn/Bielenberg § 8 Rn. 9; BVerwG BRS 73 Nr. 70.
110 BVerwG BRS 67 Nr. 34; Söfker, in: Ernst/Zinkahn/Bielenberg § 8 Rn. 9.
111 BVerwGE 142, 1.
112 BVerwGE 138, 166; 142, 1.

Diese Fragen müssen im Rahmen von § 31 Abs. 1 BauGB verallgemeinert (typisiert) beantwortet werden. Es kommt also nicht darauf an, ob das konkrete Vorhaben mit seinen Besonderheiten mit der konkreten Nachbarschaft des Baugrundstücks verträglich ist. Die konkreten Einzelfallumstände dürfen erst im Rahmen des § 15 Abs. 1 S. 2 BauNVO geprüft werden.

Ein Konsulatsgebäude stellt keine besonderen Anforderungen an das Baugebiet, in dem es errichtet werden soll, weil es bei typisierter Betrachtungsweise (also: ohne auf die Terrorgefahren zu blicken, die gerade einem Konsulat des Staates S drohen mögen) kein besonderes Störpotenzial aufweist. Ein Konsulatsgebäude ist nicht besonders störempfindlich gegenüber anderen Nutzungen und stellt selbst kaum Anforderungen an seine direkte Umgebung. Die in Gewerbegebieten üblichen Emissionen beeinträchtigen den Dienstbetrieb normalerweise nicht. Dieser hat auch keine besonderen Auswirkungen auf das Baugebiet, in dem sich ein Konsulatsgebäude befindet. Letztlich löst es allein Ziel- und Quellverkehr zum und vom Gebäude aus, allerdings lediglich Individualverkehr, weil typischerweise Einzelpersonen bei einem Konsulat vorsprechen. Weiter erfüllt das Konsulat als Dienstleister den spezifischen Gebietsbedarf des Gewerbegebiets.

Gegenbeispiel: Ein Krematorium mit Abschiedsraum widerspricht dagegen dem Zweck eines Gewerbegebiets, das durch Umgebungslärm und allgemeine Geschäftigkeit geprägt ist. Denn die Bestattung (Einäscherung) setzt typischerweise ein würdevolles und kontemplatives Umfeld voraus.[113]

73 b) Da ein (typisches) Konsulat dem Grundsatz der Gebietsverträglichkeit nicht generell widerspricht, ist auch das Vorhaben des I nach § 31 Abs. 1 BauGB ausnahmsweise bauplanungsrechtlich zulässig, wenn es nicht in seiner **konkreten Ausprägung** (im Einzelfall) den Anforderungen des **§ 15 Abs. 1 BauNVO** widerspricht.[114] Diese Prüfung stellt das Gegenstück zur vorhergehenden typisierten (verallgemeinerten) Betrachtung dar.[115]

Hinweis: *Sobald von § 15 Abs. 1 BauNVO die Rede ist, fällt der Begriff „Rücksichtnahmegebot" (s. Rn. 114 ff.). In Hinblick auf eine möglichst vorhersehbare und stringente Subsumtion ist er nicht unproblematisch. Obwohl es im Bauplanungsrecht kein verselbstständigtes, also nicht an ein Tatbestandsmerkmal gebundenes „Gebot der Rücksichtnahme" gibt, wird der Begriff viel zu oft als eine Art übergeordneter Billigkeitsklausel („§ 242 BGB des öffentlichen Baurechts") bemüht, mit der unabhängig von den Vorgaben des Planungsrechts das gewünschte Ergebnis erzielt werden soll. Auch wenn § 15 Abs. 1 S. 2 BauNVO der Sache nach ein Gebot der Rücksichtnahme enthält, sollte man stattdessen immer bei der schlichten Subsumtion unter die Norm bleiben.*

113 BVerwGE 142, 1.

114 BVerwGE 128, 118.

115 Vgl. Finkelnburg/Ortloff/Kment § 23 Rn. 15.

aa) Unabhängig von dem (eingeschränkten) Geltungsbefehl des § 1 Abs. 3 S. 2 BauNVO ist § 15 BauNVO **unmittelbar anwendbar**, soweit – wie hier – in einem BPlan die Art der Nutzung durch die Festsetzung eines Baugebiets nach §§ 2 ff. BauNVO bestimmt ist.[116] § 15 BauNVO gilt nur für die Art (nicht: Maß, Bauweise usw.) der baulichen Nutzung.[117]

bb) Nach **§ 15 Abs. 1 S. 1 BauNVO** sind die in den §§ 2 bis 14 BauNVO aufgeführten baulichen und sonstigen Anlagen im Einzelfall unzulässig, wenn sie nach Anzahl, Lage, Umfang oder Zweckbestimmung der Eigenart des Baugebiets widersprechen. Die Eigenart folgt aus den jeweiligen Absätzen 1 der §§ 2 ff. BauNVO und der konkreten örtlichen Situation.[118]

Das Baugebiet, in dem das Konsulat errichtet werden soll, weist keine örtlichen Besonderheiten auf. Das gewöhnliche Büro- und Verwaltungsgebäude widerspricht der Eigenart des Gewerbegebiets „Flussaue" nicht.

cc) Nach **§ 15 Abs. 1 S. 2 Hs. 1 BauNVO** sind die Anlagen im Einzelfall unzulässig, wenn von ihnen Belästigungen oder Störungen ausgehen können, die nach der Eigenart des Baugebiets im Baugebiet selbst oder in dessen Umgebung unzumutbar sind (= *Ausprägung* des Rücksichtnahmegebots[119]). Laut **§ 15 Abs. 1 S. 2 Hs. 2 BauNVO** sind an sich zulässige bauliche Anlagen unzulässig, wenn sie ihrerseits unzumutbaren Belästigungen ausgesetzt werden (= *Ausprägung* des Rücksichtnahmegebots[120]). Insofern setzen sich die bereits vorhandenen (zulässigen/legalisierten) Nutzungen im Plangebiet durch. Denn im Konfliktfall könnte andernfalls der Bauherr der störempfindlichen Neuanlage von dem Betreiber der störenden Altanlage die Einschränkung des Betriebs verlangen, z.B. zum Schutz gesunder Wohnverhältnisse (vgl. § 1 Abs. 6 Nr. 1 BauGB).[121]

Beispiele: Die an eine bestandsgeschützte Autolackiererei heranrückende Wohnbebauung kann sogar in einem allgemeinen Wohngebiet unzulässig sein.[122] Dasselbe gilt in einem Dorfgebiet für Wohnhäuser in der Nähe von Schweineställen.[123] Die Betreiber der Altanlagen können die Baugenehmigungen der Neuankömmlinge anfechten.

Für beide Varianten des § 15 Abs. 1 S. 2 BauNVO gilt: **74**

- Die Störungen müssen in **städtebaulich erheblichen Umständen** nach § 1 Abs. 5 BauGB ihren Grund haben. Denn der Zweck der Bauleitplanung ist die „städtebauliche Entwicklung und Ordnung" (§ 1

---

116 Söfker, in: Ernst/Zinkahn/Bielenberg § 15 Rn. 1, 8; Jäde, in: Jäde/Dirnberger/Weiß Rn. 8

117 BVerwG BRS 57 Nr. 175.

118 BVerwGE 79, 309; BVerwG BRS 65 Nr. 66; 52 Nr. 56.

119 BVerwGE 128, 118; BVerwG BRS 63 Nr. 160.

120 BVerwGE 145, 145; 128, 118.

121 Vgl. Stühler BauR 2009, 1076; Uschkereit NJW-Spezial 2014, 172; Diehr/Geßner NVwZ 2001, 985.

122 BVerwGE 98, 235.

123 VGH Mannheim BRS 57 Nr. 74.

Abs. 3 BauGB).[124] Städtebauliche Bedeutung kann jeder Gesichtspunkt erhalten, sobald er die Bodennutzung betrifft oder sich auf diese auswirkt. Im konkreten Fall muss also einer der beispielhaft in § 1 Abs. 6 BauGB aufgeführten Belange betroffen sein.[125] Allerdings genügen Eigenheiten der Lebensweise der Bewohner nicht.[126]

- Was unzumutbar ist, hängt von den besonderen **Umständen des Einzelfalls** ab.[127] Es sind die Schutzwürdigkeit des Betroffenen, die Intensität der Beeinträchtigung, die Interessen des Bauherrn gegeneinander abzuwägen. Feste Regeln lassen sich dabei nicht aufstellen. Erforderlich ist vielmehr eine Gesamtschau aller Umstände.[128] Die Vorbelastung des Gebiets spielt ebenso eine Rolle wie die Möglichkeit, vom störenden Betreiber eine Störungsverminderung zu verlangen.[129]

Die **Gefahren**, die dem Konsulatsgebäude durch Terroristen drohen, stellen **städtebaulich erhebliche** Umstände dar. Denn § 1 Abs. 6 Nr. 1 BauGB verlangt, dass die allgemeinen Anforderungen an die Sicherheit der Wohn- und Arbeitsverhältnisse (§ 1 Abs. 6 Nr. 1 BauGB) berücksichtigt werden. Die Gefahren, die als Folge der baulichen Nutzung für die unmittelbare Umgebung entstehen oder sich verfestigen, müssen einbezogen werden.[130] Als bodenordnende Maßnahme kommt insbesondere die Trennung von Nutzungen in Betracht. Verursachen Dritte die Gefahren, mögen städtebauliche Maßnahmen diese zwar nicht ganz verhindern, die Bodenordnung muss aber den ihr möglichen Beitrag zur Gefahrverringerung leisten.[131]

Gleichwohl lässt sich **keine unzumutbare** Gefährdung der Bewohner der Nachbarn des Konsulats feststellen. Maßgeblich ist insofern die Wahrscheinlichkeit, mit der terroristische Anschläge auf das Konsulat zu erwarten sind. Nach Auskunft der Sicherheitsbehörden besteht keine Gefährdungslage, die über eine unspezifische Besorgnis hinausgeht. Da die Sicherheitsvorkehrungen, die bei gefährdeten ausländischen Vertretungen üblich sind, in den Bauvorlagen berücksichtigt sind (Zäune, Befestigungen), erscheinen die Gefahren für das Konsulat und damit die Nachbarschaft beherrschbar. Sie sind deswegen nicht unzumutbar.

75 Ob die **„schöne Aussicht"** auf den Fluss, die dem Kunstmaler K durch das Konsulat genommen würde, überhaupt einen städtebaulichen Be-

124 BVerwGE 128, 118.

125 BVerwGE 128, 118 m.w.N.

126 VGH Mannheim BRS 70 Nr. 80.

127 BVerwG BRS 54 Nr. 43.

128 BVerwGE 128, 118.

129 BVerwGE 145, 145; 109, 314.

130 BVerwGE 116, 144; BGHZ 130, 380; jeweils zu den Abwägungspflichten der Gemeinde bei der Aufstellung von BPlänen, auf die § 1 Abs. 6 BauGB eigentlich abzielt.

131 BVerwGE 128, 118 m.w.N.

lang darstellt, ist zweifelhaft, kann aber offen bleiben. Denn die schöne bzw. freie Aussicht oder der Schutz vor Einblicken Dritter ist lediglich eine rechtlich **nicht geschützte Chance**. Nur wenn das Grundstück durch seine außergewöhnliche Aussichtslage geprägt ist (z.B. Lage auf einer Bergspitze), kann deren Verbauen zur Unzumutbarkeit führen.[132] Eine solche Prägung ist für das Grundstück des K, das Teil eines Gewerbegebiets ist, nicht zu erkennen. Die Aussicht ist kein wesensbestimmendes Merkmal, das sich dadurch auszeichnet, dass das Grundstück allein deswegen gekauft werden würde.

5. Hält man abweichend die Gefährdung für unzumutbar, ist abschließend zu prüfen, ob dem Bauherrn eine **Befreiung** (Dispens) nach **§ 31 Abs. 2 BauGB** zu erteilen ist. Der entsprechende Antrag ist konkludent im Baugenehmigungsantrag enthalten.[133] § 31 Abs. 2 BauGB ist nicht schon ausgeschlossen, weil die Anlage im Baugebiet weder allgemein noch ausnahmsweise zulässig ist.[134] Anders als eine Ausnahme kann eine Befreiung nur erteilt werden, wenn sämtliche fünf (enge) **Tatbestandsvoraussetzungen** (Grundzüge der Planung, Wohl der Allgemeinheit, städtebauliche Vertretbarkeit, unbeabsichtigte Härte, nachbarliche Interessen) erfüllt sind. Welche Umstände als öffentliche Belange im Sinne von § 31 Abs. 2 BauGB eine Befreiung ausschließen, lässt sich nicht generell beantworten. In Betracht kommen insbesondere die in § 1 Abs. 5 und 6 BauGB genannten öffentlichen Belange,[135] aber auch solche, die in der gemeindlichen Planungskonzeption keinen Niederschlag gefunden haben.[136] Die Befreiung steht im **Ermessen** der Baugenehmigungsbehörde.[137] Es tendiert wegen der engen Tatbestandsvoraussetzungen jedoch gegen Null, wenn diese erfüllt sind.[138] **76**

Hiernach kommt keine Befreiung in Betracht. Wenn im Rahmen des § 15 Abs. 1 S. 2 BauNVO die Terrorgefährdung eine Ausnahme nach § 31 Abs. 1 BauGB ausschließt, sind mit denselben Erwägungen die Tatbestandsvoraussetzungen des § 31 Abs. 2 Nr. 2 sowie die zu berücksichtigenden nachbarlichen Interessen nicht erfüllt.

Hinweis: *Nach der typischen Konzeption von Prüfungsarbeiten greift ein Befreiungsverlangen dort regelmäßig nicht durch, weil alle Einzelheiten, die zur Bejahung des § 31 Abs. 2 BauGB mitzuteilen wären, den Aufgabentext sprengen würden. Es genügt lediglich apodiktisch festzuhalten: „Anhaltspunkte dafür, dass eine Befreiung nach § 31 Abs. 2 BauGB erteilt werden könnte, fehlen."*

132 BVerwG BRS 57 Nr. 42; OVG Lüneburg BRS 73 Nr. 11; VGH Mannheim BRS 52 Nr. 187.

133 BVerwG BRS 50 Nr. 171; Reidt, in: Battis/Krautzberger/Löhr § 31 Rn. 24. Aus einzelnen LBauO kann sich Abweichendes ergeben.

134 BVerwGE 142, 1; 138, 166.

135 BVerwGE 56, 71.

136 BVerwGE 138, 166.

137 BVerwGE 117, 50.

138 VGH München BRS 78 Nr. 90.

77 6. Da es sich um einen einfachen BPlan handelt, richtet sich die planungsrechtliche Zulässigkeit gemäß § 30 Abs. 3 BauGB nach §§ 34, 35 BauBG, soweit der BPlan keine Festsetzungen enthält. Einschlägig ist hier **§ 34 BauGB**, weil das Grundstück innerhalb eines im Zusammenhang bebauten Ortsteils liegt (s. Rn. 93). Es gibt keine Anhaltspunkte, dass das Bauvorhaben sich hinsichtlich etwa des Maßes der Nutzung oder der Bauweise nicht in die nähere Umgebung einfügt.

78 Weiterhin gibt es in dem bereits genutzten Gebiet keinen Hinweis dafür, dass das Konsulat im Zeitpunkt seiner Fertigstellung nicht an Straße, Strom- und Wasserleitungen angeschlossen sein könnte. Somit ist im Einklang mit § 34 Abs. 1 S. 1 BauGB die **Erschließung gesichert**. Das Bauvorhaben des I widerspricht damit bauplanungsrechtlichen Vorschriften nicht.

79 7. Verstöße gegen die bauordnungsrechtlichen Anforderungen der LBauO sind nicht ersichtlich. Sonstige von der Baugenehmigungsbehörde zu prüfende öffentlich-rechtliche Vorschriften, die entgegenstehen könnten, bestehen nicht. Damit ist die Baugenehmigung zu erteilen. Das Verwaltungsgericht wird die B nach § 113 Abs. 5 S. 1 VwGO verpflichten, die beantragte Baugenehmigung zu erlassen; das rechtskräftige Urteil ersetzt das von G verweigerte Einvernehmen nach § 36 Abs. 1 S. 1 BauGB.

---

3. Abschnitt: Überwindung von Genehmigungshindernissen durch Baulasten

80 Häufig kann der Bauherr bestimmte baurechtliche Voraussetzungen nur erfüllen, wenn für sein Vorhaben benachbarte Grundstücke in Anspruch genommen werden.

Beispiele: Die wegemäßige Erschließung eines hinteren Grundstücks ist nur gesichert, wenn dauerhaft ein Weg über das Grundstück besteht, das zwischen Baugrundstück und Straße liegt. Eine Abstandfläche kann nur eingehalten werden, wenn sie teilweise von dem Nachbargrundstück übernommen wird. Ein erforderlicher Löschwasserteich kann nur auf dem Nachbargrundstück angelegt werden.

Der Bauherr kann sich natürlich solche Rechte durch privatrechtliche Grunddienstbarkeiten (gegen Entgelt, gegen Gewährung ähnlicher Rechte) einräumen lassen, die ins Grundbuch eingetragen werden. Im gegenseitigen Einvernehmen können sie aber von den Nachbarn jederzeit wieder aufgehoben werden. Da eine Baugenehmigung öffentlich-rechtlich legalisiert, müssen ihre Voraussetzungen auch öffentlich-rechtlich abgesichert sein. Deswegen sehen die meisten Bauordnungen sog. **„Baulasten"** vor.

71	–	82	–	82	79	75	83	81	83	86	83	83	82	80	82

Dabei handelt es sich um eine Erklärung des Grundstückseigentümers gegenüber der Bauaufsichtsbehörde, mit der er sich zu einem sein Grundstück betreffendes Tun, Dulden oder Unterlassen verpflichtet, das sich nicht schon aus öffentlich-rechtlichen Vorschriften ergibt. Die Baulast begründet eine **dinglich** wirkende verwaltungsrechtliche[139] Verpflichtung zu einem tatsächlichen Verhalten und stellt so die **tatsächlichen** Voraussetzungen für die Erteilung der Baugenehmigung her.[140] Die Baulast wirkt auch gegenüber dem Rechtsnachfolger. Baulasten werden im örtlichen Baulastenverzeichnis eingetragen. Die Bauaufsichtsbehörde kann sie mit einer Bauordnungsverfügung durchsetzen.[141] Die Baulast geht nur unter, wenn die Bauaufsichtsbehörde durch Verwaltungsakt auf sie verzichtet.

In BY und Bbg gibt es keine Baulasten. Dort werden stattdessen privatrechtliche beschränkt persönliche Dienstbarkeiten in das Grundbuch eingetragen, die nur mit Zustimmung der Bauaufsichtsbehörde verändert werden können.

4. Abschnitt: Verhinderung der Baugenehmigung

Nicht selten widerspricht das, was momentan baurechtlich möglich ist, den stadtplanerischen oder kommunalpolitischen (Mehrheits-)Interessen. Normalerweise gelingt es der Gemeinde aus zeitlichen Gründen (dazu sogleich) nicht, einen BPlan neu zu erlassen, der dem bereits beantragten Vorhaben entgegensteht oder Fehler zu heilen, die einen bestehenden BPlan unwirksam machen, was zur Anwendbarkeit der allgemeingültigen §§ 34, 35 BauGB führt. Der Kommune stehen jedoch verschiedene Möglichkeiten zu Gebot, ihre Planungshoheit (Art. 28 Abs. 1 GG) zu sichern. Diese kann sie auch noch nach Eingang eines Bauantrags, nach Erhebung einer Verpflichtungsklage und sogar nach einem rechtskräftigen Urteil auf Erlass einer Baugenehmigung nutzen. **81**

Veränderungssperre. Hat die Gemeinde zwar die Absicht, einen BPlan aufzustellen, ist dieser zeitaufwändige Vorgang aber noch nicht abgeschlossen, richtet sich die bauplanungsrechtliche Zulässigkeit nach §§ 34, 35 BauGB (soll ein vorhandener BPlan geändert werden, nach § 30 BauGB). Danach (noch) zulässige Bauvorhaben können die Planungsabsichten der Gemeinde durchkreuzen. Deswegen kann die Gemeinde eine Veränderungssperre nach § 14 BauGB beschließen. Sie führt nach Absatz 1 dazu, dass Vorhaben i.S.d. § 29 BauGB für die Geltungsdauer der Veränderungssperre (§ 17 Abs. 1 BauGB: zwei Jahre) unzulässig sind.[142] Ein Bauantrag muss (endgültig) abgelehnt werden, nicht genehmigungsbedürftige Bauvorhaben, über die die Baugenehmigungsbehörde die Gemeinde nach § 36 Abs. 1 S. 3 BauGB unterrichten muss, können bauordnungsrechtlich untersagt werden. Die Veränderungssperre wird als Satzung beschlossen (§ 16 Abs. 1 BauGB). Voraussetzungen für den Beschluss sind: **82**

- **Aufstellungsbeschluss** für einen BPlan (§ 1 Abs. 8 BauGB)

  Der Beschluss muss kommunalrechtlich ordnungsgemäß gefasst sein. Seine öffentliche **Bekanntmachung** (§ 2 Abs. 1 S. 2 BauGB) ist materielle Voraussetzung der Veränderungssperre.[143]

139 Keine zivilrechtliche Verpflichtung, vgl. BGHZ 79, 201; 88, 91; zum Verhältnis von Baulast und Grunddienstbarkeit Grabe BauR 2013, 1217.

140 OVG Lüneburg BRS 57 Nr. 92.

141 OVG Münster IBR 2011, 546.

142 Battis Rn. 279.

143 BVerwGE 130, 113; 79, 200; BVerwG BRS 54 Nr. 77.

- **Erforderlichkeit** der Veränderungssperre zur Sicherung der Bauleitplanung

  Die Erforderlichkeit ist nur gegeben, wenn die Planung, die sie sichern soll, ein **Mindestmaß** dessen erkennen lässt, was Inhalt des zu erwartenden BPlans sein soll.[144] Wesentlich ist dabei, dass die Gemeinde bereits positive Vorstellungen über den Inhalt des Bebauungsplans entwickelt hat. Eine Negativplanung, die sich darin erschöpft, einzelne Vorhaben auszuschließen („Verhinderungsplanung"), reicht wegen des Schutzes des Grundeigentümers durch Art. 14 Abs. 1 S. 2 GG nicht aus.[145]

Die Veränderungssperre kann isoliert mit der Normenkontrolle nach § 47 VwGO angegriffen werden. Alternativ kann der Bauantragsteller im Baugenehmigungsverfahren rügen, dass die Veränderungssperre unwirksam sei, weil ihre Voraussetzungen nicht vorlägen. In der Verpflichtungsklage auf Erteilung der Baugenehmigung wird die Veränderungssperre dann inzident auf ihre Wirksamkeit geprüft.

Trotz Veränderungssperre ist es oft sinnvoll, einen Bauantrag zu stellen, weil gemäß § 18 Abs. 1 BauGB nach vier Jahren ein Entschädigungsanspruch entsteht.

83 **Zurückstellung.** Schneller einsetzbar als die Veränderungssperre ist die Zurückstellung nach § 15 BauGB. Während die Veränderungssperre erst mit der Rechtsverbindlichkeit der Satzung wirksam wird, kann die Gemeinde Bauvorhaben nach § 15 BauGB unmittelbar unterbinden. Häufig werden beide Sicherungsmittel kombiniert: während der zeitlich auf zwölf Monate (§ 15 Abs. 1 S. 1 BauGB) begrenzten[146] Zurückstellung wird eine Veränderungssperre beschlossen und wirksam. Allerdings kommt eine Zurückstellung nur unter denselben materiellen Voraussetzungen wie eine Veränderungssperre in Betracht. Liegen diese vor, bindet der Zurückstellungsantrag der Gemeinde die von ihr verschiedene Baugenehmigungsbehörde.[147] Anders als bei der Veränderungssperre wird der Bauantrag nicht abgelehnt. Vielmehr ergeht gemäß § 15 Abs. 1 S. 2 BauGB nur ein Aussetzungsbescheid (Verwaltungsakt). Eine evtl. Verpflichtungsklage wird als „derzeit" unbegründet abgelehnt. Während der Laufzeit der Zurückstellung liegt nämlich ein zureichender Grund für die Nichtbescheidung i.S.d. § 75 VwGO vor.[148] Den Aussetzungsbescheid kann der Bauherr mit Widerspruch bzw. Anfechtungsklage angreifen,[149] die aufschiebende Wirkung haben (§ 80 Abs. 1 VwGO). Also muss die Baugenehmigungsbehörde die sofortige Vollziehung der Zurückstellung nach § 80 Abs. 2 S. 1 Nr. 4, Abs. 3 VwGO anordnen, wenn sie Amtshaftungsansprüchen wegen verzögerter Bescheidung des Bauantrags aus dem Weg gehen will. Ist das Vorhaben genehmigungsfrei, ergeht eine vorläufige Untersagungsverfügung, vgl. § 15 Abs. 1 S. 2 BauGB.

84 **Gemeindliches Vorkaufsrecht.** Vor allem bei Flächen, die für öffentliche Zwecke vorgesehen sind, aber auch bei unbebauten Grundstücken, die vorwiegend mit Wohngebäuden bebaut werden können, steht der Gemeinde ein Vorkaufsrecht nach § 24 BauGB zu. Soweit kein Ausschluss nach § 26 BauGB eingreift, kann sie es durch Verwaltungsakt, der in ihrem Ermessen steht, ausüben. Gemäß § 28 BauGB gelten die §§ 463 ff. BGB entsprechend.[150]

---

144 BVerwGE 120, 138; 51, 121; BVerwG BRS 66 Nr. 115; BRS 50 Nr. 101.

145 BVerwG BRS 67 Nr. 118.

146 Die Dauer der faktische Zurückstellung durch Nichtbearbeiten des Antrags wird angerechnet, vgl. BGHZ 78, 152.

147 BVerwGE 72, 172.

148 BVerwG BRS 78 Nr. 126.

149 BVerwGE 39, 154.

150 Bönker, in: Hoppe/Bönker/Grotefels § 10 Rn. 61 ff.

Vollstreckungsgegenklage. Selbst wenn die Baugenehmigungsbehörde durch ein verwaltungsgerichtliches Urteil verpflichtet worden ist, die Baugenehmigung zu erteilen, kann sie sich noch zur Wehr setzen. Sie kann zunächst den Eintritt der Rechtskraft des Urteils durch Rechtsmittel (Berufung, Revision) hinauszögern. Selbst wenn das Urteil schließlich rechtskräftig ist, kann die Gemeinde danach einen entgegenstehenden BPlan, FPlan oder eine Veränderungssperre erlassen sowie eine Zurückstellung beantragen. Hierdurch ändert sie nach Rechtskraft des Urteils die Rechtslage. Weigert sich die Behörde unter Verweis auf das geänderte Planungsrecht, dem rechtskräftigen Urteil nachzukommen, und leitet der obsiegende Bauherr Vollstreckungsmaßnahmen gegen die Behörde ein (vgl. § 172 VwGO), kann die Behörde mit einer Vollstreckungsgegenklage/-abwehrklage (§ 767 Abs. 1 ZPO i.V.m. § 167 Abs. 1 S. 1 VwGO[151]) gegen den Bauherrn die Vollstreckung aus dem rechtskräftigen Urteil für unzulässig erklären lassen. Das nachträglich in Kraft getretene geänderte Planungsrecht vernichtet bzw. hemmt den rechtskräftig zuerkannten Anspruch auf Erlass einer Baugenehmigung. Dieser ist nicht in derselben Weise geschützt wie die tatsächlich erlassene Baugenehmigung selbst (vgl. § 14 Abs. 3 BauGB).[152] Amtshaftungsansprüche wegen verzögerter Bearbeitung des Bauantrags stehen allerdings ebenfalls im Raum. 85

In der **Praxis** wird die Gemeinde oft erst durch einen Bauantrag darauf aufmerksam, dass eine „unerwünschte" Bebauung droht. Erst dann entfaltet sie Planungsbemühungen. Auch wenn das durchaus legal[153] ist, sehen sich solche Planungen schnell dem Vorwurf der bloßen Verhinderungsplanung ausgesetzt. Die oft mageren Aufstellungsbeschlüsse beruhen auch darauf, dass die Gemeinde unter erheblichem Zeitdruck steht, die erforderlichen Entscheidungsprozesse der kommunalen Gremien aber Zeit benötigen. Die Gemeinde selbst bzw. die von ihr verschiedene Baugenehmigungsbehörde kann sich keinen Aufschub verschaffen, indem sie den Bauantrag so lange unbeschieden lässt, bis der Rat die Aufstellung eines neuen BPlans und eine Veränderungssperre beschlossen hat. Denn bei einer Verzögerung drohen der Baugenehmigungsbehörde Schadensersatzansprüche aus Amtshaftung nach § 839 BGB/34 GG. Sobald der Bauantrag entscheidungsreif ist, muss die Behörde ihn nach dem dann geltenden Baurecht bescheiden, sonst verstößt sie gegen ihre zugunsten des Bauantragstellers bestehenden Amtspflichten.[154] Wann genau entschieden werden muss, ist einzelfallabhängig. Die Drei-Monats-Frist des § 75 VwGO markiert jedenfalls keine generelle Untergrenze; vielfach wird schon deutlich vorher zu entscheiden sein.[155] 86

War der Bauantrag bei Klageerhebung noch begründet, ändert sich das aber im Laufe des Klageverfahrens, stellt der Kläger seine Klage typischerweise von der Verpflichtungs- auf eine **Fortsetzungsfeststellungsklage** (§ 113 Abs. 1 S. 4 VwGO analog) um. Das besondere Feststellungsinteresse besteht regelmäßig, weil der Kläger, der die Geltendmachung eines Amtshaftungsanspruchs oder eines Ersatzanspruchs wegen verschuldenunabhängigen enteignungsgleichen Eingriffs[156] vorbereiten will, nicht schuldlos um die Früchte seiner bisherigen Prozessführung gebracht werden soll.[157] 87

151 Vgl. AS-Skript Verwaltungsrecht AT 1 (2014) Rn. 297 ff.

152 BVerwGE 117, 44; 70, 227; zum Ganzen: Guckelberger NVwZ 2004, 662.

153 BGH BRS 64 Nr. 157.

154 BGHZ 39, 358; BGH BRS 64 Nr. 157.

155 BGH BRS 53 Nr. 66; Wöstmann, in: Staudinger, BGB, 15. Aufl. 2012, § 839 Rn. 573.

156 BVerwGE 121, 169.

157 BVerwGE 106, 295; BVerwG BRS 67 Nr. 124.

5. Abschnitt: Vorhaben im unbeplanten Innenbereich

88 Typischerweise haben Städte und Gemeinden nur für einen kleinen Teil ihres Gebiets BPläne erlassen. Die meisten Flächen sind unbeplant, sodass die Mehrheit der Bauvorhaben außerhalb des Plangebiets verwirklicht wird. Dort darf der Bauherr keineswegs bauen was und wie er will. Im sog. **unbeplanten Innenbereich** sorgt § 34 BauGB vielmehr dafür, dass der Bauherr sich daran ausrichtet, was es an Gebäuden in der Nachbarschaft um sein Baugrundstück bereits gibt. Die tatsächlich vorhandene benachbarte Bebauung gibt den Rahmen vor, in den sich sein Vorhaben eingliedern muss. Will der Bauherr etwas Andersartiges im Innenbereich errichten, muss er die Gemeinde dazu bewegen, einen BPlan aufzustellen.

89 § 34 BauGB ist nicht nur einschlägig, wenn kein BPlan besteht. Auch ein **unwirksamer BPlan** führt zur Anwendung von § 34 BauGB. Steht ein BPlan dem Bauvorhaben entgegen, wäre es aber nach § 34 BauGB zulässig, wird der Bauherr die Unwirksamkeit des BPlans einwenden, um zu § 34 BauGB zu gelangen.

Bestehen nur Zweifel an der Wirksamkeit kann es sinnvoll sein, die Zulässigkeit alternativ nach § 30 und § 34 BauGB zu prüfen und die Wirksamkeitsfrage offen zu lassen, wenn beides zum selben Ergebnis führt.

90 Besonders wichtig in Studium und Examen sind § 34 Abs. 1 und 2 BauGB. Nach § 34 Abs. 1 S. 1 BauGB gilt: Innerhalb der im **Zusammenhang bebauten Ortsteile** ist ein Vorhaben zulässig, wenn es sich nach Art und Maß der baulichen Nutzung, der Bauweise und der Grundstücksfläche, die überbaut werden soll, in die **Eigenart der näheren Umgebung einfügt** und die Erschließung gesichert ist. Ob das Vorhaben der **Art** nach zulässig, richtet sich gemäß § 34 Abs. 2 BauGB ausschließlich nach den §§ 2 ff. BauNVO, sofern die Eigenart der näheren Umgebung einem der in der BauNVO genannten Baugebiete entspricht. Die übrigen Elemente (Maß, Bauweise, Grundstücksfläche) müssen sich gemäß § 34 Abs. 1 BauGB in die Eigenart der näheren Umgebung einfügen.

Hinweis: *In Prüfungsaufgaben ist fast immer problematisch, ob das Vorhaben nach der* ***Art*** *der baulichen Nutzung planungsrechtlich zulässig ist. Nach der Rspr. lässt sich die Eigenart der näheren Umgebung regelmäßig aber nur durch einen Ortstermin feststellen. Der ist in Klausuren u.ä. ausgeschlossen. Deswegen beschreiben die Aufgabentexte die nähere Umgebung des Baugrundstücks mit Worten.*

Der Verfasser von Prüfungsaufgaben steht vor einem Dilemma. Einerseits dürfen keine Zweifel über das von ihm angezielte Baugebiet aufkommen, damit die Aufgabe korrigierbar bleibt. So darf die Beschreibung der Umgebungsbebauung bspw. nicht vertretbar sowohl zum Ergebnis „Allgemeines Wohngebiet" als auch „Mischgebiet" führen. Andererseits soll der Aufgabentext das Baugebiet nicht plump vorgeben. Typischerweise sind die Baugebietsbeschreibungen in den Aufgabentexten deswegen eng an den Gebäudearten orientiert, die die jeweiligen Absätze 2 der §§ 2 ff. BauNVO (manchmal auch einzelne Gebäudearten aus den Absätzen 3) enthalten. Lassen sich die beschriebenen Gebäudearten keinem der Baugebiete zuordnen, sondern sind sie (auffällig) verschiedenen Baugebieten zuzuordnen, bedeutet das, dass kein Fall des § 34 Abs. 2 BauGB vorliegen, sondern eine sog. „Gemengelage" gegeben sein soll, bei der auch die Art der Nutzung nach § 34 Abs. 1 BauGB zu beurteilen ist.

Für Klausuren hat sich bewährt, die textliche Beschreibung zur Veranschaulichung zurück in eine grobe Planskizze zu übertragen. Es sind dazu die verschiedenen beschriebenen Gebäude einzuzeichnen. Anschließend kann man in den §§ 2 ff. BauNVO das Baugebiet suchen, in dem alle aufgeführten Gebäude zulässig sind. Bei Zweifeln hilft die Baugebietszweckbestimmung im jeweiligen Absatz 1.

Beispiel: *Ein Mischgebiet, § 6 BauNVO, ließe sich etwa folgendermaßen beschreiben: „Das Baugrundstück des B liegt im Nordosten eines Gebietes, das im Norden und Osten neben zwei kleinen Supermärkten [= § 6 Abs. 2 Nr. 3 BauNVO] und einem viergeschossigen Bürogebäude eines großen Versicherungskonzerns [§ 6 Abs. 2 Nr. 2 BauNVO] sowie vorwiegend aus Wohnhäusern [= § 6 Abs. 2 Nr. 1 BauNVO] besteht, während im Süden und Westen hauptsächlich Gewerbebetriebe angesiedelt sind, die relativ wenig Lärm, Geräusche oder Gerüche verursachen [§ 6 Abs. 2 Nr. 4 BauNVO]." (Ohne []-Zusätze)*

§ 34 Abs. 1 und 2 BauGB ist nur auf Grundstücke anwendbar, die innerhalb der im Zusammenhang bebauten Ortsteile **(„Innenbereich")** liegen. Alle anderen unbeplanten Grundstücke liegen im Außenbereich (§ 35 BauGB). „Im Zusammenhang bebaut" und „Ortsteil" sind zwei Tatbestandsmerkmale, die kumulativ erfüllt sein müssen.[158] 91

Hinweis: *In der Praxis ist es oft schwierig festzustellen, ob ein Grundstück noch im Innen- oder schon im Außenbereich liegt. Fast immer sind Ortstermine nötig. Wo genau die Grenzlinie im Einzelnen verläuft, ist oft eine Wertungsfrage, die gleichermaßen richtig (vertretbar), aber unterschiedlich beantwortet werden kann. Prüfungsaufgaben sind dagegen klar konstruiert. Dort genügt es typischerweise, die Tatbestandsmerkmale zu definieren und ihre Erfüllung anschließend apodiktisch zu bejahen oder zu verneinen.*

Im Zusammenhang bebaut: Jede tatsächlich aufeinander folgende Bebauung, die den Eindruck der Geschlossenheit (= Zusammengehörigkeit) vermittelt.[159] 92

Unbebaute, aber (bis zu vier)[160] bebauungsfähige Grundstücke (Baulücken im engeren Sinne) oder freie Flächen, die wegen ihrer natürlichen Beschaffenheit (stehendes oder fließendes Gewässer) oder wegen ihrer besonderen Zweckbestimmung (Sportplätze, Erholungsflächen) einer Bebauung entzogen sind, unterbrechen den Bebauungszusammenhang nicht.[161] Der Bebauungszusammenhang endet buchstäblich hinter dem letzten Haus; hinter dessen Rückwand beginnt der Außenbereich.[162]

Ortsteil: Jeder Bebauungszusammenhang (Häuser) im Gemeindegebiet, der nach der Zahl der vorhandenen Bauten (mind. sechs[163]) ein gewisses Gewicht besitzt und Ausdruck einer organischen Siedlungsstruktur ist.[164] Der Gegenbegriff zum Ortsteil ist die „Splittersiedlung".[165] Splittersiedlungen, also die bloße Anhäufung von Gebäuden bzw. die unorganische Streubebauung im Außenbereich, soll nach § 35 Abs. 3 S. 1 Nr. 7 BauGB vermieden werden. 93

Ob das „gewisse Gewicht" erreicht wird, richtet sich letztlich nach der Umgebung. So können in ländlich geprägter Umgebung sechs Häuser genügen, während im städtischen Bereich 10 bis 12 Gebäude nötig sein mögen.[166] Ein Bebauungszusammenhang in Innenstadtlage ist immer ein Ortsteil.[167]

Das Vorhaben muss sich in die Eigenart der näheren Umgebung einfügen, die faktisch als BPlanersatz fungiert. Die **nähere Umgebung** umfasst nicht nur die unmittelbaren Nachbargrundstücke (Angrenzer),[168] sondern auch die Grundstücke, auf die das Vorha- 94

158 BVerwG BRS 79 Nr. 113.
159 BVerwG BRS 79 Nr. 113.
160 BVerwGE 31, 20; 41, 227.
161 BVerwGE 41, 227; 44, 250.
162 BVerwG BRS 71 Nr. 81; Spannowsky, in: Spannowsky/Uechtritz § 34 Rn. 24.2.
163 BVerwG BRS 22 Nr. 76; vier genügen nicht: BVerwG BRS 56 Nr. 60.
164 BVerwG BRS 79 Nr. 113.
165 Spannowsky, in: Spannowsky/Uechtritz § 34 Rn. 27.
166 BVerwG BRS 63 Nr. 99; BRS 56 Nr. 65. Weitere Beispiele bei Mitschang/Reidt, in: Battis/Krautzberger/Löhr § 34 Rn. 16.
167 BVerwG BRS 46 Nr. 62.
168 BVerwG BRS 28 Nr. 27.

ben sich auswirken kann, sofern diese das Baugrundstück noch bodenrechtlich beeinflussen.[169] Sie müssen also zumindest im betreffenden Ortsteil liegen.[170]

95 Die **Eigenart** der näheren Umgebung wird durch die tatsächlich vorhandene Bebauung geprägt.[171] Sofern die bisherige Nutzung aufgegeben wird, prägt diese solange weiter bis mit einer erneuten Nutzungsaufnahme nicht mehr gerechnet werden kann.[172]

96 Ob sich das Vorhaben in die Eigenart der näheren Umgebung **einfügt**, ist zweistufig zu prüfen, wobei auf der 1. Stufe die Vorentscheidung fällt, die auf der 2. Stufe nur noch ausnahmsweise korrigiert werden kann.[173]

- **1. Stufe:** Hält sich das Vorhaben in jeder Hinsicht innerhalb des Rahmens, der aus seiner Umgebung hervorgeht?[174]Art, Maß, Bauweise und Grundstücksfläche sind gesondert daraufhin zu prüfen, ob es in der näheren Umgebung ein Vorbild für das geplante Vorhaben gibt. Es fügt sich trotzdem nicht ein, wenn es die gebotene Rücksichtnahme auf die Umgebungsbebauung vermissen lässt; insofern enthält der Begriff des Einfügens in den nicht beplanten Innenbereich das Gebot der Rücksichtnahme (s. Rn. 114).[175]
- **2. Stufe:** Geht das Vorhaben über den Rahmen hinaus, fügt es sich trotzdem ein, wenn es keine bodenrechtlichen Spannungen verursacht, die nur durch einen BPlan bewältigt werden können.[176] Insofern kommt es vor allem auf die in § 1 Abs. 6 BauGB angeführten städtebaulichen Belange an.[177] Die konkreten Wirkungen des Vorhabens in der konkreten Umgebung[178] dürfen also keine „bodenrechtliche Unruhe" stiften. Das Vorhaben darf die Situation nicht verschlechtern, stören oder die Umwelt belasten.[179] Es verursacht schon dann eine bodenrechtliche Unruhe, wenn das Vorhaben ohne selbst zu stören aufgrund seiner negativen Vorbildwirkung (ähnliche Vorhaben haben nun ein Vorbild, auf das sie sich berufen können) in naher Zukunft eine Verschlechterung nach sich ziehen kann.[180]

97 Der heftigste Streit wird üblicherweise darüber geführt, ob das Vorhaben sich nach der Art der baulichen Nutzung einfügt. Da § 34 Abs. 2 BauGB eine Spezialregelung für faktische Baugebiete vorsieht, müssen die beiden Prüfungsstufen bzgl. der Art der Nutzung nur in sog. **„Gemengelagen"** vollständig durchlaufen werden. Eine Gemengelage zeichnet sich dadurch aus, dass in der näheren Umgebung so verschiedene Nutzungsarten vorhanden sind, dass sie keinem der Baugebiete der §§ 2 ff. BauNVO zugeordnet werden kann.[181] Ob ein Vorhaben in einem faktischen Baugebiet (dann § 34 Abs. 2

169 BVerwGE 55, 369.
170 BVerwG BRS 39 Nr. 57.
171 BVerwGE 55, 369.
172 BVerwGE 75, 34. Zugehöriges Zeitmodell: BVerwGE 98, 235; BVerwG BRS 71 Nr. 84.
173 BVerwG BRS 56 Nr. 61.
174 BVerwGE 55, 369.
175 BVerwGE 62, 151; 55, 369; BVerwG BRS 36 Nr. 59.
176 BVerwGE 55, 369.
177 BVerwGE 55, 369.
178 BVerwGE 67, 23.
179 BVerwGE 55, 369.
180 BVerwGE 44, 102.
181 BVerwG BRS 56 Nr. 61.

BauGB i.V.m. BauNVO) oder in einer Gemengelage liegt (dann § 34 Abs. 1 BauGB allein), kann erhebliche Auswirkungen haben. In einer Gemengelage muss ein Vorbild der Nutzungsart vorhanden sein, damit sich das Vorhaben in den prägenden Rahmen einfügt. In einem faktischen Baugebiet muss das Vorhaben nur abstrakt zulässig sein; eines Vorbilds bedarf es nicht. Das gilt natürlich auch umgekehrt.

Beispiel: Gibt es in einer Gemengelage keine Vergnügungsstätte (z.B. Spielhalle), fügt sich die erste ihrer Art nach nicht ein, weil ein Vorbild fehlt. Würde man sie zulassen, würde sie ihrerseits als Vorbild für weitere Vergnügungsstätten dienen, die entsprechend § 34 Abs. 1 BauGB nicht mehr aufzuhalten wären. Diese wiederum würden zu einem Absinken des Gebiets führen. Die erste Spielhalle hätte eine „negative Vorbildwirkung".[182] Liegt dagegen ein faktisches Mischgebiet vor, ist auch die erste Spielhalle nach § 34 Abs. 2 BauGB i.V.m. § 6 Abs. 2 Nr. 8, Abs. 3 BauNVO regelhaft oder ausnahmsweise zulässig, weil eine nur abstrakte Betrachtung stattfindet. In einem faktischen allgemeinen Wohngebiet wäre eine zweite Spielhalle unzulässig, selbst wenn es – warum auch immer – dort bereits eine Spielhalle gäbe.

Neben den wichtigen § 34 Abs. 1 und 2 BauGB enthält die Norm noch **Sonderregelungen**. § 34 Abs. 3 BauGB soll die **Verödung** der Innenstädte aufhalten. Großflächiger Einzelhandel (> 799 m^2 Verkaufsfläche)[183] „auf der grünen Wiese", aber auch nicht großflächiger Einzelhandel, der über die nähere Umgebung hinauswirkt, soll verhindert werden. § 34 Abs. 3a BauGB ermöglicht als eine Art **erweiterter Bestandsschutz** die vereinfachte Weiterentwicklung von Wohngebäuden, Gewerbe- und Handwerksbetrieben, in dem vom Erfordernis des Einfügens abgewichen werden kann. § 34 Abs. 4–6 BauGB erlaubt der Gemeinde durch **Satzung** festzulegen, welche Teile ihres Gebiets zum **Innenbereich** gehören sollen. 98

Fall 2: Wohnen auf dem Dorf

A will auf dem straßenseitig gelegenen Teil seines Grundstücks ein Wohnhaus mit Doppelgarage errichten, das ähnliche Ausmaße haben und ähnlich aussehen soll, wie die Häuser ringsum. An der hinteren Grundstücksgrenze der großen Parzelle liegt sein noch bewohntes Elternhaus. Zwischen Straße und geplanter Hausfront ist ein Güllesilo in die Erde versenkt. Es dient dem Bruder B des A, der einen großen Milchviehbetrieb unterhält, als Umfüllstation zur Gülleausbringung. B ist mit dem Bau einverstanden. A will die Belästigungen durch die Gülle, die nur an wenigen Tagen im Jahr wahrnehmbar sind, hinnehmen.

Das Baugrundstück liegt in der ländlichen Gemeinde G, die aus 40 kleinen Wohnsiedlungen (Weilern) besteht. Zwei Drittel der 3.500 Einwohner wohnen im Hauptort. A will aber im Nebenort N bauen. Dieser besteht aus neun bebauten Anwesen mit 26 Einwohnern. Rechts und links der Gemeindeverbindungsstraße sind die Grundstücke je mit einem Wohnhaus oder einem Wohn-/Wirtschaftsgebäude, teils mit Garagen bebaut. Die Wirtschaftsgebäude dienen den landwirtschaftlichen Betrieben. Auf einem Anwesen nutzt ein Getränkegroßhändler ein ehemaliges Wirtschaftsgebäude als Lager mit Sozialräumen und Büro. Zwischen den freistehenden Gebäuden liegen unbebaute Flächen von 50 bis 80 m Breite.

182 BVerwG BRS 56 Nr. 61.

183 BVerwGE 136, 10.

Da G Bedenken anmeldet, ob sie ihr Einvernehmen erteilen wird, will A möglichst schnell und kostengünstig Klarheit darüber, ob ein Wohnhaus mit Doppelgarage auf seinem Baugrundstück grundsätzlich errichtet werden darf. Was muss er tun und wie wird sich die Bauaufsichtsbehörde verhalten?

A. Bauvorbescheid

99 A kann einen **Bauvorbescheid** beantragen. Ein vollständiger Bauantrag ist wegen der zu beteiligenden Fachleute (Architekt, Statiker usw.) teuer und aufwändig, das Baugenehmigungsverfahren gestaltet sich oft langwierig. Der Bauvorbescheid dient dem Bedürfnis nach schneller, kostengünstiger und verbindlicher Beantwortung bestimmter – vor allem bereits im Vorfeld umstrittener[184] – baurechtlicher Fragen.

57	71	74	59	75	63	66	75	73	71	72	76	75	74	66	74

Da viele Bauvorhaben freigestellt sind, einem vereinfachten Genehmigungsverfahren unterliegen und andere öff.-rechtl. Genehmigungserfordernisse von der Bauaufsicht nicht mehr zu prüfen sind, ist die Bedeutung des Vorbescheids in der jüngeren Baupraxis gesunken. Gerade bei den häufigen vereinfachten Genehmigungsverfahren überschneiden sich die dort zu prüfenden Umstände mit den Fragen, die typischerweise als Bauvoranfrage gestellt werden. Damit ist es für den Bauherrn ratsamer, sofort eine Voll-Genehmigung zu beantragen.[185]

100 Soweit die vom Bauherrn gestellten Fragen reichen, entscheidet der Bauvorbescheid **abschließend** über sie im Verhältnis zur Baugenehmigung. Er bindet Bauaufsicht, Nachbarn (soweit sie am Verfahren beteiligt worden sind) und Gemeinde. Gegen spätere Rechtsänderungen setzt sich der Bauvorbescheid durch (z.B. neu erlassener BPlan, Veränderungssperre). Er ist ein vorweggenommener Teil des feststellenden Ausspruchs der Baugenehmigung.

Die spätere Baugenehmigung teilt den Inhalt eines bestandskräftigen Vorbescheids nur nachrichtlich mit.[186] Die in einem nicht bestandskräftigen (angefochtenen) Bauvorbescheid getroffenen Regelungen übernimmt die Baugenehmigung – selbst bei zwischenzeitlichen Rechtsänderungen[187] – in der Art eines Zweitbescheids; sie sind damit (erneut) anfechtbar.[188] Ein Nachbar muss also sowohl den Vorbescheid als auch die Baugenehmigung anfechten;[189] die Anfechtungsklage gegen den Vorbescheid erledigt sich nicht, wenn die Baugenehmigung ergeht.[190]

Anders als die in den LBauO auch vorgesehene Teilbaugenehmigung erteilt der Vorbescheid **keine Baufreigabe**, die Bauausführung darf also noch nicht beginnen. Welche Fragen der Bauherr bei seiner Bauvoranfrage stellt, bleibt grundsätzlich ihm überlassen, soweit die LBauO keine Einschränkungen macht.[191]

184 OVG Münster BRS 64 Nr. 206.
185 Vgl. Finkelnburg/Ortloff/Kment S. 146.
186 BVerwG BRS 49 Nr. 168.
187 OVG Münster BRS 58 Nr. 52.
188 BVerwG BRS 49 Nr. 168.
189 BVerwG BRS 49 Nr. 168.
190 BVerwG BRS 57 Nr. 206.
191 BVerwG BRS 73 Nr. 150.

Zulässig sind aber nur Fragen, über die auch im Baugenehmigungsverfahren entschieden wird; abstrakte Fragen sind unzulässig (ja: Vorhaben zulässig nach § 34 BauGB?; ja: Vereinbarkeit mit LBauO?; nein: Baugrundstück im Innenbereich?).[192]

Der Vorbescheid gilt je nach LBauO zwei bis vier Jahre.

Umstritten ist, ob ein eingelegter Nachbarrechtsbehelf keine Auswirkungen auf den Fristlauf hat,[193] ihn hemmt[194] oder unterbricht.[195] Die Geltungsdauer kann auf Antrag (auch rückwirkend) unbegrenzt oft verlängert werden, allerdings gilt dann die ggf. geänderte Rechtslage.[196]

Um schnell und kostengünstig Klarheit darüber zu erzielen, ob A das Wohnhaus mit Doppelgarage wie vorgesehen errichten kann, bietet es sich an, eine Bauvoranfrage (= Antrag auf Erlass eines Bauvorbescheids) zu stellen, und zwar nur bezogen auf die hier streitige planungsrechtliche Zulässigkeit (§§ 29 ff. BauGB) des Vorhabens. Dieser Antrag ist auf den Erlass einer sog. **Bebauungsgenehmigung** gerichtet. Ist es planungsrechtlich zulässig, wäre eine Versagung des gemeindlichen Einvernehmens wegen Verstoßes gegen § 36 Abs. 2 S. 1 BauGB rechtswidrig und würde der Erteilung des Vorbescheids nicht im Wege stehen (s. Rn. 63 f.).

B. Verhalten der Bauaufsichtsbehörde

Die Bauaufsichtsbehörde wird den Bauvorbescheid erteilen, wenn A hierauf einen **101**
Anspruch hat. Einen solchen Anspruch hat A, soweit dem Bauvorhaben in dem Umfang, in dem es „abgefragt" wird, keine öff.-rechtl. Vorschriften entgegenstehen, die von der Bauaufsichtsbehörde zu prüfen sind. Da A eine Bebauungsgenehmigung beantragt hat, an deren formellen Voraussetzungen keine Bedenken bestehen, kommt es darauf an, ob das Vorhaben nach §§ 29 ff. BauGB bauplanungsrechtlich zulässig ist.

I. Bei der Errichtung eines Wohnhauses mit Doppelgarage, einer baulichen Anlage, handelt es sich um ein Bauvorhaben i.S.v. **§ 29 Abs. 1 BauGB**. Die §§ 30 bis 37 BauGB sind anwendbar. Das Baugrundstück liegt in einem unbeplanten Gebiet. Die Zulässigkeit des Vorhabens beurteilt sich damit nicht nach § 30 BauGB (bzw. § 33 BauGB).

II. Die **§§ 14 ff. BauGB** stehen dem Vorhaben nicht entgegen.

III. Im unbeplanten Bereich hängt die bauplanungsrechtliche Zulässigkeit davon ab, **102**
ob das Bauvorhaben im Innenbereich (§ 34 BauGB) oder im Außenbereich (§ 35 BauGB) verwirklicht werden soll. Es liegt im **Innenbereich**, wenn es sich im Bebauungszusammenhang eines Ortsteils i.S.v. § 34 Abs. 1 S. 1 BauGB befindet.

1. G hat den Innenbereich nicht bereits durch Erlass einer konstitutiv wirkenden **Satzung** nach § 34 Abs. 4 BauGB rechtlich festgelegt. Deswegen ist nach allgemeinen Merkmalen zu entscheiden, ob das Bauvorhaben im Innenbereich liegt.

192 VGH München BRS 73 Nr. 151.

193 VGH München VGHE 63, 151 wegen einer Besonderheit in Art. 71 BauO BY.

194 OVG Bautzen BRS 59 Nr. 196.

195 Hartmann, in: Schönenbroicher/Kamp § 71 Rn. 11 m.w.N.

196 OVG Münster BRS 47 Nr. 40; OVG Lüneburg BRS 57 Nr. 194.

2. Ein **Bebauungszusammenhang** ist eine aufeinander folgende Bebauung, die trotz vorhandener Baulücken nach der Verkehrsanschauung den Eindruck der Geschlossenheit und Zusammengehörigkeit vermittelt. Maßstabsbildend sind grundsätzlich nur Gebäude, die dem ständigen Aufenthalt von Menschen dienen.[197] Baulücken von zwei bis drei Bauplätzen, in aufgelockerter Bebauung auch mehr,[198] unterbrechen den Bebauungszusammenhang noch nicht.[199] Geographisch-mathematische Maßstäbe gibt es nicht, entscheidend ist der Einzelfall.[200]

   Danach liegt der bisher unbebaute Standort des Vorhabens innerhalb eines Zusammenhangs maßstabsbildender Bebauung an der Gemeindeverbindungsstraße, die trotz Baulücken den Eindruck der Geschlossenheit und Zusammengehörigkeit vermittelt. Maßstabsbildend sind die Wohnhäuser bzw. die kombinierten Wohn-/Wirtschaftsgebäude entlang der Straße sowie das als Getränkelager mit Büro genutzte Gebäude, da es dem ständigen Aufenthalt von Menschen dient. Hierbei handelt es sich gerade nicht um eine außenbereichstypische Bodennutzung. Die Lücken von bis zu 80 Metern Breite entsprechen der aufgelockerten ländlichen Siedlungsstruktur der aus vielen Weilern bestehenden Gemeinde. An dieser Siedlungsstruktur nimmt das geplante Wohnhaus teil.

3. Der Bebauungszusammenhang muss weiterhin einen **Ortsteil** bilden. Ortsteil ist – in Abgrenzung zur unerwünschten Splittersiedlung (§ 35 Abs. 3 S. 1 Nr. 7 BauGB) – ein Bebauungskomplex im Gebiet einer Gemeinde, der nach der Zahl der vorhandenen Bauten ein gewisses Gewicht besitzt und Ausdruck einer organischen Siedlungsstruktur ist.[201] Das nach der Zahl vorhandener Bauten "gewisse Gewicht" ist im Vergleich mit anderen Ansiedlungen und im Gegenvergleich mit der unerwünschten Splittersiedlung zu bestimmen.[202] Die Siedlungsstruktur ist organisch, wenn sie sich als angemessene Fortentwicklung der Bebauung innerhalb des gegebenen Bereichs darstellt.[203]

   Die neun Wohn- und Wirtschaftsgebäude genügen nach ihrer Zahl in der aus vielen verstreuten Weilern bestehenden Gemeinde, um das erforderliche gewisse Gewicht zu besitzen. Zusammengenommen bilden sie schon einen verdichteten Bebauungskomplex, der über einen unerwünschten Siedlungssplitter hinausgeht. Der Bebauungskomplex ist als dörfliche Keimzelle, die auf städtebauliche Fortentwicklung angelegt ist, Ausdruck einer organischen Siedlungsstruktur.

   Die beiden wertungsoffenen Tatbestandsmerkmale lassen natürlich gleichermaßen vertretbare, aber unterschiedliche Ergebnisse zu. Die Subsumtion ist nicht bis ins Letzte rationalisierbar, sondern enthält einen beachtlichen dezisionistischen Anteil. Diesen bemäntelt eine

---

197 BVerwG BRS 63 Nr. 99.

198 BVerwGE 62, 250.

199 VGH Mannheim BRS 78 Nr. 100 m.w.N.

200 BVerwG BRS 76 Nr. 101.

201 BVerwGE 31, 22.

202 BVerwG BRS 25 Nr. 41.

203 BVerwGE 31, 20.

ansonsten in juristischen Texten selten anzutreffende unklare Ausdrucksweise, die häufig Züge von „Stadt- und Landschaftsprosa" trägt. Im Laufe der Zeit haben sich Formulierungen und Begrifflichkeiten herausgebildet, die von der Rspr. laufend verwendet werden. Solange es nichts Besseres gibt, sollte sich die eigene Fallbearbeitung daran orientieren.

IV. Im unbeplanten Innenbereich richtet sich die bauplanungsrechtliche Zulässigkeit nach **§ 34 Abs. 1 BauGB**: Art, Maß, Bauweise, überbaute Grundstücksfläche müssen sich einfügen, die Erschließung muss gesichert sein. **103**

1. Ob sich das Vorhaben nach der **Art** der baulichen Nutzung einfügt, richtet sich allein nach der abschließenden Spezialvorschrift des **§ 34 Abs. 2 BauGB**, wenn deren Voraussetzungen erfüllt sind.[204] Andernfalls gelten die allgemeinen Kriterien des § 34 Abs. 1 BauGB.

a) § 34 Abs. 2 BauGB setzt voraus, dass die Eigenart der näheren Umgebung einem der **Baugebiete nach §§ 2 ff. BauNVO** entspricht. Ist das Vorhaben gebietsverträglich, fügt es sich seiner Art nach ein, wenn es nach den Absätzen 2 der §§ 2 ff. BauNVO allgemein zulässig wäre. Dasselbe gilt, wenn es nach § 31 Abs. 1 BauGB i.V.m. den jeweiligen Absätzen 3 der §§ 2 ff. BauNVO ausnahmsweise zulässig wäre oder es nach § 31 Abs. 2 BauGB von den Anforderungen zu befreien wäre (s.o. Rn. 92).

Die BauNVO gelangt mithin auf zwei Wegen zur Anwendung: **gewillkürt** durch die Festsetzung eines Baugebiets nach §§ 2 ff. BauNVO im BPlan und als **Rechtsfolge** dadurch, dass die tatsächlichen Bebauung einem der Baugebiete entspricht. Die vorhandene Bebauung und damit die BauNVO dient im letzteren Falle also als Ersatz-BPlan.

Hinweis: *Da die BauNVO relativ eindeutig subsumierbar ist, liegt es auf der Hand, dass Sachverhalte in Studium und Examen meist so gestellt sind, dass § 34 Abs. 2 BauGB einschlägig ist.*

Die nähere Umgebung des Baugrundstücks entspricht einem Dorfgebiet i.S.v. § 5 Abs. 1 BauNVO. Sie ist durch Wirtschaftsstellen landwirtschaftlicher Betriebe mit zugehörigen Wohnhäusern geprägt, was sie vom Mischgebiet (§ 6 BauNVO) unterscheidet. Die gewerbliche Lagerhaltung des Getränkehandels stellt einen nicht wesentlich störenden Gewerbebetrieb dar, der nach § 5 Abs. 2 Nr. 6 BauNVO regelhaft zulässig ist. Ein Wohnhaus mit Doppelgarage wäre im faktischen Dorfgebiet typischerweise gebietsverträglich. Dort wären das Wohnhaus als sonstiges Wohngebäude i.S.d. § 5 Abs. 2 Nr. 3 BauNVO und die Garage nach § 12 Abs. 1 BauNVO zudem allgemein zulässig. Eine Trennung von Wohn- und landwirtschaftlicher Nutzung verlangt § 5 BauNVO nicht.[205]

b) Das Vorhaben darf weiterhin nicht gegen **§ 15 Abs. 1 BauNVO** verstoßen. Die Vorschrift ergänzt die §§ 2 bis 14 BauNVO und gilt auch für unbeplante Gebiete nach § 34 Abs. 2 BauGB.[206] Es gibt keine Anhaltspunkte dafür, dass das Wohnhaus mit Doppelgarage wegen seiner besonderen Verhältnisse der Eigenart des Dorfgebiets oder dessen Gebietscharakter widerspricht (§ 15 Abs. 1 S. 1 BauNVO). Ebenso wenig gehen von dem Bauvorhaben Be-

204 BVerwGE 94, 151; BVerwG BRS 50 Nr. 79.

205 BVerwG BRS 55 Nr. 175.

206 BVerwGE 109, 314; BVerwG BRS 73 Nr. 82; BRS 52 Nr. 56; BRS 52 Nr. 47; BRS 55 Nr. 175.

lästigungen oder Störungen aus, die im Dorfgebiet oder dessen Umgebung unzumutbar sind (§ 15 Abs. 1 S. 2 Alt. 1 BauNVO).

In Betracht kommt allerdings, dass das Vorhaben nach der Gebietseigenart unzumutbaren Belästigungen oder **Störungen** durch Gerüche aus der benachbarten Rinderhaltung **ausgesetzt** ist (§ 15 Abs. 1 S. 2, 2. Alt. BauNVO). § 15 Abs. 1 S. 2 BauNVO ist ein Anwendungsfall des bauplanungsrechtlichen **Gebots der Rücksichtnahme**. Es soll gewährleisten, Nutzungen, die geeignet sind, Spannungen und Störungen hervorzurufen, einander so zuzuordnen, dass ein Interessenausgleich möglich ist, der beiden Seiten gerecht wird. Welche Anforderungen sich daraus für die Zumutbarkeit im Einzelfall ergeben, beurteilt sich nach der tatsächlichen und rechtlichen Schutzwürdigkeit und Schutzbedürftigkeit der konkret aufeinander treffenden Nutzungen.[207] Ist die Grundstücksnutzung mit einer spezifischen gegenseitigen Pflicht zur Rücksichtnahme belastet, führt dies nicht nur zu Pflichten desjenigen, der die Störungen verursacht, sondern auch desjenigen, der sich den Wirkungen solcher Störungen aussetzt.[208]

104 Für Belästigungen und Störungen durch Umwelteinwirkungen legt das **BImSchG** das Maß der gebotenen Rücksichtnahme auch baurechtlich fest.[209] Bewertungsmaßstab für Immissionen (vor allem Luftverunreinigungen und Geräusche, vgl. § 3 Abs. 2 BImSchG) ist, ob sie gemäß § 3 Abs. 1 BImSchG geeignet sind, nach Art, Ausmaß und Dauer erhebliche Nachteile oder erhebliche Belästigungen herbeizuführen. Da rechtlich verbindliche Grenzwerte für Gerüche fehlen, ist diese Frage in umfassender Würdigung aller Umstände des Einzelfalls zu beantworten.[210]

Baurechtlich verbindlich sind die Lärm-Grenzwerte der TA Lärm, die nach § 48 BImSchG erlassen ist.[211] Darüber hinaus haben sonstige technische Regelwerke (VDI-Richtlinien, DIN-Normen, Geruchs-Immissionsrichtlinie usw.) eine große faktische Bedeutung, weil sie als allgemeingültige Sachverständigenbewertungen aufgefasst werden. Als solche wirken sie faktisch – nicht normativ – als Rechtsnormersatz.

105 In Dorfgebieten ist entsprechend § 5 Abs. 1 S. 2 BauNVO auf die Belange landwirtschaftlicher Betriebe besonders Rücksicht zu nehmen. Das Wohnen ist vor landwirtschaftstypischen Störungen und Belästigungen (Gerüche, Geräusche) weniger geschützt.[212] Schutzwürdigkeit und Schutzbedürftigkeit des Wohnens sind nach der Eigenart des Baugebiets gemindert. Des Weiteren ist das Vorhaben durch seine Lage im faktischen Dorfgebiet deutlich vorbelastet. Mit i.S.v. § 3 Abs. 1 BImSchG erheblichen Belästigungen ist nicht zu rechnen, weil die Gülle nur an wenigen Tagen im Jahr wahrnehmbar ist. Das Wohnbauvorhaben wird also keinen Belästigungen oder Störungen durch landwirtschaftliche Geruchsimmissionen ausgesetzt, die

207 BVerwGE 52, 122.

208 BVerwGE 50, 49; BVerwG BRS 42 Nr. 73.

209 BVerwGE 109, 314; 68, 58.

210 BVerwGE 81, 197.

211 BVerwGE 145, 145; die bisherige Rspr. („nur Orientierungswerte") ist überholt.

212 BVerwG BRS 55 Nr. 175; VGH Mannheim ESVGH 59, 199.

einen Verstoß gegen § 15 Abs. 1 S. 2 BauNVO begründen könnten. Das Bauvorhaben fügt sich seiner Art nach ein.

Die verschiedentlich selbst in der Rspr. anzutreffende Prüfung, ob das Vorhaben sich trotzdem seiner Art nach gemäß § 34 Abs. 1 S. 1 BauGB einfügt, ist verfehlt.[213]

2. Ob das Bauvorhaben nach dem **Maß** der baulichen Nutzung, der **Bauweise** und der zu **überbauenden Grundstücksfläche** planungsrechtlich zulässig ist, richtet sich weiterhin nach § 34 Abs. 1 BauGB. Diese fügen sich in die Eigenart der näheren Umgebung ein, wenn es entsprechende Vorbilder gibt. Daran besteht kein Zweifel, weil das Wohnbauvorhaben sich am vorhandenen Bestand orientiert (Maß, Grundstücksfläche) und ein freistehendes Wohnhaus (Bauweise) der aufgelockerten Bebauung der näheren Umgebung entspricht.
3. Die Anforderungen an **gesunde Wohnverhältnisse**, § 34 Abs. 1 S. 2 BauGB, **106**
sind gewahrt, weil nicht einmal die Schwelle des § 3 Abs. 1 BImSchG erreicht wird. Das **Ortsbild** wird nicht beeinträchtigt, weil das Vorhaben sich am Bestand orientiert.
4. Von einer **gesicherten Erschließung** ist bei einem bereits bebauten Grundstück (Elternhaus auf dem hinteren Grundstücksteil) stets auszugehen.

V. Das Vorhaben ist daher bauplanungsrechtlich seiner Art nach gemäß § 34 Abs. 2 BauGB i.V.m. § 5 Abs. 2 Nr. 3 BauNVO und im Übrigen nach § 34 Abs. 1 BauGB zulässig. Dem Vorhaben stehen keine bauplanungsrechtlichen Vorschriften entgegen. Da A Anspruch auf Erteilung der Bebauungsgenehmigung hat, wird die Bauaufsichtsbehörde diese erteilen und ein ggf. verweigertes Einvernehmen der G nach landesrechtlichen Verfahrensvorschriften ersetzen (§ 36 Abs. 2 S. 3 BauGB).

---

213 BVerwG BRS 50 Nr. 79; BVerwGE 68, 207 (noch zum BBauG).

Vorhaben im unbeplanten Innenbereich (§ 34 BauGB)

Anwendbarkeit

- kein (qualifizierter) Bebauungsplan
- im Zusammenhang bebauter Ortsteil ≠ Außenbereich
  - **rechtlich** durch Satzung, § 34 Abs. 4 BauGB
  - **tatsächlich** zusammenhängende Bebauung von einigem Gewicht mit organischer Siedlungsstruktur

Voraussetzungen

- Einfügen in die Eigenart der näheren Umgebung
  - bzgl. **Art** der baulichen Nutzung

§ 34 Abs. 2 BauGB: Vergleichbarkeit mit Baugebiet nach BauNVO	**§ 34 Abs. 1 BauGB: bei fehlender Vergleichbarkeit (Gemengelage)**
– **Regelbebauung** nach § 34 Abs. 2 Hs. 1 BauGB i.V.m. §§ 2 ff. Abse. 2 BauNVO – **Ausnahme** nach § 34 Abs. 2 Hs. 2 i.V.m. § 31 Abs. 1 BauGB i.V.m. §§ 2 ff. Abse. 3 BauNVO – **Dispens** nach § 34 Abs. 2 Hs. 2 i.V.m. § 31 Abs. 2 BauGB	– im **prägenden Rahmen** der Umgebung – **Erweiterung:** keine bodenrechtlich relevanten Spannungen – **Einschränkung:** Rücksichtnahme auf vorhandene Nachbarbebauung

  - bzgl. Maß der baulichen Nutzung, Bauweise, überbaute Fläche
    - im Rahmen der Umgebungsbebauung
    - keine bodenrechtlich relevanten Spannungen
    - Rücksichtnahme auf vorhandene Nachbarbebauung
- **Erschließung gesichert**
- **§ 34 Abs. 1 S. 2 BauGB:**
  - gesunde Wohn- und Arbeitsverhältnisse
  - keine Beeinträchtigung des Ortsbildes

6. Abschnitt: Anwendung der BauNVO

Hinweis: *Obwohl die BauNVO nur eine Rechtsverordnung darstellt, ist ihr Verständnis oft klausurentscheidend. In Prüfung und Examen richtet sich meistens nach ihr, ob ein Vorhaben nach der Art der baulichen Nutzung planungsrechtlich zulässig ist. Deswegen muss man die Systematik und einige immer wiederkehrende Begrifflichkeiten der BauNVO beherrschen.* **107**

Prüfungsfolge BauNVO
I. **Anwendbarkeit** BauNVO (BPlan oder § 34 Abs. 2 BauGB)
II. **Gebietsverträglichkeit** des Vorhabens
III. **Allgemein** zulässige Nutzung nach den Absätzen 2 der §§ 2 ff. BauNVO
IV. **Ausnahmsweise** zulässige Nutzung nach den Absätzen 3 der §§ 2 ff. BauNVO i.V.m. § 31 Abs. 1 BauNVO
V. Allgemein oder ausnahmsweise zulässige Nutzung nach **§§ 12–14 BauNVO** (Stellplätze, freie Berufe, Nebenanlagen)
VI. Trotzdem unzulässig wegen Verstoß gegen **§ 15 Abs. 1 BauNVO**

A. Begrifflichkeiten

Gleichartige Nutzungen können in verschiedenen Baugebieten zulässig sein. Die Baugebiete unterscheiden sich grundsätzlich dadurch, dass die erforderliche Baugebietsbezogenheit („den Bewohnern des Gebiets dienende") des Vorhabens mit zunehmendem Paragrafenwert abnimmt, während die Störungsintensität zunehmen darf (entsprechend der abnehmenden Schutzbedürftigkeit der Baugebiete). **108**

Nutzung	**Definition**
„Wohngebäude" (§§ 2–6 BauNVO)	Bauliche Anlagen, die zum dauernden Wohnen geeignet und bestimmt sind. Wohnen ist gekennzeichnet durch eine auf Dauer angelegte Häuslichkeit, Eigengestaltung der Haushaltsführung sowie Freiwilligkeit des Aufenthalts. *Ja:* Altenheime, Studentenheime; *Nein:* Beherbergung (Hotel), Jugendheime, Jugendherbergen, Obdachlosenunterkünfte, Wohnungsprostitution
„nicht störende Handwerksbetriebe" (§ 2–4 BauNVO, § 5 BauNVO: alle)	Handwerksbetrieb: übereinstimmend mit dem Begriff der HandwO nicht störend: wenn er keine nachteiligen Immissionen für seine Umgebung verursacht (einschl. Verkehr) *Ja:* Friseur, Bäcker, Metzger; *Nein:* Tischlerei/Schreinerei, Metallverarbeiter
„Gebiet" (§§ 2–5 BauNVO)	festgesetztes Baugebiet (nicht: nur Wohnblock)
„Anlagen für soziale Zwecke" (§§ 2–7 BauNVO)	Dienen i.w.S. der sozialen Fürsorge und der öff. Wohlfahrt *Ja:* Kindergarten, Seniorentreff, ambul. Pflegedienst, Frauenhaus

„Gewerbe“ (§§ 3–9 BauNVO)	nicht identisch mit dem Begriff der GewO, sondern städtebaulicher Begriff; nicht alle Einzelmerkmale der Gewerbedefinition müssen erfüllt sein *Ja:* Einzelne Prostituierte (obwohl kein „Betrieb“)
„Vergnügungsstätten“ (§§ 4a–8 BauNVO)	Gewerbeart, die sich unter Ansprache/Ausnutzung des menschlichen Sexual-, Spiel- oder Geselligkeitstriebes einer bestimmten gewinnbringenden Freizeitunterhaltung widmet *Ja:* Nachtlokale (nur mit Vorführungen), Diskotheken, Spielhallen, Wettbüros, Swinger-Clubs; *Nein:* Bordelle (= Gewerbe), Theater, Kinos, Jahrmarkt
„Bewohnern des Gebiets dienen“, „Versorgung des Gebiets dienen“ (§§ 2–4a, 14 Abs. 2 BauNVO)	zur Befriedigung der Lebensbedürfnisse bei gewöhnlicher Lebensführung; Bewohner anderer Gebiete dürfen die Einrichtungen auch nutzen

109 Die BauNVO erweitert in **§§ 12–14 BauNVO** baugebietsübergreifend die Zulässigkeit bestimmter baulicher Anlagen. Es handelt sich um Querschnittsnormen, die sämtliche Zulässigkeitsvorschriften der §§ 2 ff. BauNVO ergänzen.[214]

110 ■ **Stellplätze:** Wo und in welchem Umfang Kfz-Stellplätze und Garagen auf Privatgrundstücken zulässig sind, richtet sich bau*planungs*rechtlich nach **§ 12 BauNVO.** Dagegen gibt die LBauO bau*ordnungs*rechtlich vor, wer wieviele Stellplätze und Garagen herzustellen hat bzw. welche Ablöse zu entrichten ist (Stellplatzpflicht).

37	47	50, 52	43	49	48, 49	44	49	46-48	51	47	47	49	48	50	49

111 ■ **Freie Berufe:** § 13 BauNVO privilegiert die freien Berufe und artgleiche Gewerbe. Sie werden **„wohnartig“** (Fachbegriff) ausgeübt, stellen also keine besonderen räumlichen Ansprüche.[215] Für ihre Berufstätigkeit sind in praktisch allen Baugebieten Räume und Gebäude generell zulässig. Zwar ist der „freie Beruf“ kein eindeutiger Rechtsbegriff.[216] Hilfreich ist es aber, sich an der Aufzählung in **§ 18 Abs. 1 S. 2 EStG** zu orientieren.

§ 18 Abs. 1 S. 2 EStG: „Zu der freiberuflichen Tätigkeit gehören die selbständig ausgeübte wissenschaftliche, künstlerische, schriftstellerische, unterrichtende oder erzieherische Tätigkeit, die selbständige Berufstätigkeit der Ärzte, Zahnärzte, Tierärzte, Rechtsanwälte, Notare, Patentanwälte, Vermessungsingenieure, Ingenieure, Architekten, Handelschemiker, Wirtschaftsprüfer, Steuerberater, beratenden Volks- und Betriebswirte, vereidigten Buchprüfer, Steuerbevollmächtigten, Heilpraktiker, Dentisten, Krankengymnasten, Journalisten, Bildberichterstatter, Dolmetscher, Übersetzer, Lotsen und ähnlicher Berufe.“

112 §13 BauNVO privilegiert gleichermaßen „Gewerbetreibende, die ihren Beruf in **ähnlicher Art** ausüben“, wie z.B. Fußpfleger, Hebammen, Hausverwalter. Im Kern ist für die Privilegierung nötig, dass eine persönliche Dienstleistung erbracht wird, die auf

214 BVerwGE 144, 82.

215 OVG Münster BRS 78 Nr. 95.

216 BVerfGE 10, 354, 364.

individuellen geistigen Leistungen oder sonstigen persönlichen Fertigkeiten beruhen;[217] dazu gehören nicht: Pudelsalon, Bräunungsstudio, Wohnungsprostitution.

- **Nebenanlagen:** Nebenanlagen i.S.v. § 14 BauNVO sind bauliche Anlagen, die dem primären Nutzungszweck der Grundstücke im Baugebiet dienen und ihnen sowohl in der Funktion als auch räumlich-gegenständlich („optisch") zu- und untergeordnet sind.[218] Sie sind bauplanungsrechtlich grundsätzlich zulässig, wenn sie der Eigenart des Baugebiets nicht widersprechen, § 14 Abs. 1 S. 1 BauNVO. Sie sind unzulässig, wenn von ihnen Belästigungen oder Störungen i.S.v. § 15 Abs. 1 S. 2 BauNVO ausgehen können. Generell richtet sich die Zulässigkeit vor allem danach, in welcher Art Baugebiet sich die Nebenanlage befindet. 113
  - Eine einzelne **Mobilfunksendeanlage** (Antenne) hat bezogen auf das gesamte Mobilfunknetz eine untergeordnete Funktion. Sie ist daher Nebenanlage i.S.v. § 14 Abs. 2 S. 2 BauNVO.[219]
  - Ställe u.ä. zur **Kleintierhaltung** sind typischerweise Nebenanlagen, § 14 Abs. 1 S. 2 BauNVO.
  - **Private Windräder** (Windenergieanlagen, Windkraftanlagen) für den *Eigenbedarf* des Hauses können in aufgelockerter Bauweise zulässig sein, müssen aber so ausgeführt werden, dass die Nachbarn ebenfalls Windräder aufstellen können.[220]
  - **Werbeanlagen** (große Schilder, Beschriftungen, Lichtwerbungen usw.) – sofern sie dem Anlagenbegriff des § 29 BauGB unterfallen – an der **Stätte der Leistung** sind Nebenanlagen, soweit sie der Hauptnutzung dienen. Dagegen ist funktionsfremde **Suggestiv- und Erinnerungswerbung** z.B. eine Plakattafel an der Giebelwand, eine eigene Hauptnutzung, und zwar eine gewerbliche.

B. § 15 Abs. 1 BauNVO und das Gebot der Rücksichtnahme

Hinweis: *Anders als verbreitet angenommen, gibt es im öffentlichen Baurecht kein allgemeines „Gebot der Rücksichtnahme", das als universelle Härteklausel das geschriebene öffentliche Baurecht überwölbt oder gar überstrahlt. Ebenso wenig ist § 15 Abs. 1 BauNVO in seiner Gesamtheit eine Ausprägung eines solchen allgemeinen Prinzips.* 114

An keiner Stelle ist das Gebot der Rücksichtnahme im öffentlichen Baurecht ausdrücklich normiert (auch nicht in § 15 Abs. 1 BauNVO). Das **„Gebot der Rücksichtnahme"** fasst lediglich in einem Begriff zusammen, was das Gesetz an verschiedenen Stellen in unterschiedlich formulierten Tatbestandsmerkmalen von einem Bauvorhaben an Zurücknahme eigener Interessen verlangt, damit die Interessen von Nachbarschaft und Umgebung gewahrt bleiben.

Umstritten ist, ob die Maßstäbe, nach denen die Zumutbarkeit zu beurteilen ist, in allen Baugebietslagen (Plangebiet, unbeplanter Innenbereich, Außenbereich) strukturell gleich sind. Die Rspr. nimmt das überwiegend an,[221] kann also im Streitfall offen lassen, nach welcher Norm das Vorhaben unzumutbar ist bzw. ob sich die planungsrechtliche Zulässigkeit nach § 30, § 34 oder § 35 BauGB richtet.[222] Davon sollte im Studium Abstand genommen werden.

---

217 BVerwGE 68, 324.

218 BVerwG BRS 74 Nr. 83.

219 BVerwG BRS 79 Nr. 90.

220 BVerwGE 67, 23.

221 BVerwG BRS 44 Nr. 71; BRS 55 Nr. 175; BRS 46 Nr. 176; Kritisch: Berkemann jM 2014, 209, 214.

222 Vgl. OVG Koblenz BRS 69 Nr. 70.

In der Norm ...	steckt das Gebot der Rücksichtnahme im TBM ...
§ 34 Abs. 1 S. 1 BauGB	„einfügen"
§ 15 Abs. 1 S. 1 BauNVO	„der Eigenart des Baugebiets widersprechen" Rücksichtnahmegebot als Verpflichtung, den Gebietscharakter zu bewahren. *Arztpraxen sind im reinen Wohngebiet zwar zulässig, aber keine Großpraxis mit zehn Ärzten.*
§ 15 Abs. 1 S. 2 BauNVO	„von ihnen Belästigungen oder Störungen ausgehen" bzw. „sie Belästigungen oder Störungen ausgesetzt werden" *Ein Wohnhaus ist in einem allg. Wohngebieten zwar zulässig, aber nicht direkt neben einem großen Sportplatz (weil es selbst gestört würde und der Bauherr dann gegen den Sportplatz vorgehen könnte).*
§ 35 Abs. 3 S. 1 Nr. 3 BauGB	„schädliche Umwelteinwirkungen hervorrufen kann oder ihnen ausgesetzt wird" (§ 3 Abs. 1 BImSchG)
§ 31 Abs. 2 BauGB	„unter Würdigung nachbarlicher Interessen"

Hinweis: *In der Fallbearbeitung ist es ratsam, stets ausschließlich unter das jeweilige Tatbestandsmerkmal zu subsumieren, das Ausdruck des baurechtlichen Rücksichtnahmegebots ist. Das gilt insbesondere, wenn einer der Beteiligten sich pauschal auf das (angebliche) Gebot der Rücksichtnahme beruft.*

115 Welche Anforderungen das in den aufgezählten Normen zum Ausdruck kommende Rücksichtnahmegebot aufstellt, ist durch Abwägung im Einzelfall zu ermitteln. Dabei gilt der Grundsatz: **Der Nachbar kann umso mehr an Rücksichtnahme verlangen, je empfindlicher und schutzwürdiger seine Stellung im gegebenen Zusammenhang ist. Der Bauherr muss umso weniger Rücksicht nehmen, je verständlicher und unabweisbarer die mit dem Vorhaben verfolgten Interessen sind.**[223] Im Einzelnen sind abzuwägen:[224]

- Schutzwürdigkeit der Rechtsposition (formelle und materielle Legalität)
- Schutzbedürftigkeit der Rechtsposition (rechtlich, nicht nur wirtschaftlich/ideell)
- gesetzliche Bewertung der Interessen (Vorrangregeln in Gesetz, VO, Satzung)
- Bewertung der Konfliktlage (Vorbelastungen des Grundstücks, Folgenbetrachtung)

116 Der wichtigste Anwendungsfall des Rücksichtnahmegebots ist § 15 Abs. 1 BauNVO. § 15 Abs. 1 BauNVO betrifft nur die **Art** der baulichen Nutzung (§§ 2 ff. BauNVO), nicht das Maß o.ä.[225] Erfasst sind nur Vorhaben, die plankonform, also ihrer Art nach regelmäßig oder ausnahmsweise (§ 31 Abs. 1 BauGB) zulässig sind;[226] planwidrige Vorhaben stehen

223 BVerwGE 101, 364.

224 Vgl. Schoch Jura 2004, 317, 319; Sarnighausen NVwZ 1996, 110.

225 BVerwG BRS 57 Nr. 175.

226 BVerwG BRS 65 Nr. 66.

von vornherein unter den strengeren Vorgaben des § 31 Abs. 2 BauGB.[227] Steht die Anwendbarkeit der BauNVO fest, weil ein anwendbarer BPlan existiert (§ 30 BauGB) oder weil trotz unbeplanten Bereichs ein faktisches Baugebiet vorliegt (§ 34 Abs. 2 BauGB), ist zunächst zu prüfen, ob das Vorhaben bei typisierter Betrachtung **gebietsverträglich** ist. Anschließend ist streng zwischen § 15 Abs. 1 S. 1 und S. 2 BauNVO zu trennen. Satz 1 betrifft den Schutz des Gebietscharakters, Satz 2 die Zumutbarkeit konkreter Belästigungen bzw. Störungen.

- Nach § 15 Abs. 1 S. 1 BauNVO ist zu untersuchen, ob trotz des Vorhabens die gebietstypische Prägung des Baugebiets aufrecht erhalten bleibt. Die Eigenart des Gebiets ergibt sich aus den Absätzen 1 der §§ 2–9 BauNVO, also der allgemeinen Zweckbestimmung, und der konkreten Eigenart des Gebiets (Festsetzungen des BPlans, soweit fehlend: tatsächliche örtliche Verhältnisse). Ob das Vorhaben der Eigenart widerspricht, darf nur anhand der aufgezählten Merkmale geprüft werden: Lage, Zahl, Umfang, Zweckbestimmung.[228] **117**

- § 15 Abs. 1 S. 2 BauNVO verhindert in Einzelfällen, dass es bei an sich plangemäßen Vorhaben gleichwohl zu unzumutbaren Belastungen kommt (individuelle Korrektivfunktion). Die Norm dient der Bewältigung atypischer Fälle auf der Ebene des Planvollzuges. Die Konfliktlage muss noch „offen" sein. Daran fehlt es, wenn die betroffenen Belange bei der Aufstellung des BPlans bereits abgewogen worden sind. Sie sind aufgezehrt und dürfen bei Anwendung von § 15 BauNVO nicht noch einmal herangezogen werden.[229] Infolgedessen ist die Perspektive des § 15 Abs. 1 S. 2 BauNVO keine planerische (diese muss durch Planung bewältigt werden). Vielmehr ist mit der Bauaufsichtsbehörde die Nutzung der konkret betroffenen Grundstücke zu erfassen, um Störungen im Planvollzug zu verhindern.[230] Die Bewertung der „Belästigungen" und „Störungen" erfolgt nach § 3 Abs. 1 BImSchG (s. Rn. 143).[231] **118**

  ***Hinweis:** Um § 15 Abs. 1 S. 2 BauNVO „klausurtauglich" zu machen, werden häufig Sachverhalte gewählt, die sich nach dem BImSchG und dem dazu erlassenen untergesetzlichen Recht (z.B. BImSchVOen, TA Lärm) lösen lassen. Denn unter letztere kann relativ eindeutig subsumiert werden.*

  - § 15 Abs. 1 S. 2 Hs. 1 BauNVO beurteilt Belästigungen und Störungen, die von einem Vorhaben **ausgehen** können. Welche Anforderungen bestehen, hängt davon ab, was dem Rücksichtnahmebegünstigten einerseits und dem Rücksichtnahmeverpflichteten andererseits nach Lage der Dinge zuzumuten ist.[232] Den einen treffen Verminderungspflichten, den anderen Duldungspflichten.[233] Vorbelastungen des Grundstücks erhöhen die Duldungspflichten.[234] Feste Regeln lassen sich nicht aufstellen; die Einzelfallumstände entscheiden.[235] **119**

---

227 BVerwGE 82, 343.
228 BVerwGE 67, 334.
229 BVerwGE 147, 379; BVerwG BRS 42 Nr. 183.
230 BVerwGE 68, 369.
231 BVerwGE 109, 314.
232 BVerwGE 52, 122.
233 BVerwGE 98, 235.
234 BVerwGE 109, 314; BVerwG BRS 56 Nr. 194.
235 BVerwG BRS 54 Nr. 43.

120 ▪ § 15 Abs. 1 S. 2 Hs. 2 BauNVO (entsprechend: § 35 Abs. 3 S. 1 Nr. 3 BauGB) schützt die vorhandene, formell legalisierte, aber störungsgeneigte Nutzung. Dazu verhindert er, dass ein Vorhaben unzumutbaren Störungen ausgesetzt wird, weil letztere dem neuen Vorhaben ermöglichen würden, gegen die genehmigte Altnutzung vorzugehen.[236] Allerdings treffen den Emittenten Milderungspflichten nach §§ 22, 24 BImSchG,[237] deren Durchsetzung im Baugenehmigungsverfahren der Bauaufsicht obliegt.[238]

- Verstößt das Vorhaben gegen § 15 Abs. 1 BauGB ist es unzulässig. Ermessen ist nicht eröffnet. Der Behörde steht weder ein Beurteilungsspielraum noch eine Einschätzungsprärogative zu. Ausnahmen und Befreiungen sind ausgeschlossen, wenn das Vorhaben gebietsunverträglich ist[239] oder gegen § 15 Abs. 1 BauNVO verstößt.[240]

Merke: *Wertminderungen (= Art. 14 GG) als Folge der Ausnutzung der einem Dritten erteilten Baugenehmigung sind im Rücksichtnahmegebot nicht zu prüfen. Es gibt keinen Anspruch darauf, vor jeglicher Wertminderung bewahrt zu werden.*[241]

236 BVerwGE 98, 235.
237 BVerwGE 98, 235.
238 BVerwGE 145, 145; 109, 314; 98, 235.
239 In einem Sonderfall abweichend: BVerwGE 138, 166.
240 VGH Kassel BRS 46. Nr 44.
241 BVerwG BRS 59 Nr. 177.

Prüfungsfolge § 15 Abs. 1 BauNVO

I. Prüfungsgegenstand: Art der baulichen Nutzung (§§ 2 ff. BauNVO)

II. Im BPlan festgesetztes Baugebiet i.S.v. § 1 Abs. 2 BauNVO

Rügefähige Fehler des BPlan (§ 215 Abs. 1 BauGB), Funktionslosigkeit des BPlans

III. Bei fehlendem oder unwirksamen BPlan: faktisches Baugebiet nach § 34 Abs. 2 BauGB

1. Nähere Umgebung (städtebauliche Situation; je größer die Nähe, desto stärker die prägende Wirkung)
2. Erfassung der Eigenart des Gebietes und seiner tatsächlichen Zweckbestimmung
3. Rechtsfolge:
   a) faktisches Baugebiet (+) → § 15 Abs. 1 BauNVO sperrt TBM „einfügen" aus § 34 Abs. 1 S. 1 BauGB (bzgl. der Art der Nutzung)
   b) faktisches Baugebiet (–) → Gemengelage: „einfügen" gemäß § 34 Abs. 1 S. 1 BauGB, darin Rücksichtnahmegebot enthalten

IV. Gebietsverträglichkeit des Vorhabens bei typisierender Betrachtung

VI. Allgemeine oder ausnahmsweise Zulässigkeit nach Abs. 2 und 3 der §§ 2 ff. BauNVO i.V.m. § 30 Abs. 1 bzw. 34 Abs. 1 und 2 BauGB

VII. § 15 Abs. 1 S. 1 BauNVO: Vorhaben muss die gebietstypische Prägung des Baugebiets aufrecht erhalten

1. Feststellung der konkreten Eigenart des Baugebiets

   BPlan, Abs. 1 der §§ 2 ff. BauNVO, bei faktischem Baugebiet: örtliche Verhältnisse

2. Widerspruch zur Eigenart anhand der Merkmale Lage, Zahl, Umfang, Zweckbestimmung

VIII. § 15 Abs. 1 S. 2 Hs. 1 BauNVO: das konkrete Vorhaben darf in der konkreten baugebietlichen Situation nicht stören (Korrektur atypischer Fälle, nicht des BPlans)

Gegenseitige Rücksichtnahmepflichten im Einzelfall; Vorbelastung erhöht Duldungspflichten. Bei Immissionen: § 3 Abs. 1 BImSchG i.V.m. BImSchV oder TA Lärm.

IX. § 15 Abs. 1 S. 2 Hs. 2 BauNVO: das konkrete Vorhaben darf nicht unzumutbaren Störungen ausgesetzt sein

Schutz der formell legalisierten Altnutzung; Milderungspflichten der Altnutzung nach §§ 22, 24 BImSchG, die im Baugenehmigungsverfahren durchzusetzen sind

7. Abschnitt: Vorhaben im Außenbereich

121 § 35 BauGB, der das Bauen im Außenbereich regelt, hat schon deswegen eine nicht zu unterschätzende Bedeutung, weil die allermeisten Grundstücke in Deutschland im Außenbereich liegen.[242] Im Kern verfolgt § 35 BauGB das Anliegen, den Außenbereich von Bebauung freizuhalten. Grund und Boden sind nicht vermehrbar, bilden aber die natürliche Lebensgrundlage des Menschen: mit Grund und Boden ist daher sparsam umzugehen (§ 1a Abs. 2 S. 1 BauGB). Der Außenbereich dient der Land- und Forstwirtschaft sowie der menschlichen Erholung.[243] Im Grundsatz dürfen deswegen dort nur Vorhaben verwirklicht werden, die **zwingend** auf eine Lage außerhalb besiedelter Gebiete angewiesen sind (sinnvoll/wünschenswert usw. genügt nicht). Insgesamt sind Zweifelsfragen im Zusammenhang mit § 35 BauGB nach dem Grundsatz der **größtmöglichen Schonung** des Außenbereichs auszulegen.[244]

Da der Außenbereich nicht beplant ist (Ausnahme: einfacher BPlan, § 30 Abs. 3 BauGB), fungiert § 35 BauGB als generelle gesetzliche Planung.[245] Infolgedessen ist die Norm durch Einzelregelungen nach und nach unübersichtlich geworden. Allerdings sind nicht alle Regelungen gleichermaßen bedeutsam.

§ 35 BauGB Besonders bedeutsame Regelungen	
Absatz 1 Nr. 1 Nr. 4	privilegierte Vorhaben der Landwirtschaft dienende Vorhaben sonstige privilegierte (außenbereichsadäquate) Vorhaben (Auffangtatbestand)
Absatz 2	sonstige nicht privilegierte Vorhaben
Absatz 3 Nr. 3 Nr. 5 Nr. 7	gesetzl. Erläuterung des TBM „öffentliche Belange" aus Abs. 1 und Abs. 2 Schutz vor schädlichen Umwelteinwirkungen (→ § 3 BImSchG) natürliche Eigenart der Landschaft Verhinderung von Splittersiedlungen

122 § 35 BauGB wird folgendermaßen geprüft: Zuerst ist festzustellen, dass das Baugrundstück im **Außenbereich** liegt. Dann beginnt die Prüfung mit **Absatz 1,** dessen Nummern im Einzelnen durchzugehen sind. Allerdings darf Nr. 4 als Auffangtatbestand der sonstigen privilegierten (außenbereichsadäquaten) Vorhaben erst ganz zum Schluss untersucht werden, obwohl er in der Mitte der Nummern steht. Ist Absatz 1 einschlägig, liegt also ein „privilegiertes Vorhaben" vor, dürfen die im Einleitungssatz genannten **öffentlichen Belange** nicht entgegenstehen (*stehen nur selten entgegen!*). Diese zählt beispielhaft **Absatz 3** auf. Schließlich muss es eine **ausreichende** Erschließung geben und der künftige Rückbau muss – außer in der Landwirtschaft – gesichert sein, **Absatz 5**. Unterfällt das Vorhaben Absatz 1 nicht, stellt es immer ein „sonstiges Vorhaben" nach **Absatz 2** dar, der stets anschließend zu prüfen ist. Als solches darf es öffentliche Belange

242 BVerwGE 115, 17.
243 BVerwGE 27, 137.
244 BVerwGE 147, 37; 144, 341; BVerwG BRS 52 Nr. 78; Stollmann § 17 Rn. 1.
245 BVerwGE 28, 148; 48, 109; 68, 311; Battis Rn. 396.

nicht beeinträchtigen (*sind fast immer beeinträchtigt, faktisches Bauverbot!*) – achten Sie auf die unterschiedliche gesetzliche Wortwahl: „nicht entgegenstehen" (Abs. 1) und „nicht beeinträchtigen" (Abs. 2). Letztere beschreibt zwar grundsätzlich **Absatz 3**, jedoch ist bei jeder Nummer zuerst zu prüfen, ob die Beeinträchtigung nach einer der Nummern des **Absatz 4** dem sonstigen Vorhaben ausnahmsweise nicht entgegengehalten werden darf. Liegt keine Beeinträchtigung vor, ist das Vorhaben zulässig, wenn die Erschließung **gesichert** ist (höhere Anforderungen).

Faustregel: *Privilegierte Vorhaben nach § 35 Abs. 1 BauGB sind nur ausnahmsweise unzulässig, während sonstige Vorhaben gemäß § 35 Abs. 2 BauGB grundsätzlich unzulässig sind.*

A. Land- und Forstwirtschaft, § 35 Abs. 1 Nr. 1 BauGB

Fall 3: Schwimmen auf dem Lande

E hat von seinen Eltern einen großen Aussiedlerhof übernommen. Das Grundstück ist weitläufig von unbebauter, landwirtschaftlich genutzter Fläche umgeben. E hat den Hof in den letzten beiden Jahren von Ackerbau zur Pensionspferdehaltung umgewandelt. Wegen der idealen Lage hat er in kurzer Zeit 30 Pensionspferde angeworben, von denen jedes 800 Euro im Jahr an Gewinn einbringt. Das rührt daher, dass E wegen seiner vielen eigenen Weiden nur etwa ein Drittel des nötigen Futters hinzukaufen muss.

Seine Eltern wollten trotz der Umgestaltung auf dem Hof bleiben und die Neuerungen durch ihre Mithilfe am Rande begleiten. Für sie hatte E daher vor drei Jahren neben dem Haupthaus ein baugenehmigtes kleines Altenteilerhaus mit PKW-Garage errichtet. Nunmehr will er auf der Weide direkt hinter dem Altenteilerhaus für seine an chronischen Rückenschmerzen leidenden Eltern noch einen Swimming-Pool im Freien mit 4 m x 8 m Grundfläche und 1,6 m Wassertiefe einbauen. Der Pool soll bündig mit der ihn umgebenden Grasnarbe abschließen, sodass er aus der Entfernung kaum zu sehen ist. E fragt beim zuständigen Bauamt B an, ob dem Pool bauplanungsrechtliche Hindernisse entgegenstehen. Welche Auskunft erteilt B?

I. B erteilt die Auskunft, dass dem Pool bauplanungsrechtliche Hindernisse entgegen stehen, wenn er gegen die §§ 29 ff. BauGB, insbesondere gegen § 35 BauGB verstößt. **123**

1. Ob §§ 30 bis 37 BauGB überhaupt **anwendbar** sind, richtet sich nach § 29 Abs. 1 BauGB. Dann müsste es sich bei dem Swimming-Pool um eine **bauliche Anlage** handeln. Eine bauliche Anlage i.S.v. § 29 BauGB erfordert neben einer – hier unproblematisch gegebenen – dauerhaften Verbindung mit dem Erdboden nur, dass die Anlage bodenrechtliche Relevanz hat (s. Rn. 42). Letztere könnte fehlen, weil der Pool aus einiger Entfernung optisch kaum mehr wahrnehmbar ist. Zu den maßgeblichen in § 1 Abs. 5 und 6 BauGB genannten Belangen zählen nach § 1 Abs. 6 Nr. 5 BauGB u.a. der Schutz des Landschaftsbildes und nach § 1 Abs. 6 Nr. 7 BauGB u.a. die Belange der Landschaftspflege.[246] Jedenfalls bei der gebotenen

246 BVerwGE 114, 206 zum insofern gleichlautenden § 1 BauGB 2001; Krautzberger, in: Ernst/Zinkahn/Bielenberg § 29 Rn. 24a.

Zugrundelegung einer Vielzahl solcher Swimming-Pools wären diese Belange berührt. § 29 Abs. 1 BauGB ist erfüllt, mithin sind die §§ 30 ff. BauGB anwendbar.

124 2. Die planungsrechtliche Zulässigkeit richtet sich nach § 35 BauGB, wenn der Pool im Außenbereich errichtet werden soll. Zum (negativ definierten) **Außenbereich** gehören diejenigen Gebiete, die weder innerhalb des räumlichen Geltungsbereichs eines qualifizierten oder vorhabenbezogenen Bebauungsplans i.S.d. § 30 Abs. 1 oder 2 BauGB, noch innerhalb der im Zusammenhang bebauten Ortsteile (§ 34 Abs. 1 S. 1 BauGB) liegen.[247] Der Aussiedlerhof des E und damit das Vorhabengrundstück liegt inmitten unbebauter landwirtschaftlich genutzter Flächen, also weder im beplanten noch im unbeplanten Innenbereich, sondern im Außenbereich. Die planungsrechtliche Zulässigkeit des Pools richtet sich also nach § 35 BauGB.

Außenbereich darf also nicht gleichgesetzt werden mit „freier Natur", „Stadtferne" oder „Einsamkeit". Der Außenbereich umfasst lediglich die Gesamtheit der Flächen, die nicht von §§ 30 und 34 BauGB erfasst werden.

125 3. Im Einzelnen richtet sich die planungsrechtliche Zulässigkeit nach § 35 Abs. 1 BauGB, wenn es sich bei dem Pool um eines der dort genannten **privilegierten Vorhaben** handelt. In Betracht kommt **§ 35 Abs. 1 Nr. 1 BauGB**. Dann muss der Pool einem land- oder forstwirtschaftlichen Betrieb dienen und darf nur einen untergeordneten Teil der Betriebsfläche einnehmen.[248]

126 a) Fraglich ist, ob die Pensionspferdehaltung überhaupt zur **Landwirtschaft** gehört oder sie nicht vielmehr zur gewerblichen Tierhaltung zählt. Landwirtschaft wird von § 201 BauGB legaldefinitiert. Danach ist Landwirtschaft i.S.d. BauGB u.a. die Wiesen- und Weidewirtschaft einschließlich der Tierhaltung, soweit das Futter überwiegend auf den zum landwirtschaftlichen Betrieb gehörenden, landwirtschaftlich genutzten Flächen erzeugt werden kann. Diese **überwiegend eigene Futtergrundlage** besteht, wenn mehr als die Hälfte des benötigten Futters auf den zum Betrieb gehörenden Flächen (Eigentum oder Pacht) gewonnen werden kann.[249] Da E nur ein Drittel an Futter zukaufen muss und zwei Drittel auf eigenen Flächen anbaut, ist seine Pensionspferdehaltung Landwirtschaft i.S.v. § 201 BauGB.

127 b) Weiterhin müsste es sich um einen landwirtschaftlichen **Betrieb** handeln. Die Tätigkeit muss also auf die Erzeugung landwirtschaftlicher Produkte nicht unerheblichen Ausmaßes gerichtet sein. Es muss eine bestimmte **Organisation** vorhanden sein,[250] die ein **auf Dauer** (mehrere Generationen) gedachtes und lebensfähiges Unternehmen darstellt.[251] Die **Gewinnerzielung** ist ein bedeutsames Indiz für die Dauerhaftigkeit des Betriebs. Ist ein Gewinn auf Dauer nicht zu erzielen, fällt das Vorhaben – insbesondere bei Neugründungen[252] –

247 BVerwGE 41, 227; Mitschang/Reidt, in: Battis/Krautberger/Löhr § 35 Rn. 2.
248 Zusammenfassend zu den Anforderungen: BVerwG BRS 79 Nr. 111; Decker JA 2014, 481, 482 f.
249 BVerwG BRS 59 Nr. 85; VGH Mannheim RdL 2014, 233; BRS 52 Nr. 73; VGH München BRS 69 Nr. 101.
250 BVerwGE 41, 138.
251 BVerwGE 132, 372; 26, 121; BVerwG BRS 79 Nr. 111.
252 BVerwGE 122, 308.

schon deswegen nicht unter die Privilegierung des § 35 Abs. 1 Nr. 1 BauGB. Der Betrieb kann auch im Nebenerwerb geführt werden.[253]

Durch eine strenge Auslegung der Tatbestandsmerkmale soll – bei Nebenerwerbsstellen besonders – dem Missbrauch entgegengewirkt werden. Vielfach wird in der Praxis versucht, durch das Halten einiger Kleintiere oder von ein paar Pferden „zum Schein" landwirtschaftlich tätig zu sein, um ein Wohngebäude im Außenbereich errichten zu können.[254] Es muss feststellbar sein, dass die landwirtschaftliche Nutzung im Vordergrund steht und nicht der Wunsch, im Außenbereich zu wohnen.[255] Die Annahme der Dauerhaftigkeit des Betriebs hängt von einer strengen Prüfung der Gewinnerzielungsabsicht (Abgrenzung zur Liebhaberei/Hobby) ab, die plausibel nachgewiesen sein muss.[256] **128**

Hiernach führt E einen landwirtschaftlichen Betrieb. Er führt den Hof in einer dauerhaften Organisation und erzielt bereits zwei Jahre nach dem Umstieg auf Pensionspferdehaltung einen nennenswerten Gewinn, nämlich 30 x 800 Euro = 24.000 Euro im Jahr.[257]

c) Fraglich ist jedoch, ob der Swimming-Pool dem landwirtschaftlichen Betrieb des E dient. Bei der Auslegung des Begriffs **„Dienen"** ist zu berücksichtigen, dass der Außenbereich grundsätzlich nicht bebaut werden soll. Es reicht nicht, dass das Vorhaben nach den Vorstellungen des Landwirts für seinen Betrieb förderlich ist. Es muss allerdings auch nicht schlechthin unentbehrlich für den Betrieb sein. Innerhalb dieses Rahmens ist darauf abzustellen, ob ein **vernünftiger Landwirt** unter Berücksichtigung des Gebots größtmöglicher **Schonung des Außenbereichs** das Bauvorhaben mit etwa gleichem Verwendungszweck und mit etwa gleicher Gestaltung und Ausstattung für einen entsprechenden Betrieb errichten würde.[258] **129**

aa) **Unmittelbar** dient der geplante Swimming-Pool der Pensionspferdehaltung des E nicht.

bb) In Betracht kommt deswegen nur, dass der Swimming-Pool als Nebenanlage des Altenteilerhauses **mittelbar** an dessen Privilegierung teilnimmt. Altenteilerhäuser/-wohnungen sind privilegiert, weil es zum herkömmlichen Bild des landwirtschaftlichen Vollerwerbsbetriebs gehört, dass die frühere Generation der Hofinhaber nach Übergabe an die nächste Generation noch in gewissem Umfang mitarbeitet und so zur Betriebsfortführung beiträgt. Das Altenteilerhaus steht dem notwendigen Generationenwechsel zur Verfügung und dient damit dem landwirtschaftlichen Betrieb.[259] Ein Vorhaben dient dem landwirtschaftlichen Betrieb aber nur, soweit es **verkehrsüblich** ausgestattet ist.[260] Die bereits errichtete PKW-Garage ermöglicht die funktionsgerechte Nutzung des Altenteilerhauses **130**

---

253 BVerwG BRS 79 Nr. 111; BRS 18 Nr. 27; BRS 57 Nr. 98; BVerwGE 26, 121.

254 BVerwG BRS 79 Nr. 111; Mitschang/Reidt, in: Battis/Krautzberger/Löhr § 35 Rn. 13.

255 VGH München BRS 64 Nr. 91; VGH Mannheim BRS 64 Nr. 93.

256 BVerwG BRS 79 Nr. 111; BVerwGE 122, 308; Ziegler DVBl. 2013, 792.

257 Zur Pensionspferdehaltung: OVG Lüneburg RdL 2014, 233; VGH München, Urt. v. 28.08.2012 – 15 B 12.623, juris.

258 BVerwGE 41, 138; BVerwG BRS 59 Nr. 85; OVG Münster AUR 2014, 70; VGH Mannheim BWGZ 2013, 886.

259 BVerwG BRS 36 Nr. 80; 42 Nr. 83 m.w.N.

260 Söfker, in: Ernst/Zinkahn/Bielenberg § 35 Rn. 44.

und ist verkehrsüblich.[261] Ein Swimming-Pool ist in Deutschland jedoch weder bei Altenteilerhäusern noch in beplanten Gebieten verkehrsüblich. Die funktionsgerechte Nutzung einer Wohnung setzt keinen Pool voraus. Der Pool dient dem landwirtschaftlichen Betrieb auch nicht vermittelt über das Altenteilerhaus.

131 cc) Infrage käme allenfalls, den Pool als **Nebenanlage** zum Altenteilerhaus aufzufassen, auf die sich dessen Privilegierung erstreckt. Nach § 14 BauNVO sind untergeordnete Nebenanlagen grundsätzlich zulässig. § 14 BauNVO ist jedoch im Geltungsbereich des § 35 BauGB nicht anwendbar, weil es dort weder die von der Norm vorausgesetzten „Baugebiete" (vgl. § 14 Abs. 1 S. 1, § 1 Abs. 2 und 3 S. 1 BauNVO) gibt,[262] noch die Verordnungsermächtigung des § 9a BauGB, auf die die BauNVO gestützt ist, den Außenbereich erfasst.[263] Da § 35 Abs. 1 Nr. 1 BauGB den Sachverhalt abschließend regelt, fehlt es an der für eine Analogie erforderlichen Regelungslücke.

d) Der Swimming-Pool dient dem landwirtschaftlichen Betrieb des E nicht. Er stellt kein privilegiertes Vorhaben nach § 35 Abs. 1 Nr. 1 BauGB dar. Da auch die übrigen Privilegierungstatbestände von § 35 Abs. 1 BauGB nicht eingreifen, kann das Vorhaben nur nach § 35 Abs. 2 BauGB planungsrechtlich zulässig sein.

132 4. Die **„sonstigen Vorhaben"** können unter den Voraussetzungen des **§ 35 Abs. 2 BauGB** im Einzelfall zugelassen werden. Hiernach ist der Swimming-Pool unzulässig, wenn er einen der in § 35 Abs. 3 BauGB genannten Belange **„beeinträchtigt"**. Beeinträchtigt sind die Belange sehr leicht, denn der Außenbereich soll weitgehend von baulichen Anlagen freigehalten werden.[264] Die Belange müssen nicht wie bei privilegierten Vorhaben „entgegenstehen". Als generelle gesetzliche Planung verschafft § 35 Abs. 1 BauGB nur den privilegierten Vorhaben ein deutlich stärkeres Durchsetzungsvermögen gegenüber den öffentlichen Belangen.[265] Ist allerdings ein sonstiges Vorhaben nach Absatz 2 zulässig, besteht entgegen dem Gesetzeswortlaut („können") ein **Anspruch** auf Erteilung der Baugenehmigung.[266]

a) Der Swimming-Pool unterfällt keinem der Tatbestände des **§ 35 Abs. 4 BauGB**, der bestimmte Vorhaben begünstigt, indem ihnen einzeln benannte beeinträchtigte Belange i.S.v. Absatz 3 nicht entgegengehalten werden dürfen.[267] Die nicht ausgeschlossenen übrigen öffentlichen Belange bleiben weiter anwendbar.

261 Vgl. BVerwGE 72, 362; VGH Mannheim BWGZ 2013, 886.
262 VGH Mannheim BWGZ 2013, 886; OVG Lüneburg, Urt. v. 15.09.2011 – 1 LB 8/11, juris Rn. 47.
263 BVerwGE 106, 228.
264 BVerwGE 28, 268.
265 BVerwGE 48, 109; Mitschang/Reidt, in: Battis/Krautzberger/Löhr § 35 Rn. 63.
266 BVerwGE 18, 247; OVG Münster NVwZ-RR 2008, 682.
267 BVerwGE 139, 21.

§ 35 Abs. 4 BauGB soll dafür sorgen, dass im Außenbereich vorhandene Bausubstanz weiter sinnvoll genutzt werden kann.[268] **Nr. 1** erleichtert den Strukturwandel in der Landwirtschaft, indem er den Wechsel von einer privilegierten zu einer nicht privilegierten Nutzung ermöglicht.[269] **Nr. 2 und 3** gehen für Ersatzbauten über das hinaus, was der Bestandsschutz nach Art. 14 GG ergäbe, der solche nicht erfasst.[270] **Nr. 4** dient dem Bild der Kulturlandschaft, indem er erhaltenswerte Gebäude begünstigt (Burgen, Fachwerkhäuser, Windmühlen usw.);[271] ähnlich wirkt § 35 Abs. 4 S. 2 BauGB.[272] Nach **Nr. 5** dürfen Wohngebäude auf zwei Wohnungen erweitert werden und **Nr. 6** erlaubt die bauliche Erweiterung eines vorhandenen Gewerbebetriebs im Außenbereich. **133**

Gemeindliche **Außenbereichssatzungen** nach § 35 Abs. 6 BauGB (nicht zu verwechseln mit Satzungen nach § 34 Abs. 4 BauGB, die Baurechte begründen) wirken zumindest in der Rechtsfolge ähnlich wie eine Teilprivilegierung nach § 35 Abs. 4 BauGB. **134**

b) Es liegt nahe, dass der Pool die **natürliche Eigenart** der ihn umgebenden **Landschaft** beeinträchtigt, die § 35 Abs. 3 S. 1 Nr. 5 Var. 4 BauGB schützt. Sie ist schon dann beeinträchtigt, wenn die für das Vorhaben geplante Fläche derzeit außenbereichsentsprechend naturgegeben, also **landwirtschaftlich genutzt** wird und nichts darauf hindeutet, dass sie die Eignung für diese Nutzung demnächst einbüßen wird.[273] Die gesamte Umgebung des Vorhabens wird für die Landwirtschaft (Pensionspferdehaltung) genutzt. In einer solchermaßen landwirtschaftlich geprägten Umgebung ist ein Schwimmbecken wesensfremd und beeinträchtigt die Landschaft funktional, d.h. unabhängig von der optischen Beeinträchtigung (die Verunstaltung ist in § 35 Abs. 3 S.1 Nr. 5 Var. 5 BauGB gesondert geregelt).[274] **135**

5. Auf die weiteren Voraussetzungen des § 35 Abs. 1 und 2 BauGB, insbesondere die **Erschließung**, kommt es nicht mehr an. **136**

Die Anforderungen an die Erschließung sind bei privilegierten Vorhaben gering („ausreichende Erschließung"); Strom- und Wasserversorgung sowie die Abwasserbeseitigung sowie ein Mindestmaß an Zugänglichkeit für Kfz. genügen.[275] Bei sonstigen Vorhaben gelten strengere Anforderungen: hier muss die Erschließung „gesichert" sein (Wechselwirkung mit § 35 Abs. 3 S. 1 Nr. 4 BauGB), die Gemeinde darf hier sogar das Erschließungsangebot des Bauwilligen ablehnen.[276]

II. B erteilt E die Auskunft, dass der Swimming-Pool bauplanungsrechtlich unzulässig ist, weil er weder nach § 35 Abs. 1 BauGB privilegiert noch nach § 35 Abs. 2 BauGB als sonstiges Vorhaben ausnahmsweise im Außenbereich zulässig ist.

---

268 BVerwGE 106, 228; 107, 264; Stüer DVBl. 2006, 403.

269 BVerwG BRS 39 Nr. 86.

270 BVerwGE 42, 8; der „überwirkende Bestandsschutz" und die „eigentumskräftig verfestigte Anspruchsposition" aus der früheren Rspr. des BVerwG (vgl. BVerwGE 47, 126) sind nach Einführung von § 35 Abs. 4 S. 1 Nr. 3 BauGB inzwischen als eigenständiger Zulassungstatbestand aufgegeben, vgl. BVerwGE 106, 228.

271 BVerwG BRS 55 Nr. 77.

272 Dazu Battis/Mitschang/Reidt NVwZ 2013, 961, 965 f.

273 BVerwGE 116, 169; OVG Münster Beschl. v. 25.02. 2014 – 2 A 1295/13, juris.

274 VGH Mannheim BWGZ 2013, 886.

275 BVerwG BRS 44 Nr. 75; Söfker, in: Ernst/Zinkahn/Bielenberg § 35 BauGB Rn 69.

276 BVerwGE 74, 19.

B. Weitere privilegierte Vorhaben i.S.v. § 35 Abs. 1 BauGB

I. Ortsgebundene Betriebe, § 35 Abs. 1 Nr. 3 BauGB

137 Sowohl die im 1. Halbsatz von § 35 Abs. 1 Nr. 3 BauGB genannten öffentlichen Versorgungsanlagen (Strom, Wasser, Gas, Telekommunikation usw.) als auch die gewerblichen Betriebe (2. Halbsatz) müssen grundsätzlich **ortsgebunden** sein. Ortsgebunden ist ein Betrieb nur, wenn er ausschließlich an der fraglichen Stelle betrieben werden kann, weil er auf geographische oder geologische Eigenheiten angewiesen ist.[277] Bei den Gewerbebetrieben (städtebaulicher, nicht gewerberechtlicher Begriff[278]) genügt nicht, dass der Betrieb aus Rentabilitätsgründen besonders gut oder zweckmäßig an der fraglichen Stelle zu betreiben ist, im Übrigen aber auch anderswo im Außenbereich untergebracht werden könnte.[279]

Erfasst sind also nur Bergwerke, Bohrtürme, Kiesgruben, Steinbrüche, Ziegeleien, Torfstechereien usw. Nicht erfasst sind Konservenfabriken, Sägewerke oder Zuckerfabriken. Windkraftanlagen werden von Nr. 3 nicht erfasst,[280] wohl aber von der spezielleren Nr. 5.

Bei **Mobilfunksendeanlagen** wird die strenge Ortsgebundenheit durch die (schwächere) **Raum- und Gebietsgebundenheit** ersetzt, weil die Funkanlagen in einem bestimmten Radius (Wabenstruktur des Mobilfunknetzes) grundsätzlich an beliebiger Stelle errichtet werden können. Das Gebot der größtmöglichen Schonung des Außenbereichs verpflichtet den Betreiber unter Verhältnismäßigkeitsgesichtspunkten aber nur dazu, einen Standort im Innenbereich zu wählen, soweit ihm das zumutbar ist.[281]

II. Sonstige privilegierte Vorhaben, § 35 Abs. 1 Nr. 4 BauGB

138 § 35 Abs. 1 Nr. 4 BauGB privilegiert als **Auffangtatbestand**[282] (Nr. 1–3 und 5–8 gehen vor) Vorhaben, die aus bestimmten, einzeln benannten Gründen nur im Außenbereich ausgeführt werden **sollen**. Entscheidend ist, ob das konkrete Vorhaben wegen seiner besonderen Zweckbestimmung „hier und so" sinnvoll nur im Außenbereich untergebracht werden kann.

Wenn ein Vorhaben auf einen Standort im Innenbereich verwiesen werden kann, ist es nicht auf die Inanspruchnahme des Außenbereichs angewiesen.[283] Dabei kommt es nicht auf die Beschaffenheit von Innenbereichen im Allgemeinen an, sondern auf die Beschaffenheit des Innenbereichs in der jeweiligen Gemeinde.[284] Es genügt nicht, wenn das Vorhaben vernünftigerweise im Außenbereich untergebracht wird. Es muss nach Lage der Dinge notwendigerweise im Außenbereich ausgeführt werden, weil es mindestens einen der in Absatz 1 Nr. 4 genannten Gründe erfüllt.[285]

---

277 BVerwGE 147, 37; 96, 95.

278 Mitschang/Reidt, in: Battis/Krautzberger/Löhr § 35 Rn. 31.

279 BVerwGE 147, 37.

280 BVerwGE 96, 95.

281 BVerwGE 147, 37 (die Eigentümer von Innenbereichsgrundstücken verweigern diese als Standorte); Muckel, JA 2014, 397; Linke NVwZ 2013, 1291.

282 Decker JA 2014, 481, 486; Jäde, in: Jäde/Dirnberger/Weiss § 35 Rn. 58.

283 BVerwGE 50, 346; 48, 109; 34, 1.

284 BVerwG BauR 2014, 1129; BRS 40 Nr. 74.

285 BVerwG BRS 78 Nr. 115; Achatz DVBl. 2013, 73.

Klassischer Fall einer „Schein-Privilegierung“: Ein **Wochenendhaus** im Wald wäre zwar der Erholung dienlich, aber diese Nutzungsart unterscheidet sich nicht von der Bebauung mit Wohngebäuden allgemeiner Art und fällt nicht unter § 35 Abs. 1 Nr. 4 BauGB.[286]

§ 35 Abs. 1 Nr. 4 BauGB unterscheidet sich von den übrigen zweckgebundenen Privilegierungstatbeständen insofern, als die Regelung allein darauf abstellt, ob die Verwirklichung im Außenbereich geboten ist. Diese tatbestandliche Weite muss durch erhöhte Anforderungen an die übrigen Privilegierungsvoraussetzungen ausgeglichen werden. Sonst wird das gesetzgeberische Ziel verfehlt, den Außenbereich vor einer unangemessenen Inanspruchnahme zu schützen.[287] Das Tatbestandsmerkmal des „Sollens“ verlangt, dass eine Privilegierung als Bevorzugung unter dem Blickwinkel des **Gleichheitssatzes** gerechtfertigt ist.[288] Es sollen nur Vorhaben mit singulärem Charakter erfasst sein, die keiner Planung bedürfen.[289] Eine Privilegierung **scheidet aus**, wenn das Vorhaben vornehmlich dazu dient, **individuelle Bedürfnisse** zu befriedigen, soweit die Verwirklichung nicht zugleich auch im überwiegenden allgemeinen Interesse liegt.[290] Dieses kann gegeben sein, wenn das Vorhaben der Erholungsfunktion des Außenbereichs für eine **unbeschränkte Allgemeinheit** zugute kommt. 139

Damit scheiden aus: Camping-/Zeltplatz;[291] Wildpark;[292] Schießanlage für Sportschützen;[293] Hundesportanlage.[294] Zulässig können sein: Jagdhütte im Jagdbezirk (öff. Interesse an der Jagdausübung);[295] Aussichtstürme, Bergwacht-, und öffentliche Berghütten, Almgaststätten, Skihütte[296] zur Grundversorgung.[297]

III. Rückbauverpflichtung und deren Sicherstellung, § 35 Abs. 5 BauGB

Mit Ausnahme von land- und forstwirtschaftlichen Vorhaben sind alle nach § 35 Abs. 1 BauGB privilegierten Vorhaben nach § 35 Abs. 5 S. 2 und 3 BauGB nur zulässig, wenn der Bauherr eine Verpflichtungserklärung mit dem Inhalt abgibt, das Vorhaben nach dauerhafter Aufgabe der zulässigen Nutzung **zurückzubauen** und **Bodenversiegelungen zu beseitigen**. Nach § 35 Abs. 5 S. 3 BauGB soll die Bauaufsichtsbehörde zusätzlich noch eine finanzielle Sicherheitsleistung (vgl. § 232 BGB) verlangen. Der Grund für diese Anforderungen liegt darin, dass die Betreiber von Außenbereichsvorhaben (z.B. Zweckgesellschaften bei Windenergieanlagen) nach Ablauf der Nutzungsdauer häufig vermögenslos sind und keine ausreichenden öffentlichen Mittel zur Verfügung stehen, um die Anlagen abzureißen und dem Außenbereich seine ursprüngliche Funktion zurückzugeben.[298] § 35 Abs. 5 S. 2 und 3 BauGB stellen eigenständige bundesrechtliche Ermächti- 140

286 BVerwGE 18, 247.
287 BVerwGE 96, 95.
288 BVerwG BRS 52 Nr. 76.
289 BVerwGE 96, 95; BVerwG BRS 63 Nr. 109.
290 BVerwG BRS 78 Nr. 115.
291 BVerwGE 48, 109.
292 BVerwG BRS 76 Nr. 97; VGH München BayVBl 2010, 565.
293 BVerwG BVerwG BRS 79 Nr. 115; BRS 74 Nr. 108.
294 BVerwG BRS 52 Nr 79.
295 BVerwG BRS 39 Nr. 80.
296 BVerwG BRS 76 Nr. 97; VGH München NVwZ 2013, 311.
297 Vgl. Jäde, in: Jäde/Dirnberger/Weiss § 35 Rn 70 m.w.N.
298 Vgl. BT-Drs 15/2250 S. 56.

gungsgrundlagen dar, auf die das Sicherungsverlangen unabhängig von speziellen Ermächtigungen in den LBauO (z.B. § 71 Abs. 3 S. 2 Nr. 2 BauO LSA, § 67 Abs. 3 S. 3 BbgBO, § 72 Abs. 3 S. 2 SächsBO und § 70 Abs. 3 S. 2 ThürBO) gestützt werden kann (z.B. Wirksamkeit der Baugenehmigung wird unter die aufschiebende Bedingung der Verpflichtungserklärung und Sicherheitsleistung gestellt).[299]

C. Öffentliche Belange, § 35 Abs. 3 BauGB

141 § 35 Abs. 3 BauGB zählt die **öffentlichen Belange** nicht abschließend, sondern nur beispielhaft („insbesondere") auf.[300] Es handelt sich um einen unbestimmten Rechtsbegriff, der voller gerichtlicher Kontrolle unterliegt. Sein Zweck besteht darin, die Außenbereichsverträglichkeit von Vorhaben sicherzustellen.

142 Ist im FPlan wie im Außenbereich üblich eine **„Fläche für die Landwirtschaft"** dargestellt (§ 35 Abs. 3 S. 1 Nr. 1 BauGB), steht das einem privilegierten Vorhaben nach § 35 Abs. 1 BauGB regelmäßig nicht entgegen, weil es sich hierbei nicht um die dazu erforderliche **qualifizierte Standortzuweisung**[301] handelt.[302] Bei sonstigen Vorhaben gemäß § 35 Abs. 2 BauGB ist der FPlan uneingeschränkt zu berücksichtigen.[303]

143 Der Begriff der **„schädlichen Umwelteinwirkungen"** (§ 35 Abs. 3 S. 1 Nr. 3 BauGB) verweist auf die Legaldefinition des § 3 Abs. 1 BImSchG.[304] Schädliche Umwelteinwirkungen sind Immissionen, die nach Art, Ausmaß oder Dauer geeignet sind, Gefahren, erhebliche Nachteile oder erhebliche Belästigungen für die Allgemeinheit oder die Nachbarschaft herbeizuführen. Die übrigen Absätze von § 3 BImSchG differenzieren diese Begriffe weiter aus. Solche Umwelteinwirkungen sind den Betroffenen grundsätzlich nicht zumutbar. Die Zumutbarkeitsgrenze ist im Einzelfall durch eine Gesamtabwägung zu ermitteln. Grenzwerte in technischen Normen (DIN-Normen, VDE-Normen usw.) können als (tatrichterliche) Orientierungshilfe herangezogen werden.[305] Den auf § 48 BImSchG beruhenden Vorschriften (z.B. TA Lärm) kommt sogar bindende Wirkung im gerichtlichen Verfahren zu.[306]

144 Auch wenn es dort nicht wörtlich aufgeführt ist, enthält § 35 Abs. 3 S. 1 Nr. 3 BauGB auch das baurechtliche **Gebot der Rücksichtnahme.** Die in der Norm genannten schädlichen Umwelteinwirkungen sind nämlich nichts anderes als die Konkretisierung des Rücksichtnahmegebots, das als öffentlicher Belang entgegenstehen kann.[307] Es betrifft deswegen auch Fälle, in denen nicht schädliche Umwelteinwirkungen, sondern sonstige nachteilige Wirkungen in Rede stehen,[308] z.B. optisch bedrängende Wirkungen.[309]

---

299 BVerwGE 144, 341.
300 BVerwGE 28, 268.
301 BVerwGE 77, 300; 68, 311.
302 BVerwG BRS 50 Nr. 98.
303 BVerwGE 18, 247. Der FPlan wirkt hier genauso verhindernd wie ein BPlan.
304 BVerwGE 129, 209; 52, 122.
305 BVerwGE 141, 293 m.w.N.
306 BVerwG BauR 2014, 1129; BVerwGE 145, 145; 129, 209.
307 BVerwGE 28, 268; 52, 122; BVerwG BRS 55 Nr. 168.
308 BVerwG BRS 67 Nr. 107; BRS 38 Nr. 186, BRS 40 Nr. 199.
309 OVG Münster BRS 70 Nr. 175.

Beispiele: Heranrückende Wohnbebauung ist gegenüber einem bestehenden emittierenden Schweinemastbetrieb im Außenbereich rücksichtslos;[310] privilegierte landwirtschaftliche emittierende Tierhaltung im Außenbereich ist in der Nähe bereits erschlossener Wohnbaugebiete rücksichtslos;[311] ein Wolfsgehege ist wegen nächtlichen Geheuls rücksichtslos, auch wenn Wohnhäuser im Außenbereich geringeren Schutz genießen.[312]

§ 35 Abs. 3 S. 1 Nr. 7 BauGB stellt sich der Zersiedelung des Außenbereichs entgegen, indem er **„Splittersiedlungen"** unterbindet. Eine Splittersiedlung ist eine zusammenhanglose, unorganische Streubebauung.[313] Hierzu gehört jeder Siedlungsansatz, dem das Gewicht für einen Ortsteil i.S.v. § 34 BauGB fehlt.[314] Ein einzelner **Siedlungssplitter**, also das erste Bauvorhaben außerhalb des Innenbereichs, verwirklicht bereits die Nr. 7.[315] Der Belang, eine Splittersiedlung zu vermeiden, kann auch einem privilegierten Vorhaben entgegenstehen.[316] 145

Prüfungsfolge Außenbereichsvorhaben, § 35 BauGB

I. **Anwendbarkeit** § 35 BauGB – Bauliche Anlage i.S.v. § 29 Abs. 1 BauGB

II. Baugrundstück im **Außenbereich**

1. Kein BPlan-Gebiet (Ausnahme: einfacher BPlan nach § 30 Abs. 3 BauGB)
2. Kein Innenbereich i.S.v. § 34 BauGB

III. **Privilegiertes** Vorhaben, § 35 Abs. 1 BauGB

1. Vorhaben nach § 35 Abs. 1 Nr. 1 bis 8 BauGB (restriktive Auslegung)
2. Kein Entgegenstehen öffentlicher Belange, § 35 Abs. 3 BauGB
3. Ausreichende Erschließung gesichert
4. Rückbausicherung, § 35 Abs. 5 BauGB

IV. **Sonstiges** Vorhaben, § 35 Abs. 2 BauGB

1. Keine Beeinträchtigung öffentlicher Belange, § 35 Abs. 3 BauGB (aber: Abs. 4)
2. Gesicherte Erschließung

310 VGH München BRS 64 Nr. 185.
311 OVG Münster BauR 2013, 1251.
312 OVG Münster BRS 70 Nr. 133.
313 BVerwGE 27, 137; BVerwG VerwRspr 28, 580.
314 BVerwGE 54, 73.
315 BVerwG VerwRspr 28, 580; Jäde, in: Jäde/Dirnberger/Weiss § 35 Rn. 226.
316 BVerwG BRS 79 Nr. 113.

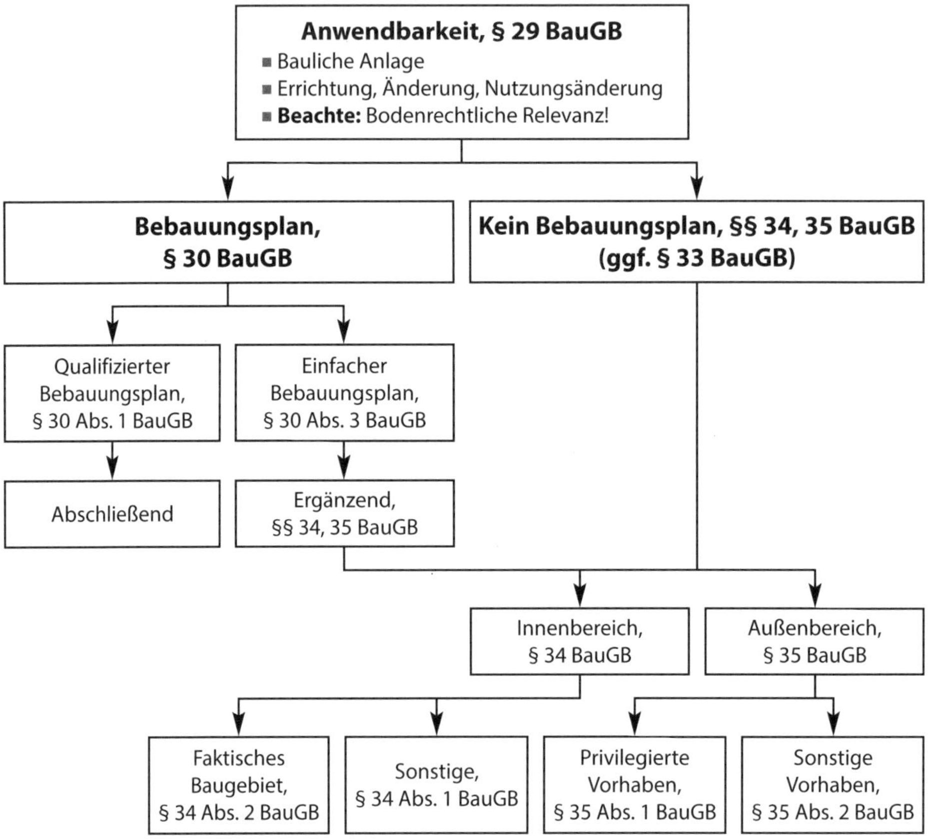
Anwendbarkeit, § 29 BauGB
Bauliche Anlage
Errichtung, Änderung, Nutzungsänderung
Beachte: Bodenrechtliche Relevanz!
Bebauungsplan, § 30 BauGB
Kein Bebauungsplan, §§ 34, 35 BauGB (ggf. § 33 BauGB)
Qualifizierter Bebauungsplan, § 30 Abs. 1 BauGB
Einfacher Bebauungsplan, § 30 Abs. 3 BauGB
Abschließend
Ergänzend, §§ 34, 35 BauGB
Innenbereich, § 34 BauGB
Außenbereich, § 35 BauGB
Faktisches Baugebiet, § 34 Abs. 2 BauGB
Sonstige, § 34 Abs. 1 BauGB
Privilegierte Vorhaben, § 35 Abs. 1 BauGB
Sonstige Vorhaben, § 35 Abs. 2 BauGB

Kurz und bündig: Baugenehmigungsanspruch (§§ 34, 45 BauGB)

Prüfungsaufbau

I. Anspruchsgrundlage: Genehmigungsnorm der LBauO

II. Baugenehmigung erforderlich: nach LBauO grundsätzlich ja, außer wenn ausnahmsweise genehmigungsfrei (kurz ausdrücklich feststellen)

III. Anspruch auf Baugenehmigung besteht, wenn dem Bauvorhaben keine öff.-rechtl. Vorschriften entgegenstehen, die nach LBauO zu prüfen sind

1. Vorhaben formell rechtmäßig beantragt
   a) sachliche Zuständigkeit untere Bauaufsichtsbehörde nach LBauO
   b) örtliche Zuständigkeit nach LBauO, allgemeines Ordnungsrecht oder § 3 LVwVfG
   c) schriftlicher Antrag: LBauO
2. Vorhaben materiell rechtmäßig (v. a. bauordnungs- und bauplanungsrechtlich)
   a) Vorhaben (Errichtung, Änderung, Nutzungsänderung oder Abbruch) einer bauliche Anlage (§ 2 LBauO)
   b) falls Gemeinde nicht Baugenehmigungsbehörde ist: Einvernehmen der Gemeinde erteilt nach § 36 Abs. 1 BauGB (im Prozess: Beiladung der Gemeinde, verweigertes Einvernehmen wird durch Urteil ersetzt)
   c) Bauplanungsrechtliche Zulässigkeit gemäß §§ 29-35 BauGB
   d) Bauordnungsrechtliche Zulässigkeit gemäß LBauO
   e) Sonstige öffentlich-rechtliche Fachgesetze, soweit sie spezielle Vorschriften zu Bauvorhaben enthalten (z.B. BImSchG, DenkmalSchG, BNatSchG, FStrG) und nach LBauO zu prüfen sind

Bauplanungsrechtliche Zulässigkeit, §§ 34, 35 BauGB

I. Anwendbarkeit der §§ 30 ff. BauGB gemäß § 29 Abs. 1 BauGB („bauliche Anlage")

etwas enger als § 2 LBauO, da es im BauGB nur um städtebauliche Relevanz geht → Belange des § 1 Abs. 5, 6 BauGB mehr als nebenbei berührt? Faustregel: immer, außer bei Bagatellanlagen

II. § 34 BauGB (unbeplanter Innenbereich)

1. kein B-Plan i.S.d. § 30 Abs. 1 und 2 BauGB vorhanden
2. „Vorhaben innerhalb der im Zusammenhang bebauten Ortsteile", § 34 Abs. 1 S. 1 BauGB (← Abgrenzung zum Außenbereich, § 35 BauGB)
   a) Ortsteil: Bebauungskomplex (Wohnhäuser) – gewisses Gewicht durch Gebäudeanzahl (mind. 4) – organische Siedlungsstruktur (Erschließungsanlagen, Läden)

      Gegenbegriff Splittersiedlung: wenige Gebäude – Anordnung eher zufällig – nichts Gewachsenes
   b) im Zusammenhang bebaut: tatsächlich aufeinanderfolgende Bebauung; Baulücken egal, wenn Eindruck der Geschlossenheit und Zusammengehörigkeit (Zusammenhang endet mit dem letzten Haus)
3. falls Gebiet BauNVO-Gebiet entspricht → Art der baulichen Nutzung nur nach BauNVO, § 34 Abs. 2 BauGB Spezialregelung ← verdrängt insofern Abs. 1 („einfügen" nicht mehr gesondert prüfen); BauNVO = Ersatz-BPlan
   a) Bauten der Umgebung entsprechen den Regelbeispielen des jeweiligen Gebiets nach §§ 2–9 BauNVO (i.d.R. eindeutig aus dem Sachverhalt erkennbar) → BauNVO durchprüfen, einschl. Ausnahmen (jeweils Absatz 3 i.V.m. § 31 Abs. 1 BauGB) und § 15 Abs. 1 S. 2 BauNVO
   b) Maß, Bauweise, überbaubare Grundstücksfläche muss sich „einfügen" (s.u. 4 c)

Kurz und bündig: Baugenehmigungsanspruch (Fortsetzung)

4. falls Gebiet keinem BauNVO-Gebiet entspricht (Gemengelage) → Nutzung muss sich in die Eigenart der näheren Umgebung einfügen

   ja, wenn bodenrechtlich prägender Rahmen der Umgebungsbebauung eingehalten = Vorbild vorhanden; nein, wenn Vorhaben Störungen begründet oder erhöht (bei erstem Vorhaben dieser Art: negative Vorbildwirkung für Folgevorhaben), löst es bodenrechtlich beachtliche Spannungen (Gegenbegriff) aus

   a) nähere Umgebung: unmittelbare Nachbarschaft plus Wirkungsbereich des Vorhabens

   b) Eigenart: prägender Rahmen (nicht prägend: Untergeordnetes, Fremdkörper)

   c) einfügen nach Art und Maß der Nutzung: Vorbild

   d) Überschreitung des prägenden Rahmens ausnahmsweise unerheblich, wenn Situation nicht verschlechtert wird ↔ trotz Einhaltung des Rahmens kein „Einfügen", wenn doch Rücksichtnahmegebot verletzt, vgl. § 15 Abs. 1 BauNVO.

III. § 35 BauGB (Außenbereich)

1. kein B-Plan (§ 30 BauGB), kein Innenbereich (§ 34 BauGB)

2. Privilegiertes Vorhaben nach § 35 Abs. 1 BauGB ← regelmäßig zulässig

   a) § 35 Abs. 1 Nr. 1 BauGB: „Landwirtschaft" in § 201 BauGB legaldefiniert

   b) § 35 Abs. 1 Nr. 4 BauGB ist Auffangtatbestand (← zuletzt prüfen) und zur größtmöglichen Schonung des Außenbereichs (vgl. § 35 Abs. 5 S. 1 BauGB) eng auslegen (Außenbereich absolut zwingend?)

   c) öffentliche Belange (§ 35 Abs. 3 BauGB) stehen nicht entgegen (selten)

   d) ausreichende Erschließung gesichert (nur Mindestanforderungen)

   e) ggs. Rückbausicherung (§ 35 Abs. 5 BauGB)

3. Sonstiges Vorhaben nach § 35 Abs. 2 BauGB? nur ausnahmsweise zulässig

   a) keine Beeinträchtigung öffentlicher Belange, § 35 Abs. 3 BauGB (sind regelmäßig beeinträchtigt)

      Rücksichtnahmegebot in § 35 Abs. 3 Nr. 3 BauGB prüfen („schädliche Umwelteinwirkung" in § 3 BImSchG definiert)

   b) Beeinträchtigung ausnahmsweise unbeachtlich nach § 35 Abs. 4 BauGB (teilprivilegiertes Vorhaben); Sinn: vorhandene Bausubstanz soll weiter sinnvoll genutzt werden können

   c) Rechtsfolge: sofern zulässig, bedeutet können (§ 35 Abs. 2 GG) wegen Art. 14 GG müssen = Anspruch auf Baugenehmigung

Bauvorbescheid/Bebauungsgenehmigung

vorweggenommener Teil der Baugenehmigung → spätere Rechtsänderungen egal; wird Inhalt der Baugenehmigung (→ erneute Nachbaranfechtung der Baugenehmigung nötig; Rechtsschutzinteresse für isolierte Anfechtung des Vorbescheids trotzdem erhalten)

8. Abschnitt: Bestandsschutz

Ist ein Gebäude einmal errichtet, stellt es einen Vermögenswert dar, der – im Grundsatz fraglos – als status quo vom Eigentumsgrundrecht des Art. 14 GG geschützt ist. Fraglich ist jedoch, wie weit dieser Schutz geht, wenn sich die tatsächliche und/oder die rechtliche Lage seit der Errichtung verändert hat. Soll ein bestehendes Gebäude erweitert/ausgebaut/wiedererrichtet werden, eine seit langem ausgeübte Nutzung nach langer Zeit (verändert/unverändert) wieder aufgenommen werden, aber lässt das heute geltende Baurecht diese Maßnahmen nicht mehr zu, ist nach dem **Bestandsschutz** gefragt. 146

Auch wenn die Rechtsfigur des Bestandsschutzes auch in anderen Rechtsgebieten bedeutsam ist (z.B. Gewerbe- und Immissionsschutzrecht, Arbeits- und Tarifvertragsrecht usw.), wird er vor allem im Baurecht fortentwickelt,[317] weil Gebäude typischerweise Jahrzehnte, häufig sogar Menschenleben überdauern.

Weder in den Baugesetzen noch im Grundgesetz findet sich der Begriff „Bestandsschutz". Er ist ursprünglich von der Rechtsprechung anhand von Art. 14 GG entwickelt worden. Danach ergaben sich unmittelbar aus Art. 14 GG, also unabhängig vom einfachen Baurecht, Ansprüche auf Baugenehmigungen[318] und Abwehrrechte gegen Bauordnungsverfügungen.

Wesentliche Bedeutung für den **heutigen** baurechtlichen Bestandsschutz hat die Rezeption der Nassauskiesungsentscheidung des BVerfG[319] durch die baurechtliche Rechtsprechung, die in den 1990er Jahre erfolgte. In der Nassauskiesungsentscheidung hat das BVerfG den normgeprägten Eigentumsbegriff entwickelt. Danach ergeben sich Inhalt und Schranken des Eigentums aus der Gesamtheit der die Eigentumsnutzung bestimmenden Normen, die zu einem bestimmten Zeitpunkt gelten. Der Bestandsschutz richtet sich mithin auch nur nach einfachem, nicht unmittelbar nach Verfassungsrecht.[320] Art. 14 GG hat nur noch insofern Bedeutung, dass die einfachen Rechtsvorschriften seinen Anforderungen genügen müssen (falls nein: Vorlage gemäß Art. 100 GG). Das BVerwG hat 1998 auch im Baurecht endgültig vom verfassungsunmittelbaren Bestandsschutz Abschied genommen.[321] Baurechtlichen Bestandsschutz vermitteln damit nur die Vorschriften des einfachen (Bau-)Rechts.[322] 147

Wegen dieses Paradigmenwechsels muss beim Rückgriff auf **Rspr. vor 1998** darauf geachtet werden, ob diese nicht noch auf dem inzwischen aufgegebenen unmittelbar verfassungsrechtlich abgeleiteten Bestandsschutz beruht. Die Umsetzung des nur noch einfachrechtlichen Bestandsschutzes in der fachgerichtlichen Rechtsprechung aller drei Instanzen dauert bis heute an und erfolgt nicht immer dogmatisch konsequent.[323]

---

317 Vgl. Lindner DÖV 2014, 313; Bahnsen, Der Bestandsschutz im öffentlichen Baurecht (2011); Walker, Bestandsschutz im Baurecht (2009); Brenndörfer, Reichweite und Grenzen des baurechtlichen Bestandsschutzes (2008); Decker BayVBl. 2011, 517; Jäde BayVBl. 2007, 641; Lieder ThürVBl. 2004, 81; Dreier Verw 36, 105.

318 BVerwGE 50, 49: „überwirkender Bestandsschutz"; BVerwGE 26, 111: „Genehmigung aus eigentumskräftig verfestigter Anspruchsposition"; zusammenfassend: BVerwGE 47, 126.

319 BVerfGE 58, 300; dazu Lege JZ 2011, 1084.

320 BVerfGE 104, 1; 115, 97.

321 BVerwGE 106, 228; deutlich früher hatte es schon die davor gängige Ableitung von Nachbarrechten unmittelbar aus Art. 14 GG aufgegeben: BVerwGE 89, 69.

322 Vgl. Decker BayVBl. 2011, 517, 519; Finkelnburg/Ortloff/Otto S. 177; Muckel/Ogorek § 7 Rn. 197.

323 Jäde BayVBl. 2007, 641, 642.

Begrifflichkeiten

148 ■ **Formeller Bestandsschutz:** Es liegt eine bestandskräftige Baugenehmigung für das Gebäude vor, mag diese auch rechtswidrig sein. Das Gebäude darf trotz späterer Rechts- oder Tatsachenänderungen in der genehmigten Form genutzt werden, solange keine Veränderungen vorgenommen werden sollen, die nach der LBauO ihrerseits eine neue Baugenehmigung erfordern. Formeller Bestandsschutz besteht nicht oder nur eingeschränkt, soweit ein Vorhaben genehmigungsfrei war oder nur im vereinfachten Verfahren genehmigt worden ist.

■ **Materieller Bestandsschutz:** Die bauliche Anlage war irgendwann in der Vergangenheit über einen gewissen Zeitraum (in Anlehnung an § 75 S. 2 VwGO: drei Monate[324]) materiell, also bauplanungsrechtlich rechtmäßig, auch wenn das erforderliche Baugenehmigungsverfahren nicht durchgeführt worden ist.

■ **Passiver Bestandsschutz:** Abwehr von Ordnungsverfügungen, die auf geänderten Anforderungen beruhen, wenn es nur um die Fortführung der bisherigen Nutzung der baulichen Anlage geht.[325]

■ **Aktiver Bestandsschutz:** Anspruch auf Genehmigung baulicher Maßnahmen, die der Erweiterung des vorhandenen Bestands zum Schutz der Funktion der baulichen Anlage dienen.

149 **Einfachrechtlichen** Bestandsschutz vermitteln somit die Vorschriften der **LBauO**, z.B. über die Baugenehmigung (Tatbestands- und Feststellungswirkung bzgl. der Übereinstimmung mit den zu prüfenden öffentlich-rechtlichen Vorschriften), sie enthalten aber auch Einschränkungen, wenn etwa – zum Schutz höchstwertiger Rechtsgüter – trotz Genehmigung nachträgliche Änderungen verlangt werden dürfen (z.B. zweiter Rettungsweg, Feuerleiter usw.). Aus dem BauGB ist beispielsweise **§ 34 Abs. 1 BauGB** zu nennen, bei dem das Grundstück mit einer nicht mehr vorhandenen Bebauung (Brand, Abriss) noch für eine gewisse Zeit den Bebauungszusammenhang (Innenbereich) nicht verlässt.[326] Gleiches gilt für § 34a Abs. 3a BauGB[327] und § 35 Abs. 4 BauGB,[328] die jeweils den Bestandsschutzgedanken bauplanungsrechtlich abschließend umsetzen.

Hinweis: *In der Fallbearbeitung empfiehlt es sich, die Gesichtspunkte, die unter „Bestandsschutz" diskutiert werden, an der jeweils tatbestandlich passenden Stelle zu erörtern, ggf. mit einem Hinweis auf den Bestandsschutzgedanken. In keinem Fall sollten umfängliche dogmatische Ausführungen gemacht werden, die letztlich zu nichts führen.*

324 Vgl. Finkelnburg/Ortloff/Otto S. 179.
325 Stollmann § 2 Rn. 5 f.
326 BVerwGE 75, 34.
327 BVerwG BRS 71 Nr. 111.
328 BVerwGE 139, 21.

3. Teil: Bauaufsichtliche Ordnungsverfügungen

Das Baugenehmigungsverfahren befasst sich mit der rein präventiven Kontrolle der 150
Bautätigkeit, indem es als präventives Verbot mit Erlaubnisvorbehalt ansetzt, bevor der Bauherr beginnt, sein Vorhaben auszuführen. Die Bauaufsicht übt ihre Kontrollfunktion aber auch während der Bauausführung und nach der Fertigstellung der baulichen Anlage aus. Ihre Bedeutung hat mit der Zurückdrängung des Genehmigungsverfahrens zugenommen.[329] Die generell bestehende Überwachungspflicht ergibt sich aus ihrer allgemeinen gesetzlichen Aufgabenbeschreibung. Danach haben die Bauaufsichtsbehörden – je nach LBauO leicht variiert – bei der Errichtung, Änderung, Nutzungsänderung und Beseitigung sowie bei der Nutzung und Instandhaltung von Anlagen darüber zu wachen, dass die öffentlich-rechtlichen Vorschriften und die auf Grund dieser Vorschriften erlassenen Anordnungen eingehalten werden.

47	54	58	52	58	58	53	58	76	61	59	57	58	57	59	78

Stellt die Bauaufsicht fest, dass gegen öffentliches Baurecht verstoßen wird, kann sie 151
Ordnungsverfügungen gegen den Bauherrn erlassen, um wieder baurechtskonforme Zustände herzustellen. Die (klausur-)typischen Bauordnungsverfügungen sind nach der Schwere des Eingriffs gereiht:

- **Stilllegungsverfügung** – Einstellung rechtswidriger Bauarbeiten
- **Nutzungsuntersagung** – Verbot einer bestimmten (geänderten) Nutzung
- **Beseitigungsanordnung** – Abriss einer rechtswidrigen baulichen Anlage

Eine Bauordnungsverfügung ist der Sache nach nichts anderes als eine „normale" polizei- oder ordnungsrechtliche Verfügung zur Gefahrenabwehr, deren tatbestandliche Voraussetzung nicht allgemein in der Gefahr für die öffentliche Sicherheit, sondern in einem Verstoß gegen baurechtliche Vorschriften besteht. Die Prüfungsfolge bleibt gleich.

Prüfungsfolge Bauordnungsverfügung

I. Ermächtigungsgrundlage der LBauO

II. Formelle Rechtmäßigkeit

1. Zuständigkeit
2. Verfahren
3. Form

III. Materielle Rechtmäßigkeit

1. Verstoß gegen öffentliches Baurecht (formelle/materielle Illegalität)
2. Adressat
3. Rechtsfolge: Ermessen/Verhältnismäßigkeit

329 Wenzel, in: Rabe/Pauli/Wenzel Abschn. F Rn. 18.

152 Die LBauOen setzen nach ihrem Wortlaut für alle drei Arten von Ordnungsverfügungen gleichermaßen nur einen **Verstoß oder Widerspruch gegen öffentlich-rechtliche Vorschriften** voraus. Gemeint sind damit die Vorschriften der LBauO (formelle Baurechtswidrigkeit) und des BauGB/der BauNVO einschließlich der im Bauaufsichtsverfahren zu prüfenden übrigen öffentlich-rechtlichen Normen wie das BImSchG (materielle Baurechtmäßigkeit). Nach dem reinen Wortlaut der Ermächtigungsnormen würde jedoch der Verstoß gegen eine Norm, etwa das bloße – unterstellt: versehentliche – Fehlen einer Baugenehmigung für jede Art von ordnungsrechtlichem Eingriff ausreichen. Die Verfügungen greifen jedoch unterschiedlich intensiv in die Substanz und damit in das Eigentum (Art. 14 GG) ein. Deswegen müssen aus Verhältnismäßigkeitsgründen trotz des gleichbleibenden Wortlauts die Anforderungen an die Rechtmäßigkeit mit der Schwere des Eingriffs steigen.

- **Stilllegungsverfügung**: formelle Baurechtswidrigkeit genügt
- **Nutzungsuntersagung**: formelle Baurechtswidrigkeit genügt auf Tatbestandsebene, es liegt aber ein Ermessensfehler wegen Unverhältnismäßigkeit vor, wenn die Nutzungsänderung offensichtlich genehmigungsfähig ist
- **Beseitigungsanordnung**: formelle und materielle Baurechtswidrigkeit müssen gegeben sein, wobei die materielle Baurechtmäßigkeit entweder im Tatbestand (wegen Art. 14 GG) oder auf der Rechtsfolgenseite als Ermessensgrenze geprüft wird

153 Diese Faustregeln gelten allerdings nur für vollständig genehmigungsbedürftige Vorhaben. Viele Bauvorhaben sind jedoch nicht (mehr) genehmigungsbedürftig (freigestellte Vorhaben), sodass sie auch nicht wegen fehlender Genehmigung formell baurechtswidrig sein können. Weitere unterliegen nur dem vereinfachten Genehmigungsverfahren, in dem nur bestimmte baurechtliche Vorschriften geprüft werden (s. Rn. 20). In beiden Fällen kann das Vorhaben zwar formell rechtmäßig sein, aber trotzdem gegen öffentliches Baurecht verstoßen, nämlich gegen Normen, die im Genehmigungsverfahren nicht geprüft worden sind. In solchen Fällen kommt eine Ordnungsverfügung nur infrage, wenn die bauliche Anlage materiell baurechtswidrig ist.[330]

154 Die Bauaufsicht macht – häufig unbeabsichtigt – die materielle Baurechtmäßigkeit auch bei der Stilllegung und der Nutzungsuntersagung zum Gegenstand der Prüfung, indem sie **tragend** auch auf die **materielle Baurechtswidrigkeit** abstellt. In dem Bemühen, nicht nur formal auf die Einhaltung des Genehmigungserfordernisses zu dringen („Paragrafenreiter"), stützt sich die Bauaufsicht neben der fehlenden Baugenehmigung außerdem auf die mangelnde Genehmigungsfähigkeit des Vorhabens. Das Ermessen, in dem der Erlass der Ordnungsverfügung steht, ist in solchen Fällen nur fehlerfrei betätigt (§ 114 S. 1 VwGO), wenn auch die materielle Baurechtmäßigkeit gegeben ist.

Hinweis: *In der Praxis ist stets darauf zu achten, ob die Ausführungen zur materiellen Baurechtswidrigkeit tatsächlich tragend für den Bescheid sind. Sie können auch nur erläuternd oder hilfsweise beigegeben worden sein. Ggf. kommt ein Änderungsbescheid noch im gerichtlichen Verfahren in Betracht. In Studium und Examen ist das (ostentative) Stützen auf*

330 Vgl. Lindner JuS 2014, 118, 122.

die formelle und materielle Baurechtmäßigkeit eine Möglichkeit, die Aufgabe so abzufassen, dass die Kandidaten in jedem Fall auch zur materiellen Baurechtmäßigkeit gelangen müssen, um den Fall vollständig zu lösen.

Es liegt zwar im Ermessen der Behörde zu entscheiden, ob (Entschließungs-) und wie **155**
(Auswahlermessen) sie einschreitet. Im Hinblick auf die Ordnungsfunktion des formellen Baurechts entsprechen aber sowohl die Stilllegung[331] als auch die Nutzungsuntersagung[332] dem **intendierten Ermessen**[333] der jeweiligen Ermächtigungsgrundlage sowie dem Grundsatz der Verhältnismäßigkeit. An die Ermessensausübung und an deren Begründung (vgl. § 39 Abs. 1 S. 3 VwVfG) sind also geringe Anforderungen gestellt.

A. Stilllegung

Mit der Stilllegungsverfügung (Baueinstellung, Baustopp) kann die Behörde frühzeitig **156**
verhindern, dass ein Bauwerk errichtet oder geändert wird, wenn es ohne die erforderliche Baugenehmigung begonnen worden ist, mehr als unwesentlich von der Baugenehmigung abweicht,[334] (technische) Nachweise fehlen oder nicht zugelassene Bauprodukte verwendet werden.

64	75	78	73	78	76	71	79	79 I 2 Nr. 1, 2	61 I 2	80	81	79	78	59 II Nr. 1	78

Lediglich in **NRW** gibt es für die drei bauordnungsrechtlichen Standardmaßnahmen[335] keine gesonderten Ermächtigungsgrundlagen, sondern nur eine bauordnungsrechtliche Generalklausel (§ 61 Abs. 1 S. 2 BauO NRW). Sie verdrängt die allgemeine ordnungsrechtliche Generalklausel des § 14 OBG NRW in ihrem Anwendungsbereich.[336] Für spezielle Eingriffe sieht die BauO NRW dagegen gesonderte Eingriffsnormen vor, vgl. § 87 BauO NRW.

Mit geringen Abweichung im Detail setzt die Stilllegungsverfügung nach den LBauO als **157**
Regelfall lediglich die **formelle Baurechtswidrigkeit** voraus.[337] Überwiegend formulieren die LBauO vorrangige Regelbeispiele. Typischerweise steht in Streit, ob die ausgeführten Arbeiten überhaupt genehmigungsbedürftig sind[338] bzw. ob die Ausführung von der erteilten Genehmigung abweicht, oder das Vorhaben nur anzeigepflichtig und die Wartefrist abgelaufen ist. Eine nicht vollziehbare Baugenehmigung (vgl. § 212a BauGB) steht einer fehlenden Baugenehmigung gleich. Auf die materielle Baurechtmäßigkeit kommt es bei genehmigungsbedürftigen Vorhaben nicht an. Die Stilllegung dient in erster Linie dazu, dem formellen Baurecht Geltung zu verschaffen.[339] Mit ihrer Hilfe soll die Schaffung vollendeter, später nicht oder nur schwer rückgängig zu ma-

331 OVG Greifswald NordÖR 2014, 320; OVG Saarlouis, Beschl. v. 09.09.2009 – 2 B 398/09, juris.

332 OVG Bln-Bbg, Urt. v. 23.092014 – OVG 10 B 5.12, juris; VGH Kassel, Urt. v. 25.06.2014 – 3 A 1024/13, juris; OVG Hamburg BRS 74 Nr. 205; Finkelnburg/Ortloff/Otto S. 200.

333 Vgl. AS-Skript Verwaltungsrecht AT 1 (2014) Rn. 455; Wenzel, in: Rabe/Pauli/Wenzel Abschn. F Rn. 50: „Pflicht zum Einschreiten"; kritisch: Decker, in: Simon/Busse Art. 76 Rn. 208.

334 OVG Münster BRS 47 Nr. 193; Maske, in: Schönenbroicher/Kamp § 61 Rn. 12; Schroeder Rn. 458.

335 Vgl. Wenzel, in: Gädtke/Czepuck/Johlen/Plietz/Wenzel § 61 Rn. 7, 48.

336 OVG Münster BRS 52 Nr. 226; OVG Münster Beschl. v. 06.08.2009 – 5 E 760/09; Maske, in: Schönenbroicher/Kamp § 61 Rn. 1.

337 Decker, in: Simon/Busse Art. 75 Rn. 34; Wenzel, in: Gädtke § 61 Rn. 59.

338 OVG Bln-Bbg LKV 2013, 427 (Abgrenzung zur bloßen Instandhaltung).

339 OVG Saarlouis, Beschl. v. 09.03.2010 – 2 B 516/09, juris.

chender Tatsachen verhindert werden. Daher genügt der durch Tatsachen belegte **„Anfangsverdacht"** eines Rechtsverstoßes, um die Stilllegungsverfügung zu erlassen. Allerdings ist die Behörde verpflichtet, die Baueinstellungsverfügung „unter Kontrolle zu halten", sich also zu vergewissern, ob sich der Anschein eines Rechtsverstoßes bestätigt.[340]

158 Ist ein Vorhaben **baugenehmigungsfrei**, kann es trotzdem stillgelegt werden, wenn es gegen materielles Baurecht verstößt, weil es genügt, wenn überhaupt gegen baurechtliche Vorschriften verstoßen wird.[341] Ist das Vorhaben im **vereinfachten Verfahren** genehmigt worden, kann es trotz erteilter Genehmigung wegen Verstoßes gegen materielles Baurecht stillgelegt werden, wenn die Normen, gegen die es verstößt, nicht zu prüfen waren, die Feststellungswirkung der Baugenehmigung sie auf sich also nicht erstreckt.[342]

159 An die **Ermessensausübung** sind regelmäßig nur geringe Anforderungen zu stellen.[343] Anders als durch eine – regelmäßig für sofort vollziehbar erklärte[344] – Stilllegungsverfügung kann die Einhaltung des formellen Baurechts nicht sichergestellt werden. Im Vergleich zu einer Beseitigungs-/Abrissverfügung, die nach Fertigstellung ergehen würde, ist die Stilllegung des Baus außerdem das mildere Mittel. Es kommt überdies nicht zu Substanzverlusten (Maßnahmen zur Sicherung der Baustelle bleiben möglich). Gleiches gilt, wenn ein genehmigungsfreies Vorhaben gegen materielles Baurecht verstößt.

160 Die Stilllegungsverfügung spielt im **Baunachbarrecht** (s. Rn. 220) eine besondere Rolle. Vor allem der Nachbar muss darauf aus sein, vollendete Tatsachen in seiner unmittelbaren Nähe zu verhindern. Für ihn ist es wichtig, sehr schnell nach Baubeginn bei der Bauaufsicht und danach ggf. bei Gericht im vorläufigen Rechtsschutz nach § 123 VwGO eine Stilllegung zu erreichen. Denn ist der Bau zwischenzeitlich weiter fortgeschritten (auch während des gerichtlichen Verfahrens), entfällt das Rechtsschutzbedürfnis für den Antrag, wenn die Stilllegung die Rechtsverletzung gegenüber dem Nachbarn nicht mehr verhindert, weil sie faktisch abgeschlossen ist (z.B. Abstandsverstoß ist mit Rohbaufertigstellung abgeschlossen).[345]

161 Die Stilllegungsverfügung wird mittels **Versiegelung** durchgesetzt. Die Versiegelung ist entweder speziell in der LBauO in der jeweiligen Ermächtigungsnorm vorgesehen oder unterfällt den allgemeinen Vorschriften zu Hilfsmitteln des unmittelbaren Zwangs (z.B. § 67 Abs. 3 VwVG NRW). Daneben ist es möglich, die Baustoffe und Baumaschinen in amtliche Verwahrung zu nehmen (vgl. § 64 Abs. 2 BauO BW).

Grundsätzlich sind die amtlichen Siegel so anzubringen, dass die Bauarbeiten nicht ohne ihre Zerstörung (Straftat nach § 136 StGB) fortgesetzt werden können, z.B. am Tor des Bauzauns. Ein gesiegeltes DIN-A-4-Blatt an einem sichtbaren Pfosten auf dem Bauplatz genügt aber auch.[346] Die Versiegelung

---

340 VGH München, Beschl. v. 14.10.2013 – 9 CS 13.1407, juris.

341 Ausdrücklich: Art. 55 Abs. 2 BauO BY.

342 Vgl. Lindner JuS 2014, 118, 122.

343 OVG Münster BRS 69 Nr. 188.

344 VGH München, Beschl. v. 16.09.2013 – 14 CS 13.1383, juris.

345 VGH München, Beschl. v. 26.01.2012 – 2 CE 11.2767, juris.

346 OVG Münster BauR 2000, 1859.

kann durchaus im Sofortvollzug einer hypothetischen Stilllegungsverfügung (als unmittelbare Ausführung) erfolgen.

B. Nutzungsuntersagung

Die Baugenehmigung wird nicht für eine bauliche Anlage (Baukörper/Gebäude) an sich erteilt, sondern nur für die Errichtung der Anlage zu einem **bestimmten Nutzungszweck**. Dementsprechend unterliegen auch Nutzungsänderungen grundsätzlich der Pflicht, vorher eine (Änderungs-)Baugenehmigung einzuholen. Unterbleibt das, kann die Bauaufsicht die ungenehmigte neue Nutzung durch eine Nutzungsuntersagung verbieten. Die Nutzungsuntersagung greift also nicht in die Bausubstanz ein, sondern verlangt lediglich das Unterlassen der (neuen) Nutzung. 162

65 S. 2	76 S. 2	79 S. 2	73 III	79 I 2	76 I 2	72 I 2	80 II	79 I 2 Nr. 1, 5	61 I 2	81 S. 1	82 II	80 S. 2	79 S. 2	59 II Nr. 4	79 I 2

Nach dem Wortlaut der Normen ist lediglich Voraussetzung, dass die bauliche Anlage im Widerspruch zu (baurechtlichen) öffentlich-rechtlichen Vorschriften genutzt wird. Das ist bereits der Fall, wenn eine genehmigungspflichtige Nutzungsänderung vorliegt, die neue Nutzung also nicht mehr von der Variationsbreite der ursprünglich erteilten Baugenehmigung erfasst ist. Denn ähnlich wie bei der Stilllegungsverfügung besteht der Zweck der Nutzungsuntersagung darin, das Baugenehmigungsverfahren zu schützen. Dem Bauherrn, der – anders als der gesetzestreue Bauherr – mit der Nutzungsänderung sofort beginnt, ohne das (ggf. zeitaufwändige) Genehmigungsverfahren abzuwarten, sollen die unrechtmäßigen (zeitlichen) Nutzungsvorteile genommen werden. Außerdem soll verhindert werden, dass sich andere Bauherrn dieses Verhalten zum Vorbild nehmen.[347]

Es besteht kein vollständiges Einvernehmen darüber, unter welchen Voraussetzungen eine Nutzungsuntersagung rechtmäßig ist.[348] Das rührt neben Wortlautabweichungen in der Ermächtigungsgrundlage daher, dass die insofern maßgebliche LBauO letztinstanzlich vom jeweiligen OVG/VGH für das eigene Bundesland ausgelegt wird. Dessen Auslegung ist irrevisibel, das BVerwG kann also keine Rechtseinheit stiften.

Hinweis: *Für Studium und Examen ist anzuraten, der Ansicht des OVG/VGH zu folgen, in dessen Bereich die Prüfung abgelegt werden soll. Die Rspr. selbst thematisiert die (geringfügigen) Unterschiede nicht, die vorwiegend auf sprachlicher Ebene oder im Prüfungsaufbau liegen; deswegen lohnt es sich in Prüfungsarbeiten nicht, hieraus einen – womöglich abstrakten – Meinungsstreit zu konstruieren.*

In der Rechtsprechung ist anerkannt, dass die **fehlende Baugenehmigung** für die Nutzungsänderung den im Tatbestand vorausgesetzten Widerspruch zu den baurechtlichen Vorschriften darstellt. Eine allein hierauf gegründete Nutzungsuntersagung ist nur dann wegen Verstoßes gegen den Grundsatz der Verhältnismäßigkeit **ermessensfehlerhaft**, wenn die Nutzungsänderung **offensichtlich materiell baurechtmäßig**, also genehmigungsfähig ist. 163

347 OVG Bln-Bbg, Beschl. v. 28.10.2011 – 2 S 76.11 u.a., juris.

348 Schroeder Rn. 459.

So die Rspr. in: Bayern,[349] Berlin und Brandenburg,[350] Bremen,[351] Hamburg,[352] Mecklenburg-Vorpommern,[353] Niedersachsen,[354] Nordrhein-Westfalen,[355] Rheinland-Pfalz,[356] Sachsen-Anhalt,[357] Saarland,[358] Sachsen,[359] Schleswig-Holstein[360] und Thüringen.[361]

Abweichend wird in **Hessen**[362] nur auf die formelle Rechtsmäßigkeit abgestellt. **Baden-Württemberg**[363] betrachtet die materielle Baurechtswidrigkeit unter Verweis auf Art. 14 GG nicht als Teil der Ermessens- bzw. Verhältnismäßigkeitsprüfung, sondern als normale Tatbestandsvoraussetzung (vorwiegend Aufbaufrage); es setzt Nutzungsuntersagung und Beseitigungs-/Abrissverfügung damit tatbestandlich gleich. In Baden-Württemberg beruht die sog. Nutzungsaufnahmeuntersagung (Verbot einer bisher noch nicht ausgeübten Nutzung) außerdem auf der allgemeinen Eingriffsermächtigung (§ 47 Abs. 1 S. 2 BauO BW).[364]

164 Für **genehmigungsfreie** Vorhaben kommt es nur auf die materielle Baurechtswidrigkeit an. Diese muss hinreichend sicher feststehen, um eine Nutzungsuntersagung zu erlassen.[365] Dasselbe gilt, wenn zwar eine im vereinfachten Verfahren erteilte Baugenehmigung vorliegt, die Nutzung aber gegen Vorschriften des materiellen Baurechts bzw. Baunebenrechts verstößt, das im vereinfachten Genehmigungsverfahren nicht geprüft worden ist. Da es sich bei der Nutzungsuntersagung um einen **Dauerverwaltungsakt** handelt, ist entscheidungserheblicher Zeitpunkt die mündliche Verhandlung der letzten Tatsacheninstanz.[366] Die Nutzungsuntersagung wird regelmäßig durch **Zwangsgeld** (vgl. § 11 VwVG) durchgesetzt.

C. Beseitigungs-/Abrissanordnung

165 Die Anordnung, die baurechtswidrige bauliche Anlage zu beseitigen (abbrechen, abreißen), greift am stärksten in das Eigentumsrecht ein. Der für eine Beseitigungsverfügung nach der Ermächtigungsgrundlage der LBauO – verfassungsmäßige Inhalts- und Schrankenbestimmungen des Eigentums (Art. 14 GG)[367] –

65 S.1	76 S. 1	79 S. 1	74	79 I 1, II	76 I 1	72 I 1	80 I	79 I 2 Nr. 4	61 I 2	81 S. 1	82 I	80 S. 1	79 S. 1	59 II Nr. 3	79 I 1, II

349 VGH München, Beschl. v. 23.05.2014 – 9 CS 14.451, juris; VGH München BRS 78 Nr. 194: die Bauaufsicht muss bei materiell baurechtmäßigen Vorhaben den Bauherrn zur Stellung eines Bauantrags aufgefordert haben.

350 Zur BauO Bln: OVG Bln-Bbg, Beschl. v. 28.10.2011 – 2 S 76.11 u.a., juris; Beschl. v. 14.06.2010 2 S 15.10, juris; zur BauO Bbg: OVG Bln-Bbg, Urt. v. 23.09.2014 – 10 B 5.12, juris.

351 OVG Bremen NordÖR 2014, 314.

352 OVG Hamburg BRS 69 Nr. 187.

353 OVG Greifswald NordÖR 2013, 514.

354 OVG Lüneburg BauR 2014, 1762; VG Göttingen, Urt. v. 04.07.2013 – 2 A 44/12, juris; Beschl. v. 17.09.2013 – 2 B 754/13, juris.

355 OVG Münster BauR 2014, 1288; BRS 71 Nr. 187: neben der sich aufdrängenden Genehmigungsfähigkeit muss der Bauherr einen Bauantrag gestellt haben und die Bauaufsicht darf keine Hindernisse für die Genehmigungserteilung sehen.

356 OVG Koblenz, Beschl. v. 02.01.2014 – 8 B 11261/13, juris; BRS 70 Nr. 190.

357 OVG Magdeburg, Urt. v. 25.07.2013 – 2 L 73/11; LKV 2012, 571.

358 OVG Saarlouis Beschl. v. 18.06.2014 – 2 B 209/14 (LS 7), juris, m.w.N.; BRS 42 Nr. 227.

359 OVG Bautzen, Beschl. v. 27.07.2012 – 1 B 130/12, juris.

360 OVG Schleswig, Beschl. v. 06.12.2001 – 5 B 93/01, juris; Urt. v. 26.06.1997 – 1 L 233/96, juris.

361 Zit. nach VG Gera, Beschl. v. 20.12.2002 – 4 E 2415/02.GE, juris; VG Weimar, Urt. v. 08.10.2002 – 1 K 360/02.We, juris.

362 VGH Kassel, Urt. v. 25.06.2014 – 3 A 1024/13, juris; VGH Kassel BRS 71 Nr. 188; VG Darmstadt, Urt. v. 05.12.2012 – 2 K 48/12, DA, juris; VG Frankfurt/M., Beschl. v. 12.09.2011 – 8 L 2511/11.F, juris; Böhm JA 2013, 481, 485 m.w.N. auch der a.A.

363 VGH Mannheim BRS 74 Nr. 163 m.w.N.

364 VGH Mannheim BRS 76 Nr. 202.

365 OVG Saarlouis, Beschl. v. 14.04.2014 – 2 B 207/14 –, juris; Kemper IBR 2014, 377.

366 VGH Mannheim BRS 74 Nr. 163; OVG Greifswald NordÖR 2013, 514; BVerwG, Beschl. v. 23.01.1989 – 4 B 132/88, juris.

367 BVerfG BRS 69 Nr. 190; OVG Münster BRS 69 Nr. 189.

erforderliche Widerspruch zu öffentlich-rechtlichen Vorschriften ist nur gegeben, wenn die bauliche Anlage **formell und materiell baurechtswidrig** ist.[368] Genauer gesagt muss das Gebäude seit seiner Errichtung ununterbrochen gegen baurechtliche Vorschriften verstoßen und darf derzeit nicht durch eine wirksame Baugenehmigung gedeckt sein.[369] Ob die erforderliche Baugenehmigung fehlt (überschritten ist), lässt sich regelmäßig einfach feststellen. Problematischer ist dagegen das zweite Erfordernis. Dem Bauherrn kann die Beseitigung der baulichen Anlage nur aufgegeben werden, wenn diese seit ihrer Errichtung **ununterbrochen materiell baurechtswidrig** war. War sie während eines gewissen Zeitraums einmal materiell baurechtmäßig, genießt sie Bestandsschutz (s. Rn. 148).[370] Wie lange der Zeitraum gewesen sein muss, ist umstritten. Vorzugswürdig scheint es, auf die gewöhnliche Dauer eines Baugenehmigungsverfahrens[371] oder den Eintritt der Fiktionswirkung im vereinfachten Genehmigungsverfahren abzustellen (zwei bis drei Monate, vgl. auch § 75 VwGO). Der Bestandsschutz beginnt jedenfalls nur/erst, wenn das Gebäude bestimmungsgemäß fertiggestellt worden ist.[372] Er entfällt bei Zerstörung, Nutzungsänderung bzw. einer (substanziellen) baulichen Änderung (Umbau).[373]

Beispiele: Änderung des BauGB oder der LBauO; früherer BPlan; BPlan für einige Zeit aufgehoben/unwirksam, dadurch Anwendbarkeit des § 34 BauGB, nach dem das Gebäude rechtmäßig war.

Genehmigungsfreie Vorhaben müssen naturgemäß nur materiell baurechtswidrig 166
sein.[374] Ist die vorhandene Baugenehmigung im vereinfachten Verfahren ergangen, gilt dasselbe. Soweit diese formelle Legalität verleiht, steht sie der Beseitigungsanordnung nicht entgegen, wenn die materielle Illegalität auf der Verletzung von Vorschriften außerhalb des Prüfungsumfangs dieses Verfahrens beruht.[375]

Ausnahmsweise genügt für die Beseitigungsanordnung die **formelle** Baurechtswidrigkeit, wenn die Beseitigung zu keinem dauerhaften **Substanzverlust** führt, wie etwa bei der Verpflichtung, eine Werbeanlage abzuschrauben oder einen Carport aus Holz zu zerlegen. Dann liegt nämlich lediglich eine Situation vor, die mit einer Nutzungsuntersagung vergleichbar ist.[376]

Ist der Tatbestand erfüllt, erweist sich die Beseitigungsanordnung typischerweise nicht 167
als ermessensfehlerhaft.[377] Bei der **Ermessensentscheidung**, ob eine im Widerspruch zu öffentlich-rechtlichen Vorschriften errichtete bauliche Anlage zu beseitigen ist, genügt es regelmäßig, dass die Behörde zum Ausdruck bringt, der beanstandete Zustand müsse wegen seiner Rechtswidrigkeit beseitigt werden.[378] Ein „Für und Wider" braucht

368 BVerwGE 116, 169; Hornmann § 72 Rn. 11 ff.; z. T. genügt der drohende Verfall: z.B. §§ 82 Abs. 2 BauO Bbg, § 76 Abs. 3 S. 2 BauO Hmb, § 86 Abs. 1 S. 2 BauO SH.

369 VGH Mannheim, Urt. v. 16.04.2014 – 3 S 1962/13 juris; VGH Mannheim BRS 74 Nr. 148; BRS 50 Nr. 144; OVG Koblenz BRS 71 Nr. 122; BVerwG BRS 48 Nr. 92; Dürr JuS 2007, 431.

370 BVerfG NVwZ 2001, 424; BVerfG BRS 57 Nr. 246; BVerwG BRS 65 Nr. 92; OVG Münster BRS 74 Nr. 147; 65 Nr. 174; OVG Münster, Urt. v. 16.03.2012 – 2 A 760/10, juris.

371 Vgl. BVerwG BRS 24 Nr. 193; BRS 33 Nr. 37; OVG Münster BRS 69 Nr. 100; VGH Kassel BRS 57 Nr. 259; Decker BayVBl. 2007, 517, 520 m.w.N.

372 BVerwG BRS 24 Nr. 193; OVG Koblenz BRS 62 Nr. 207; OVG Bln-Bbg OVGE 22, 85.

373 BVerwG BRS 56 Nr. 85; OVG Münster, Urt. v. 16.03.2012 – 2 A 760/10, juris.

374 OVG Magdeburg, Beschl. v. 26.05.2009 – 2 L 164/08, juris; OVG Saarlouis BRS 70 Nr. 179; OVG Bln-Bbg LKV 2009, 182.

375 OVG Bln-Bbg NVwZ-RR 2010, 794.

376 OVG Münster BRS 70 Nr. 142; BRS 69 Nr. 188; VGH Kassel BRS 52 Nr. 239; OVG Greifswald NordÖR 2000, 126; NVwZ 1995, 608).

377 Hmb: Anpassungsverfügung als milderes Mittel, § 76 Abs. 3 S. 1 BauO Hmb; allgemein: Wenzel, in: Gädtke/Czepuck/Johlen/Plietz/Wenzel, BauO NRW, § 61 Rn. 42 f.

378 BVerwGE 101, 58; VGH München, Urt. v. 26.06.2012 – 1 B 11.2471, juris.

nur dann abgewogen zu werden, wenn besondere Anhaltspunkte für eine Ausnahme vorliegen.[379] Die Verfügung ist grds. nicht **unverhältnismäßig.**[380] Typische Argumente, die nicht durchgreifen: volkswirtschaftlich bedeutsame Werte werden „sinnlos" vernichtet (dringend benötigter Wohnraum, Arbeitsplätze [Betriebsgebäude], Grundvermögen), dem Eigentümer drohen hohe finanzielle Verluste,[381] das (Neben-)Gebäude stellt „nur eine Kleinigkeit" dar.[382]

D. Einwendungen gegen Bauordnungsverfügungen

168 Gegen die unterschiedlichen Bauordnungsverfügungen werden immer ähnlich strukturierte Einwendungen vorgetragen. Deren Behandlung ist in der Rechtsprechung inzwischen weitestgehend geklärt.

Einwendungen gegen Bauordnungsverfügungen – Standardprobleme –	
„Baugenehmigung liegt vor"	Beweislast für Existenz der Baugenehmigung beim Bauherrn, Streit über Reichweite (Variationsbreite), Wegfall wegen abweichender Bauausführung
„Gebäude unter Bestandsschutz"	materielle Baurechtmäßigkeit über einen gewissen Zeitraum in der Vergangenheit, bestandskräftige Ablehnung eines Bauantrags reicht nicht
„Duldung/Verwirkung des Eingriffsrechts"	Vertrauenstatbestand (Zeit-/Umstandsmoment), Vertrauen, Vermögensdisposition aufgrund des Vertrauens
„Gleichbehandlung – gegen Nachbarn wird nicht vorgegangen"	Planvolles, systematisches Vorgehen gegen alle gleichgelagerten Fälle nötig, aber Einzelfälle auch aus besonderem Anlass oder als „Musterfall"
„anderer Pflichtiger soll ausgewählt werden"	Auswahlermessen nach Effektivität der Gefahrenabwehr
„Rechte Dritter verhindern Befolgung der Verfügung"	Miteigentümer/Mieter: keine Rechtswidrigkeit der OVfg. gegen den Eigentümer wegen Unmöglichkeit, sondern nur Vollstreckungshindernis; Duldungsverfügung gegen den Dritten nötig, um Vollstreckbarkeit herzustellen
„Rechtsvorgänger ist Adressat"	Bauordnungsverfügung wirkt auch gegenüber dem Gesamt-/Einzelrechtsnachfolge nur das Zwangsmittel muss neu angedroht werden

Fall 4: Die zaghafte Beseitigungsverfügung

In der Gemeinde G steht ein Wohnhaus mit zwei Wohneinheiten idyllisch mitten im Wald. Der FPlan sieht eine Fläche für die Forstwirtschaft vor, auf der ganz bestimmte Baumarten kultiviert werden sollen. Das Hausgrundstück gehört E, der es in den Wirren der Nachkriegszeit erworben hat. Damals diente das Gebäude Ausgebombten als

379 OVG Lüneburg BauR 2014, 1444.

380 BVerwG BRS 58 Nr. 90; BRS 48 Nr. 92.

381 BVerwG BRS 58 Nr. 90: wer ohne Baugenehmigung baut, trägt das volle finanzielle Risiko.

382 Finkelnburg/Ortloff/Otto S. 169.

Übergangswohnheim. In den 1960er Jahren wurde ein Erweiterungsbau hinzugefügt. E behauptet, damals eine zeitlich unbefristet gültige Baugenehmigung für insgesamt drei Stockwerke erhalten zu haben, kann diese aber nicht vorlegen. In Sichtweite stehen zwei weitere kleine Wohnhäuser, die beide vor drei Jahren ungenehmigt um ein Stockwerk erhöht worden sind. Vor zwei Jahren beantragte E die nach der LBauO erforderliche Baugenehmigung für eine Aufstockung um zwei Stockwerke zum Einbau von zwei weiteren Wohneinheiten. Die zuständige Bauaufsichtsbehörde B nahm das Grundstück erstmals wieder in Augenschein, erteilte die Baugenehmigung aber nur für ein Stockwerk, im Übrigen lehnte sie den Antrag ab. E nahm das hin, baute jedoch trotzdem die von ihm geplanten zwei weiteren Stockwerke. Nach Anhörung erließ B gegen E eine Rückbauverfügung hinsichtlich der Erweiterung des Wohnhauses um beide Stockwerke. Nach erfolglosem Widerspruch erhebt E form- und fristgerecht Klage zum zuständigen Verwaltungsgericht. Mit Erfolg?

A. **Zulässigkeit** der Klage

Der Verwaltungsrechtsweg ist nach § 40 Abs. 1 S. 1 VwGO eröffnet, weil Normen des öffentlichen Baurechts streitentscheidend sind. Die Klage ist als Anfechtungsklage (§ 42 Abs. 1 VwGO) statthaft. E ist als Adressat einer Beseitigungsverfügung, eines belastenden Verwaltungsakts, klagebefugt (§ 42 Abs. 2 VwGO – „Adressatentheorie"). Die Klage ist nach erfolglos durchgeführtem Widerspruchsverfahren (§ 68 VwGO) auch im Übrigen zulässig, insbesondere fristgemäß (§ 74 Abs. 1 S. 1 VwGO) erhoben. **169**

B. **Begründetheit** der Klage

Die Klage ist begründet, soweit die angefochtene Beseitigungsverfügung (Abriss-/Abbruchverfügung) rechtswidrig ist und den E in seinen Rechten verletzt, vgl. § 113 Abs. 1 S. 1 VwGO. Als **Ermächtigungsgrundlage** kommt nur die Vorschrift über Beseitigungsverfügungen der jeweiligen LBauO in Betracht.

65 S.1	76 S. 1	79 S. 1	74	79 I 1, II	76 I 1	72 I 1	80 I	79 I 2 Nr. 4	61 I 2	81 S. 1	82 I	80 S. 1	79 S. 1	59 II Nr. 3	79 I 1, II

I. Formelle Rechtmäßigkeit

1. **Zuständig** für den Erlass bauordnungsrechtlicher Verfügungen ist die nach dem Landesrecht jeweils zuständige **untere Bauaufsichtsbehörde** (s. Rn. 35).

2. Die gemäß § 28 Abs. 1 LVwVfG erforderliche **Anhörung** ist erfolgt.

3. Vorbehaltlich abweichender bau- oder allgemeiner ordnungsrechtlicher Vorschriften[383] können Bauordnungsverfügungen grundsätzlich **formfrei**, insbesondere mündlich erlassen werden (vgl. § 37 Abs. 2 LVwVfG). Grundsätzlich muss die Verfügung begründet werden (vgl. § 39 LVwVfG).

4. Die Verfügung muss hinreichend **bestimmt** sein (§ 37 Abs. 1 LVwVfG).[384]

383 Z.B. §§ 12, 20 Abs. 1 OBG NRW.

384 BVerwGE 102, 351.

Insbesondere darf es die Ordnungsbehörde nicht dem Betroffenen frei stellen, die Gefahr auf irgendeine Weise zu beheben, sondern sie muss die Auswahl selbst treffen.[385] Indem B dem E den Rückbau der ohne Genehmigung errichteten Bauteile aufgegeben hat, ist die Ordnungsverfügung hinreichend bestimmt.

170 II. In **materieller** Hinsicht ist erforderlich, dass das Gebäude des E, soweit es zurückgebaut werden soll, in Widerspruch zu den von der Bauaufsicht zu prüfenden öffentlich-rechtlichen Vorschriften steht. Das bedeutet bei einer Beseitigungsverfügung grundsätzlich, dass das Gebäude formell und materiell baurechtswidrig sein muss. **Maßgeblicher Zeitpunkt** ist bei Bauordnungsverfügungen grundsätzlich die letzte behördliche Entscheidung. Ausnahmsweise ist bei einer noch nicht vollzogenen Beseitigungsverfügung auf die mündliche Verhandlung der letzten Tatsacheninstanz abzustellen. Es wäre sinnwidrig, müsste der Bauherr bauliche Anlagen abreißen, deren Wiedererrichtung sogleich nach dem Vollzug erneut gestattet werden müsste.[386]

1. Der oberste Stock des Wohnhauses des E ist eine **bauliche Anlage** i.S.d. LBauO, die E **errichtet** hat.

2. **Formell illegal** ist eine bauliche Anlage, wenn sie ohne die erforderliche Genehmigung oder Zustimmung errichtet wurde oder wenn die Ausführung der baulichen Anlage wesentlich von der erteilten Genehmigung abweicht.

   a) Die Aufstockung um das **zweite** Stockwerk ist in jedem Fall formell illegal, weil E die – lt. Sachverhalt erforderliche – Baugenehmigung nur für die Erweiterung um ein Stockwerk erhalten hat.

   Hinweis: *An dieser Stelle würde normalerweise die Genehmigungsbedürftigkeit, die Reichweite der Baugenehmigung bzw. die Genehmigungsfreiheit problematisiert.*

171 b) Fraglich ist allerdings, ob auch die Aufstockung um das **erste** Stockwerk formell illegal ist, obwohl B diese Aufstockung genehmigt hatte. Ob ein **abweichend** von einer Baugenehmigung errichtetes Gebäude noch von der Legalisierungswirkung einer Baugenehmigung erfasst wird oder aber als „aliud" einem gänzlich neuen Baugenehmigungsverfahren zu unterziehen ist, richtet sich danach, ob sich das errichtete Vorhaben in Bezug auf baurechtlich relevante Kriterien von dem ursprünglichen Vorhaben unterscheidet. Ein baurechtlich relevanter Unterschied ist anzunehmen, wenn sich für das abgewandelte Bauvorhaben die **Frage der Genehmigungsfähigkeit** wegen geänderter tatsächlicher oder rechtlicher Voraussetzungen **neu stellt**, d.h. diese geänderten Voraussetzungen eine erneute Überprüfung der materiellen Zulässigkeitskriterien erfordern. Dann ist für das errichtete Gebäude ein selbstständiges (neues) Genehmigungsverfahren durchzuführen.[387]

---

385 Vgl. OVG Münster BRS 63 Nr. 220; BRS 69 Nr. 193.

386 BVerwG BRS 44 Nr. 193; BVerwGE 5, 351; OVG Greifswald BRS 73 Nr. 187.

387 OVG Lüneburg BauR 2014, 1762; OVG Münster BauR 2013, 1668; BRS 79 Nr. 153.

Ein dreigeschossiges Gebäude unterscheidet sich in bauplanungs- und bauordnungsrechtlicher Hinsicht wesentlich von einem zweigeschossigen Gebäude. Die materiellen Zulässigkeitskriterien der LBauO und des BauGB sind daher neu zu prüfen. Wegen abweichender Bauausführung ist auch das erste, eigentlich genehmigte, Stockwerk formell illegal.

Selbst wenn beide neuen Geschosse genehmigt worden wären, wäre das Gesamtgebäude ein Schwarzbau, also formell illegal. Denn es hätte für die Baumaßnahmen einer den **vorhandenen Bestand einschließenden** Baugenehmigung bedurft. Allein die Genehmigung der Aufstockung wäre unzulässig, da ein derartiger Torso keine mit den öffentlich-rechtlichen Vorschriften zu vereinbarende Gebäudeeinheit darstellen kann. Stellt sich – wie hier – die Genehmigungsfrage insgesamt, können aus einem einheitlichen Baukörper einzelne Bauteile, die ggf. für sich genommen genehmigungsfrei wären, nicht herausgelöst werden.[388] **172**

Nachträglich kann ein Schwarzbau durch eine sog. **Nachtragsbaugenehmigung**[389] legalisiert werden, bei der nicht präventiv, sondern nachvollziehend die Genehmigungsfähigkeit des bereits Gebauten festgestellt wird.[390]

c) In Betracht kommt schließlich, dass das Bauvorhaben mit Rücksicht auf die nach den Angaben des E im Jahr **1960** erteilte Baugenehmigung formell legal ist. Insofern lässt sich allerdings nicht aufklären, ob eine solche Baugenehmigung dem E tatsächlich erteilt worden ist. Beruft sich der Bauherr gegenüber einer Beseitigungsverfügung darauf, das Bauwerk sei genehmigt und deswegen formell rechtmäßig, ist er für das Vorliegen der Baugenehmigung **darlegungs- und beweispflichtig**.[391] Beweiserleichterungen (z.B. Regeln des Anscheinsbeweises) kommen ihm nicht zugute.[392] E kann zugunsten der formellen Legalität seines Baus nicht die angeblich 1960 erhaltene, zeitlich unbegrenzt gültige Baugenehmigung anführen, weil er deren Existenz nicht beweisen kann. Die Unaufklärbarkeit geht zu seinen Lasten.

3. Die zu beseitigende bauliche Anlage müssten zudem **materiell illegal** sein. Materielle Illegalität ist gegeben, wenn die bauliche Anlage den Vorschriften des materiellen öffentlichen Rechts widerspricht, soweit es die Bauaufsichtsbehörde zu prüfen hat (zumindest BauGB/BauNVO, LBauO).

a) Fraglich ist, ob die Übereinstimmung des zweiten Stockwerks mit öffentlich-rechtlichen Vorschriften angesichts der insofern **bestandskräftigen Ablehnung** der von E beantragten Baugenehmigung überhaupt noch gerichtlich überprüfbar ist. Möglicherweise darf unter Hinweis auf die Bestandskraft der Genehmigungsversagung keine Rechtmäßigkeitsprüfung mehr durchgeführt werden. Zum Inhalt des Versagungsbescheids gehört jedoch gerade nicht die Feststellung der Rechtswidrigkeit des Vorhabens; **173**

388 VGH München BRS 60 Nr. 143; OVG Münster BRS 69 Nr. 189.

389 „Nachträge" bezeichnen im privaten Bauvertragsrecht Arbeiten, die ursprünglich nicht Vertragsbestandteil waren, sondern erst im Laufe der Bauausführung hinzugekommen sind. Dieser Begriff ist vom öffentlichen Baurecht übernommen worden.

390 OVG Münster BRS 79 Nr. 153; BRS 64 Nr. 120.

391 BVerwG BRS 35 Nr. 206; BVerwG, Beschl. v. 19.02.1988 – 4 B 33.88 juris; VGH München, Beschl. v. 20.01.2014 – 2 ZB 11.2878, juris; OVG Koblenz BRS 79 Nr. 132.

392 OVG Münster, Beschl. v. 30.03.2011 – 7 A 848/10, juris.

vielmehr beschränkt sich sein Inhalt auf die Entscheidung, den Bauantrag abzulehnen.[393] Nach Versagung der Baugenehmigung ist der Bauherr deshalb auch nicht daran gehindert, einen neuen Bauantrag zu stellen, den die Behörde wegen Art. 14 Abs. 1 GG sachlich erneut bescheiden muss.[394] Trotz des Versagungsbescheids kann die materielle Baurechtswidrigkeit des Vorhabens somit gerichtlich überprüft werden.

174 b) Das Gebäude des E, eine bauliche Anlage i.S.v. § 29 Abs. 1 BauGB, liegt mitten im Wald und damit im **Außenbereich**. Die planungsrechtliche Zulässigkeit richtet sich – da §§ 30, 34 BauGB offensichtlich ausscheiden – nach § 35 Abs. 2 BauGB, weil das Wohngebäude kein privilegiertes Vorhaben gemäß § 35 Abs. 1 BauGB darstellt. Es ist als sonstiges Vorhaben nach § 35 Abs. 2 BauGB unzulässig, weil seine Ausführung öffentliche Belange i.S.d. § 35 Abs. 3 BauGB beeinträchtigt. Das Wohngebäude steht im Widerspruch zu den Darstellungen des **FPlans** (§ 35 Abs. 3 S. 1 Nr. 1 BauGB), der für das Grundstück eine Fläche für die Forstwirtschaft, und zwar für ganz bestimmte Baumarten, festsetzt. Darüber hinaus lässt das Vorhaben die Erweiterung oder zumindest die Verfestigung einer **Splittersiedlung** (§ 35 Abs. 3 S. 1 Nr. 7 BauGB) befürchten (s. Rn. 93). Durch den erweiternden Ausbau um zwei Wohneinheiten erfolgt eine zusätzliche Ausdehnung der Bebauung. Zudem kommt dem Vorhaben eine Vorbildwirkung[395] zu, die eine weitere Verfestigung befürchten lässt. Die von E vorgenommene Erweiterung ist mithin bauplanungsrechtlich unzulässig also materiell illegal, sodass es auf weitere Verstöße gegen von der Bauaufsichtsbehörde zu prüfende öffentlich-rechtliche Vorschriften (z.B. der LBauO) nicht mehr ankommt.

c) Dieses Ergebnis lässt sich auch nicht unter Hinweis auf das von der Rechtsprechung aus Art. 14 Abs. 1 GG abgeleitete Rechtsinstitut des baurechtlichen **Bestandsschutzes** infrage stellen. Da das BVerwG die Rechtsfigur des übergesetzlichen Bestandsschutzes aufgegeben hat, könnte B allenfalls aus Gründen des sog. passiven Bestandsschutzes dazu verpflichtet sein, die Aufstockung zu dulden. Allerdings genießt eine bauliche Anlage passiven Bestandsschutz nur dann, wenn sie bei oder während einer gewissen Dauer nach ihrer Errichtung den materiellen Bauvorschriften entsprochen hat. Das ist bei dem schon immer im Außenbereich gelegenen, außenbereichsunverträglichen Wohngebäude des E nicht der Fall.

175 4. **Ordnungspflichtiger** und damit richtiger Adressat der Beseitigungsverfügung ist nach der LBauO typischerweise der Bauherr. Entsprechend den allgemeinen ordnungsrechtlichen Grundsätzen ist Störer auch derjenige, der sonst für den baurechtswidrigen Zustand verantwortlich ist, also typischerweise der Grundstückeigentümer (Zustandsstörer) und der ggf. davon verschiedene Bauherr (Handlungsstörer). Die Auswahl des Inanspruchzunehmenden steht im behördlichen Ermessen, dessen Betätigung sie an der Effektivität der Ge-

393 BVerwGE 48, 271; Krebs VerwArch 67, 411; Finkelnburg/Ortloff/Otto S. 174.

394 BVerwGE 48, 271.

395 Vgl. BVerwG BRS 60 Nr. 92.

fahrenabwehr[396] (auch finanzielle Fähigkeiten) unabhängig vom zivilrechtlichen Innenausgleich ausrichten kann.[397]

Bei einer **Eigentümermehrheit** (z.B. Miterben, Wohnungseigentümer einer WEG) ist jeder Miteigentümer ordnungspflichtig. Die Behörde kann gleichlautende Bescheide gegen alle Miteigentümer erlassen oder einen Miteigentümer herausgreifen und gegen die anderen aufgrund derselben Ermächtigungsgrundlage Duldungsbescheide erlassen.[398] Soweit dem Verwalter einer **Wohnungseigentümergemeinschaft** nach § 27 WEG unentziehbare Befugnisse zustehen, ist er selbst ordnungspflichtig für das Gebäude.[399] **176**

Da E sowohl Grundstückseigentümer als auch Bauherr ist, konnte B ihn fehlerfrei als Beseitigungspflichtigen auswählen.

5. Die Beseitigungsverfügung muss schließlich **ermessensfehlerfrei** ergangen sein, vgl. § 114 S. 1 VwGO. Das Ermessen (vgl. § 40 LVwVfG) wird insbesondere durch den Grundsatz der Verhältnismäßigkeit und den Gleichheitssatz begrenzt.

   a) Die Beseitigungsverfügung könnte gegen den **Gleichbehandlungsgrundsatz** des Art. 3 Abs. 1 GG verstoßen und damit ermessensfehlerhaft sein, weil B gegen die benachbarten beiden Gebäude im Wald nicht gleichzeitig vorgeht, obwohl auch diese vor kurzem erhöht worden sind. Grundsätzlich gilt, dass ein Ermessensfehler wegen Verstoßes gegen das Willkürverbot vorliegt, wenn vergleichbare Sachverhalte (genau prüfen!) nicht vergleichbar behandelt werden. Die Bauaufsicht muss entweder Maßnahmen gegen alle gleichartigen baulichen Anlagen ergreifen oder es gegenüber allen unterlassen (Selbstbindung). Baurechtswidrige Zustände, die bei mehreren Grundstücke vorliegen, müssen aber nicht stets „flächendeckend" bekämpft werden. Die Behörde kann sich auch einen „Musterfall" heraussuchen, bevor sie gegen alle anderen gleichartig vorgeht.[400] Dem behördlichen Einschreiten muss im Grundsatz ein (tatsächlich umgesetztes) System zugrundeliegen,[401] für das eine Erfassung des rechtswidrigen Baubestands Voraussetzung ist.[402] Unter besonderen Umständen kann die Behörde aus sachlichem Grund aber auch anlassbezogen vorgehen.[403] **177**

   B hat bei der Betätigung ihres Entschließungsermessens nicht gegen den Gleichheitssatz verstoßen. Es ist bereits zweifelhaft, ob gleichartige Fälle vorliegen, weil E auf sein Gebäude zwei Stockwerke aufgesetzt hat, die beiden Nachbarn aber nur um ein Stockwerk erhöht haben. Unabhängig davon durfte B zunächst gegen E vorgehen, um sich anhand dieses „Musterfalls" anschließend der Nachbarbebauung zuzuwenden.

---

396 OVG Koblenz BRS 76 Nr 205.

397 OVG Münster BRS 79 Nr. 202.

398 OVG Münster BRS 64 Nr. 201; NVwZ-RR 2000, 205.

399 OVG Münster NVwZ-RR 2011, 351; BRS 74 Nr. 210; OVG Lüneburg BRS 46 Nr. 166; jenseits des WEG: OVG Bln-Bbg, BRS 65 Nr.137; ablehnend: Merle, in: Bärmann, Kommentar zum WEG, § 27 Rn. 36.

400 BVerwG BRS 58 Nr. 209; OVG Koblenz BRS 76 Nr. 204; VGH Kassel ESVGH 42, 154; OVG Greifswald BRS 73 Nr. 186.

401 BVerwG BRS 60 Nr. 163; OVG Lüneburg BRS 55 Nr. 200; OVG Münster BauR 2013, 1261.

402 VGH Mannheim BRS 58 Nr. 210.

403 BVerwG NVwZ-RR 1992, 360.

b) Der Grundsatz der Verhältnismäßigkeit erfordert, dass eine Maßnahme zur Erreichung des mit ihr verfolgten legitimen Zwecks geeignet und erforderlich ist, sowie dass die Belastung des Betroffenen in einem angemessenen Verhältnis zu den mit der Reglung verfolgten Interessen steht.

Eine Abrissverfügung ist unverhältnismäßig, wenn baurechtmäßige Zustände durch Nebenbestimmungen oder die Erteilung einer Ausnahme/Befreiung hergestellt werden können. Eine Nutzungsbeschränkung geht einer Nutzungsuntersagung vor. Ungenehmigte Bauarbeiten dürfen typischerweise nur stillgelegt werden.

Bauaufsichtbehörden – so auch B – verfolgen mit Bauordnungsverfügungen das **legitime Ziel**, baurechtswidrige Zustände zu beseitigen. Das ergibt sich unmittelbar aus dem Wortlaut der gesetzlichen Ermächtigungsgrundlagen.[404]

178 c) Die Ordnungsverfügung muss zur Erreichung dieses Ziels **geeignet** sein. Ungeeignet sind Maßnahmen, die den vorgefundenen rechtswidrigen Zustand nur verändern oder verringern.[405] Grundsätzlich ist die Anordnung der Beseitigung einer formell und materiell baurechtswidrigen baulichen Anlage geeignet, den baurechtswidrigen Zustand zu beenden. Mit der Beseitigungsverfügung des B, die sich nur auf das neu errichtete oberste Stockwerk bezieht, werden jedoch **keine rechtmäßigen Zustände** erreicht. Die Entfernung des zusätzlichen Stockwerks ändert nichts an der baurechtlichen Unzulässigkeit des Gebäudes insgesamt. Dem im Außenbereich nicht privilegierten Wohngebäude stehen auch nach dem Rückbau die oben genannten öffentlichen Belange nach § 35 Abs. 3 BauGB entgegen.

179 d) Da sich die Bauaufsichtsbehörde im Rahmen ihres Entschließungsermessens auch dafür entscheiden kann, gegen einen baurechtswidrigen Zustand gar nicht einzuschreiten („Duldung"), kommt in Betracht, dass sie ihr Auswahlermessen gleichwohl nicht fehlerhaft ausübt, wenn sie anstelle einer vollständigen Beseitigung des rechtswidrigen Zustandes den **Rechtsverstoß** zumindest **abmildert**.[406] Hiergegen spricht jedoch, dass die Bauaufsicht dann an der Beibehaltung eines rechtswidrigen Zustandes mitwirkt. Kann der nach dem **Teilrückbau** verbleibende Baukörper keine dauerhafte baurechtliche Sicherung beanspruchen, sind die mit dem Rückbau verbundenen Kosten für den Betroffenen grundsätzlich unverhältnismäßig.[407] Das gilt auch im vorliegenden Fall des E.

Würde (nur) das zweite aufgesetzte Stockwerk entfernt, verbliebe zudem ein nicht sinnvoll existenzfähiger Torso des Gebäudes.[408] Weitere Maßnahmen zur Beseitigung dieses baurechtswidrigen Zustandes kann B dem E nicht aufgeben, weil dem Verpflichteten keine bestimmte Form eines Gebäudes aufgedrängt werden darf (Umbau zum zweigeschossigen Gebäude).[409]

404 OVG Münster BRS 69 Nr. 189; BRS 58 Nr. 115.

405 BVerfG BRS 76 Nr. 209; OVG Greifswald NordÖR 2013, 514; OVG Münster BRS 69 Nr. 189.

406 VGH Mannheim BRS 27 Nr. 200.

407 OVG Münster BRS 69 Nr. 189.

408 OVG Saarlouis BRS 58 Nr. 146.

409 OVG Münster BRS 59 Nr. 209; BRS 69 Nr. 189.

e) Die Verpflichtung des E zum Teilrückbau (Teilbeseitigung) könnte ausnahmsweise nicht unverhältnismäßig und ermessensfehlerhaft sein, wenn E nach § 242 BGB analog schutzwürdig darauf **vertrauen** durfte, dass B nicht auf der vollständige Beseitigung des Gebäudes bestehen werde.[410] Anknüpfungspunkt konnte sein, dass B von dem Bau gewusst hat. Dazu müssen folgende Voraussetzungen vorliegen: **180**

- **Vertrauensgrundlage**: der Verpflichtete durfte infolge eines bestimmten Verhaltens (Umstandsmoment) der Behörde darauf vertrauen, dass diese das (Eingriffs-)Recht nach so langer Zeit (Zeitmoment) nicht mehr in Anspruch nehmen werde,
- **Vertrauenstatbestand**: der Verpflichtete hat tatsächlich darauf vertraut hat, dass das Recht nicht mehr ausgeübt würde,
- **Vertrauensbetätigung**: in diesem Vertrauen hat der Verpflichtete Vermögensdispositionen getroffen, deren Rückgängigmachung unzumutbar ist.

Uneinigkeit herrscht über die dogmatische Einordnung des Einwands, dass der Bauaufsichtsbehörde der baurechtswidrige Zustand (lange) bekannt war, sie aber nicht eingeschritten ist. Teilweise wird er als Verwirkung des Rechts auf Einschreiten aufgefasst.[411] Ganz überwiegend wird die Verwirkung von ordnungsrechtlichen Eingriffsbefugnissen aber aus grundsätzlichen Erwägungen abgelehnt und das Eingriffshindernis aus dem Verbot widersprüchlichen Verhaltens (venire contra factum proprium) hergeleitet.[412] Letztlich kann man diese Frage offen lassen[413].

aa) Nimmt die Baubehörde über einen längeren Zeitraum einen illegalen Bauzustand lediglich hin (**faktische/passive Duldung**), begründet das noch keinen Vertrauenstatbestand für den Ordnungspflichtigen, der illegale Zustand werde auch künftig hingenommen werden. Bei einer faktischen Duldung ist ein späteres bauaufsichtliches Einschreiten daher zulässig.[414] Selbst wenn B von der Wohnnutzung des Gebäudes im Wald gewusst hat und nicht eingeschritten ist, begründet das kein schutzwürdiges Vertrauen des E. **181**

bb) Bei einer sog. **aktiven Duldung** kann die Behörde an der Beseitigung rechtswidriger Zustände gehindert sein. Diese Rechtsfolge muss daher den entsprechenden Erklärungen der Behörde mit hinreichender Deutlichkeit zu entnehmen sein und typischerweise schriftlich erfolgen (Dul-

410 BVerfG BRS 76 Nr. 209.

411 BVerwG, Beschl. v. 05.08.1991 – 4 B 130.91, juris; OVG Münster BRS 70 Nr. 184; vorsichtiger: OVG Münster, Beschl. v. 14.02.2014 – 2 A 1181/13, juris.

412 VGH Mannheim NVwZ-RR 2008, 696; BRS 73 Nr. 184; OVG Lüneburg BRS 64 Nr. 198; OVG Koblenz BRS 78 Nr. 204; OVG Hamburg BRS 56 Nr. 122; VGH Kassel BRS 44 Nr. 198; VGH München BRS 22 Nr. 210; OVG Bln-Bbg NRS 22 Nr. 209; OVG Saarlouis, Beschl. v. 06.01.2012 – 2 B 400/11 –, juris; Kopp/Ramsauer, VwVfG, 15. Aufl. 2014, § 53 Rn. 44.

413 VGH Mannheim UPR 1994, 236.

414 OVG Greifswald NordÖR 2013, 514; OVG Münster, Urt. v. 16.03.2012 – 2 A 760/10, juris; OVG Münster BRS 76 Nr. 21; VGH München BayVBl 1999, 590; Hornmann, Hessische Bauordnung, § 72 Rn. 124 ff.

dungszusage, „Belassungserklärung“).[415] Eine entsprechende ausdrückliche Erklärung der B fehlt. Als Duldungserklärung käme höchstens die Baugenehmigung für das eine genehmigte Stockwerk infrage. Doch selbst wenn man in der Baugenehmigung eine schlüssige aktive Duldung des Gesamtgebäudes erblicken wollte, ist B hieran nicht mehr gebunden, weil die bauliche Anlage durch das zweite hinzugefügte Stockwerk dergestalt geändert ist, dass ein auf den (unterstellt) genehmigten Altbestand bezogener Vertrauenstatbestand inzwischen untergegangen ist.[416] Auf die Betätigung des evtl. Vertrauens kommt es mithin nicht mehr an.

Die Bescheinigung über die Bauzustandsbesichtigung zur Rohbaufertigstellung (behördliche „Bauabnahme“) stellt keine Duldung u. ä. dar. Sie ändert die Baugenehmigung nicht und verleiht auch unbeanstandet gebliebenen Abweichungen von der Baugenehmigung keine Legalität.[417]

Die Teilrückbauverfügung erweist sich nicht wegen eines schutzwürdigen Vertrauen des E auf den dauerhaften Erhalt des baurechtswidrigen Restgebäudes ausnahmsweise als ermessensgerecht.

III. Ergebnis: Die auf den Rückbau (Teilbeseitigung/Teilabriss) des zweiten Stockwerks beschränkte Bauordnungsverfügung der B ist ermessensfehlerhaft und rechtswidrig. Sie verletzt den E in seinem Eigentumsrecht. Das Verwaltungsgericht hebt die Verfügung auf.

E. Rechtsnachfolge

182 Bauordnungsverfügungen gelten auch für den Rechtsnachfolger des Adressaten. Hierdurch wird weitgehend verhindert, dass Eigentumswechsel die Wiederherstellung baurechtmäßiger Zustände verhindern. Eine entsprechende Übergangsnorm findet sich in fast allen LBauO.

–	54	58	52	58	58	53	58	79	–	81	57	58	57	59	58

In **Baden-Württemberg** und **Nordrhein-Westfalen** fehlt eine entsprechende Übergangsnorm. Es ist jedoch auch dort anerkannt, dass grundstücksbezogene Bauordnungsverfügungen, die vorwiegend dingliche Pflichten aktualisieren, im Wege der Rechtsnachfolge (Gesamt- und Einzelrechtsnachfolge) auch gegen den Erwerber gelten.[418]

183 Ab der Insolvenzeröffnung ist der **Insolvenzverwalter** bauordnungspflichtig.[419] Bei der **Einzelrechtsnachfolge** in die Zustandsverantwortlichkeit für das Baugrundstück,

415 OVG Koblenz BRS 79 Nr. 204; BRS 78 Nr. 204; OVG Münster BRS 73 Nr. 194; Decker, in: Simon/Busse Art. 76, Rn. 227 m.w.N.; Sachs, in: Stelkens/Bonk/Sachs, VwVfG, 18. Aufl. 2014, § 53 Rn. 27.

416 OVG Münster BRS 69 Nr. 189.

417 Vgl. OVG Münster, Beschl. v. 19.06.2013 – 7 B 605/13, juris; OVG Münster BRS 54 Nr. 203; Wenzel, in: Gädtke/Czepuck/Johlen/Plietz/Wenzel § 82 Rn. 39.

418 BVerwG BRS 24 Nr. 193; OVG Münster BRS 58 Nr. 217; BRS 46 Nr. 196; OVGE 42, 210; 34, 81; VGH Mannheim BRS 47 Nr. 192; NJW 1977, 861.

419 Vgl. BVerwGE 108, 269; 122, 75.

die bereits durch eine Bauordnungsverfügung konkretisiert ist, muss der Zeitpunkt der Rechtsnachfolge besonders beachtet werden.

- Veräußerung **nach Unanfechtbarkeit**: Die bestandskräftige Ordnungsverfügung wirkt auch gegen den Erwerber. Wegen Fristablaufs stehen ihm keine Rechtsbehelfe mehr zu.

  Allerdings ist die Androhung des Zwangsmittels nicht rechtsnachfolgefähig, weil sie als Vollstreckungsakt höchstpersönlich ist (soziale, finanzielle und sonstige Umstände sind im Ermessen zu beachten). Mit ihr soll der entgegenstehende Wille des Pflichtigen gebeugt werden. Die Androhung muss deswegen gegenüber dem Rechtsnachfolger wiederholt werden (Sofortvollzug prüfen!).[420]

- Veräußerung **während des Verwaltungsgerichtsverfahrens**: Die Veräußerung des Grundstücks, auf das sich die Ordnungsverfügung bezieht, hat gemäß § 173 VwGO, § 265 Abs. 2 ZPO keinen Einfluss auf den Prozess.[421] Der Veräußerer führt das Verfahren als Prozessstandschafter des Rechtsnachfolgers fort, soweit nach § 266 Abs. 1 S. 1 ZPO kein Beteiligtenwechsel gefordert wird. Das Urteil bindet den Rechtsnachfolger gemäß § 121 Nr. 1 VwGO.

- Veräußerung **während des Verwaltungs- einschließlich des Widerspruchsverfahrens**: Die trotz Grundstücksübertragung gegen den Veräußerer gerichtete Ordnungsverfügung ist rechtswidrig, weil es auf den Zeitpunkt der letzten Behördenentscheidung ankommt. § 265 ZPO ist im Verwaltungsverfahren nicht anwendbar.[422]

F. Zwangsweise Durchsetzung von Bauordnungsverfügungen

Damit der Adressat die Bauordnungsverfügung auch befolgt, wird sie in der Regel mit **184**
einer **Zwangsmittelandrohung** verbunden (z.B. Zwangsgeld oder Ersatzvornahme); daneben sind Verstöße verschiedentlich bußgeldbewehrt.[423] Die Vollstreckungsvoraussetzungen sind erfüllt, wenn die Ordnungsverfügung (Grund-VA) bestandskräftig ist oder Rechtsbehelfe keine aufschiebende Wirkung entfalten (§ 6 VwVG bzw. entsprechendes Landesrecht).

Letzteres wird typischerweise[424] durch Anordnung der **sofortigen Vollziehung** nach § 80 Abs. 2 S. 1 Nr. 4 VwGO herbeigeführt. Die Anforderungen an die Begründung des Sofortvollzugs sind gering; eine gewisse Formelhaftigkeit ist wegen der stets gleichgelagerten Interessen nicht zu beanstanden.[425] Höhere Anforderungen können bestehen, wenn die Behörde den Zustand bewusst und lange hingenommen hat.[426] Im Rahmen des gegen die Vollziehung gerichteten Rechtsschutzes nach § 80 Abs. 5 VwGO ist das Vollzugsinteresse nach den Arten der Ordnungsverfügung zu differenzieren.

---

420 OVG Münster BRS 35 Nr. 217; OVG Münster, Urt. v. 15.07.2002 – 7 A 1717/01, juris; VGH Mannheim BRS 35 Nr. 212; VG Gelsenkirchen FamRZ 2011, 759.

421 BVerwG NVwZ-RR 2011, 382.

422 BVerwG NJW 1984, 2427; OVG Lüneburg RdL 2012, 327; VGH München NVwZ-RR 2010, 507.

423 Näher: Wenzel, in: Rabe/Pauli/Wenzel Abschn. F Rn. 165 ff.

424 Ausnahme: Stilllegungsverfügungen sind in Bad.-Württ. nach § 64 Abs. 1 S. 3 BauO BW gesetzlich sofort vollziehbar.

425 OVG Saarlouis, Beschl. v. 18.06.2014 – 2 B 209/14, juris.

426 VGH München, Beschl. v. 17.10.2012 – 2 CS 12.1835, juris; OVG Lüneburg BRS 42 Nr. 226.

- **Stilllegungsverfügung**: Der Sofortvollzug ist unproblematisch, da das formelle Baurecht durchgesetzt werden soll und durch die weitere Bauausführung vollendete Tatsachen geschaffen werden. Irreparable Folgen treten nicht ein. Es ist dem Bauherrn grundsätzlich zumutbar, das Baugenehmigungsverfahren durchzuführen.
- **Nutzungsuntersagung**: Der Sofortvollzug ist normalerweise aus denselben Gründen wie bei der Stilllegung unproblematisch. Hinzu kommt, dass die aufschiebende Wirkung eines Rechtsbehelfs der Nutzungsuntersagung faktisch ihre Wirkkraft nimmt und zum Missachten einlädt.
- **Beseitigungsanordnung**: Der Sofortvollzug ist typischerweise unzulässig, weil er irreparable Folgen zeitigt, der (nachlaufende) Rechtsschutz also nicht mehr effektiv wäre.[427]

Ausnahmsweise kann bei einer Beseitigungsverfügung die sofortige Vollziehung angeordnet werden, wenn die Anlage ohne Substanzverlust beseitigt werden kann (zerstörungsfreier Abbau eines Gebäudes in Holzständerbauweise),[428] wenn von ihr eine negative Vorbildwirkung ausgeht, die andere bereits zum Nachahmen animiert,[429] oder eine dringende erhebliche Gefahr abgewendet werden muss.[430]

185 Der Vollstreckung der Ordnungsverfügung können jedoch Hindernisse entgegenstehen, wenn **Dritte private Rechte** an dem Gebäude(grundstück) besitzen. Bei Miteigentümern wie Ehegatten oder Erbengemeinschaften, Mietern, Pächtern usw. genügt es nicht, eine Ordnungsverfügung gegen den Grundstückseigentümer zu erlassen. Aufgrund der Rechte des Dritten wäre es ihm **rechtlich unmöglich** (nicht: tatsächlich, § 44 Abs. 2 Nr. 4 LVwVfG), der Verfügung Folge zu leisten. Zu unterscheiden ist insofern zwischen der Stilllegungs-/Nutzungsuntersagungs-/Beseitigungsverfügung (= Grund-VA) und dem normalerweise gleichzeitig angedrohten Zwangsmittel. Die Grundverfügung ist allein wegen des Rechts des Dritten noch nicht wegen Unmöglichkeit rechtswidrig. Der Dritte kann mit der Maßnahme von vornherein oder aufgrund einer später getroffenen Vereinbarung mit dem Pflichtigen (Ersatzgebäude, Schadensersatzzahlung usw.) einverstanden sein.

186 Dagegen dürfen **Zwangsmittel**, die zur Willensbeugung des Pflichtigen dienen, nur eingesetzt werden, wenn die Pflichterfüllung ausschließlich von dessen Willen abhängt. Zwangsmittel (einschl. Androhung) dürfen also erst eingesetzt werden, wenn (vollziehbare) Duldungsverfügungen gegen die mitberechtigten Dritten vorliegen. Die Duldungsverfügungen können sowohl auf dieselbe spezielle Ermächtigungsgrundlage wie die Ordnungsverfügung als auch auf die bauordnungsrechtliche Generalklausel gestützt werden. Sie setzen die Rechtmäßigkeit der durchzusetzenden Verfügung voraus, selbst wenn diese gegenüber dem Eigentümer bereits bestandskräftig ist.[431] Das Feh-

427 OVG Münster BRS 71 Nr. 124; BRS 69 Nr. 188; OVG Magdeburg, Beschl. v. 17.06.2014 – 2 M 46/14, juris.

428 OVG Greifswald BRS 74 Nr. 211; BRS 73 Nr. 186; OVG Bln-Bbg BRS 73 Nr. 141; OVG Münster BRS 70 Nr. 142; OVG Weimar BRS 58 Nr. 208.

429 OVG Weimar BRS 76 Nr. 207; OVG Greifswald BRS 73 Nr. 186; OVG Münster BRS 69 Nr. 188; VGH Kassel BRS 57 Nr. 283.

430 Brandschutz: OVG Bln-Bbg BRS 65 Nr. 137; OVG Magdeburg, Beschl. v. 17.06.2014 – 2 M 46/14, juris.

431 VGH München, Beschl. v. 16.04.2007 – 14 CS 07.275, juris; VGH Mannheim NuR 2001, 583; OVG Saarlouis NVwZ-RR 2003, 337.

len der Duldungsverfügung führt mithin nicht zur Rechtswidrigkeit der Ordnungsverfügung, sondern steht als Vollstreckungshindernis lediglich ihrer zwangsweisen Durchsetzung im Wege.[432]

Beispiel: Eigentümer E hat ein nicht genehmigtes und nicht genehmigungsfähiges Gebäude, das eine starke negative Vorbildwirkung hat, an Mieter M vermietet. Eine von der Bauaufsicht B an E gerichtete, sofort vollziehbare Beseitigungsverfügung mit Zwangsgeldandrohung ist hinsichtlich der Beseitigungsverfügung rechtmäßig, wegen des Besitzrechts des M hinsichtlich der Zwangsgeldandrohung aber rechtswidrig. Erlässt B zugleich eine sofort vollziehbare Duldungsverfügung (M ist wie E Zustandsstörer), ist auch die Zwangsgeldandrohung rechtmäßig. **Prozessual** gilt: Ist M zum Anfechtungsverfahren des E beigeladen worden, ist er an das Prozessergebnis gebunden, vgl. § 121 VwGO. Greift er die Duldungsverfügung (trotzdem/danach) gesondert an, muss die Rechtmäßigkeit der Beseitigungsverfügung ohne erneute Prüfung zugrunde gelegt werden.[433]

Der Verfügungsinhalt kann je nach Art der Ordnungsverfügung unterschiedlich ausfallen. Bei **Beseitigungsverfügungen** können z.B. gegen alle Miteigentümer gleichlautende Beseitigungsverfügungen erlassen werden, weil alle Bauherrn/Zustandsstörer sind. Die Bauaufsicht kann sich auch einen heraussuchen und die anderen zur Duldung verpflichten. Bei der **Nutzungsuntersagung** wird dem tatsächlichen Nutzer (z.B. Mieter) die weitere Nutzung verboten, dem Eigentümer wird dagegen untersagt, das Gebäude selbst zu nutzen oder die Nutzung durch Dritte zuzulassen.[434]

G. Betretungsrechte

Die mit der Durchführung der Bauordnung beauftragten Personen dürfen während der **187**
Bauphase und nach der Fertigstellung aufgrund spezieller bauordnungsrechtlicher Vorschrift das Baugrundstück einschließlich Haus/Wohnung betreten. Eine Durchsuchung i.S.v. Art. 13 Abs. 2 GG liegt in dem bloßen **Betreten** nicht, da normalerweise keine Durchsuchungshandlungen vorgenommen werden.[435] Voraussetzung ist nach Art. 13 Abs. 3 GG allerdings, dass die Gefahr für die öffentliche Sicherheit „dringend" ist; soweit die Ermächtigungsgrundlage der LBauO dazu schweigt, ist sie verfassungskonform einschränkend auszulegen. Aus der Ermächtigungsnorm folgt die Pflicht des Hausrechtsinhabers, das Betreten zu dulden. Sie kann notfalls per Duldungsverfügung durchgesetzt werden.

47	54	58	52	58	58	53	58	58	61	59	57	58	57	59	58

432 BVerwGE 40, 101; BVerwG BRS 60 Nr. 170; BVerwG, Beschl. v. 25.01.2000 – 3 B 1.00, juris.

433 Vgl. BVerwG BRS 60 Nr. 170; OVG Greifswald BRS 74 Nr. 211.

434 Speziell bei häufigen Mieterwechseln, vgl. OVG Koblenz BRS 76 Nr. 205; OVG Hmb BRS 69 Nr. 187, jeweils zu „Terminwohnungen" für „wandernde" Prostituierte.

435 BVerwG BRS 70 Nr. 185; BVerwGE 47, 31; BVerfGE 51, 97.

Prüfungsfolge Bauordnungsverfügung

A. Ermächtigungsgrundlage der LBauO

B. Formelle Rechtmäßigkeit

- **I.** Zuständigkeit (untere örtliche Bauaufsichtsbehörde nach LBauO)
- **II.** Verfahren (Anhörung, § 28 Abs. 1 LVwVfG)
- **III.** Form (§§ 37, 39 LVwVfG)

C. Materielle Rechtmäßigkeit

- **I.** Bauliche Anlage i.S.d. LBauO
- **II.** Errichtung, Änderung, Nutzung
- **III.** Widerspruch gegen von der Bauaufsichtsbehörde zu prüfende öff.-rechtl. Vorschriften
  - **1.** formelle Illegalität
    - **a)** Genehmigungspflichtigkeit
    - **b)** Genehmigung wirksam (nichtig, aufgehoben, erloschen)
    - **c)** Anlage von Baugenehmigung gedeckt (abweichende Bauausführung)
  - **2.** materielle Illegalität (*auch im Ermessen prüfbar*)

    Verstoß gegen materielles Baurecht (BauGB/BauNVO, BauO, BImSchG, DenkmalSchG)
  - **3.** passiver Bestandsschutz
- **IV. Ermessen (§ 40 LVwVfG)**

  in der Regel intendiert (Wiederherstellung des baurechtmäßigen Zustandes)

4. Teil: Rechtsschutz des Bauherrn

A. Widerspruch und Klage bei verweigerter Baugenehmigung

Weigert sich die Baugenehmigungsbehörde, die erforderliche und beantragte Baugenehmigung zu erteilen, muss der Bauherr zunächst **Widerspruch** einlegen (Ausnahme: Art. 15 Abs. 2 AG VwGO BY; § 110 Abs. 3 S. 2 Nr. 7 JustizG NRW) und anschließend **Verpflichtungsklage** auf Erlass der Baugenehmigung erheben. Für diese gelten wenige Besonderheiten: 188

- Das **allgemeine Rechtsschutzinteresse** fehlt nur dann, wenn sicher feststeht, dass die Baugenehmigung nie umgesetzt werden kann.[436]
- **Maßgeblicher Zeitpunkt** ist die Sach- und Rechtslage der mündlichen Verhandlung in der letzten Tatsacheninstanz, d.h. baurechtliche Verschlechterungen nach Antragstellung (Zurückstellung, Veränderungssperre, tatsächliche Veränderungen) sind zu berücksichtigen und stehen dem Anspruch ggf. entgegen (anders: Nachbarwiderspruch/-klage ← Zeitpunkt des Genehmigungserlasses ist maßgeblich). Insofern kann der Bauherr (hilfsweise) einen Fortsetzungsfeststellungsantrag stellen.[437]
- Beim Angriff auf Inhalts- bzw. Nebenbestimmungen zur Baugenehmigung ist nach der logischen Teilbarkeit zu unterscheiden.[438] Diese fehlt bei **Inhaltsbestimmungen** (z.B. vom Bauantrag abweichende Geschosshöhe, Dachform), deswegen ist nicht die Anfechtungs-, sondern die Verpflichtungsklage auf Erlass einer anderen Baugenehmigung statthaft.[439] Dasselbe gilt für Auflagen, die nicht selbstständig durchsetzbar sind, sondern den Inhalt der Genehmigung verändern (**„modifizierende Auflage"**, wie bspw. einen bestimmten Lärmgrenzwert einzuhalten[440]). 189
- Besteht Streit über die (ggf. teilweise) **Baugenehmigungsfreiheit** eines Vorhabens, kann der Bauherr eine allgemeine Feststellungsklage (§ 43 VwGO) erheben, sein Vorhaben bedürfe keiner Baugenehmigung.[441]

Gegen **Bauordnungsverfügungen** ist in der Hauptsache die Anfechtungsklage gegeben, ohne dass Besonderheiten zu beachten wären.

B. Eilrechtsschutz des Bauherrn

Eine **einstweilige Anordnung** auf Erlass einer Baugenehmigung nach § 123 VwGO ist stets **erfolglos**. Es wird entweder darauf verwiesen, dass „vorläufige Baugenehmigungen" im materiellen Bauordnungsrecht nicht vorgesehen sind oder damit begründet, dass sie gegen das prozessuale Verbot der Vorwegnahme in der Hauptsache verstoßen.[442] 190

---

436 BVerwGE 61, 128; VGH Mannheim BRS 79 Nr. 110; VGH München BRS 74 Nr. 158; BayVBl 2014, 700.

437 BVerwGE 61, 128; BVerwG BRS 54 Nr. 137.

438 Stollmann § 18 Rn. 27 ff.

439 BVerwGE 69, 37; 90, 42.

440 BVerwG VwRspr 26, 195; näher: AS-Skript VwGO (2013), Rn. 221 ff.

441 OVG Saarlouis BRS 55 Nr. 83 und Nr. 142; OVG Lüneburg BRS 65 Nr. 161; OVG Münster, Urt. v. 21.12.2010 – 2 A 126/09, juris; allgemein: BVerwGE 39, 247; AS-Skript VwGO (2013), Rn. 296.

442 OVG Münster BRS 66 Nr. 163; Rolshoven BauR 2003, 646 (650); AS-Skript VwGO (2013), Rn. 834.

Vereinzelt werden Ausnahmen bei völliger Unzumutbarkeit des Abwartens gemacht (irreparable Schäden)[443] oder es werden dem Bauherrn allein auf der prozessualen Grundlage des § 123 VwGO vorläufige Maßnahmen gestattet (z.B. Nutzungsaufnahme).[444]

Gegen eine **Zurückstellung** (§ 15 Abs. 1 S. 1 BauGB) ist ein Antrag auf vorläufigen Rechtsschutz nach § 80 Abs. 5 VwGO statthaft, der im Erfolgsfall die Baugenehmigungsbehörde zwingt, den Genehmigungsantrag weiter zu bearbeiten.[445]

Gegen sofort vollziehbare **Bauordnungsverfügungen** kann der Bauherr einen Antrag nach § 80 Abs. 5 VwGO stellen. Bei der Stilllegung und der Nutzungsuntersagung fällt die gerichtliche Abwägungsentscheidung bei voraussichtlicher Rechtmäßigkeit der Verfügung normalerweise zugunsten der Behörde aus, weil keine unumkehrbaren Folgen zu erwarten sind. Dagegen gibt es für die **Abbruch-/Abrissverfügung** selbst bei summarisch anzunehmender Rechtmäßigkeit wegen Art. 14 Abs. 1 GG in der Regel kein überwiegendes Vollzugsinteresse, soweit der Vollzug der Verfügung nicht mehr rückgängig zu machen ist oder hohe Kosten verursacht.[446]

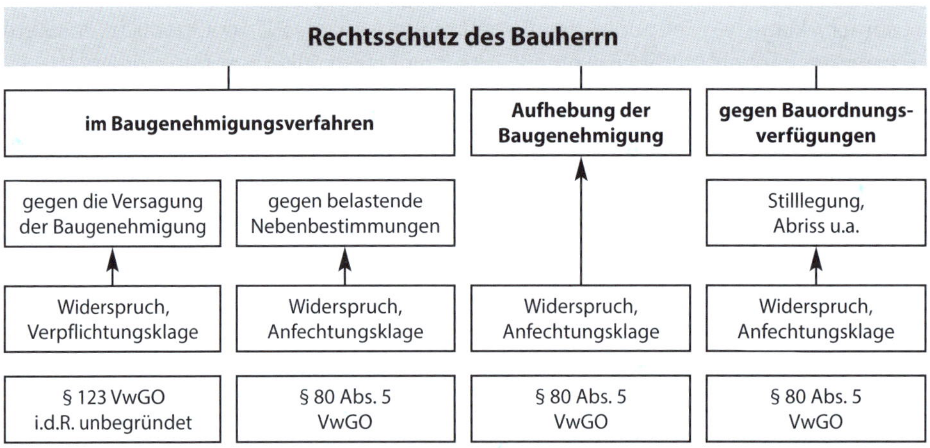

443 Finkelnburg/Ortloff/Otto § 21 II Nr. 1 (S. 270) m.w.N.

444 OVG Bremen NVwZ-RR 2006, 162.

445 OVG Münster BauR 2014, 1267; BRS 81 Nr. 54; VGH Mannheim BRS 78 Nr. 127 (unter Aufgabe seiner früheren Rspr.).

446 OVG Greifswald BRS 73 Nr. 186; AS-Skript VwGO (2013), Rn. 726 a.E.

5. Teil: Baurechtlicher Nachbarschutz

In der baurechtlichen **Praxis** und damit auch in Studium und Prüfung treten die Konflikte zwischen Nachbarn in besonderer Schärfe hervor. **191**

Für den **privaten** Bauherrn oder Grundstückseigentümer geht es regelmäßig um die größte Investition seines Lebens, die er entweder gegen den widerstrebenden Nachbarn durchsetzen muss oder die er gegen den bauenden Nachbarn schützen will. Eine bauliche Konfliktlage beeinträchtigt zudem dauerhaft das tägliche Leben, weil das Haus/die Wohnung im Mittelpunkt der privaten Lebensführung steht. Entsprechend groß ist die Bereitschaft, auch auf dem Rechtsweg um die eigene Position zu kämpfen. Aus **Investorensicht** schmälern Nachbarrechte die Ausnutzbarkeit des Grundstücks und damit die Rendite des Projekts; Investoren wollen das baurechtlich Mögliche deswegen typischerweise voll ausreizen. Ähnliches gilt für **Gewerbe** und **Industrie**, deren Bauten und Anlagen den Erfolg ihrer Geschäftstätigkeit wesentlich mitbestimmen, die in ihrer Umgebung aber selten gern gesehen sind.

In **rechtlicher** Hinsicht stellt das öffentliche Baunachbarrecht eine besondere Herausforderung dar, weil sich Bauherr und Nachbar nicht wie im privaten Nachbarrecht[447] unmittelbar in einem Zwei-Personen-Verhältnis gegenüberstehen. Die öffentlichen Bauvorschriften verleihen dem Nachbarn **keinen Anspruch unmittelbar gegen den Bauherrn**. Vielmehr müssen Bauherr und Nachbar ihren Konflikt „im Dreieck" abwickeln, also über die Bauaufsichtsbehörde. Dieses baurechtliche Dreiecksverhältnis ist mit Schwierigkeiten verbunden. Die Baugenehmigung ist dabei *der* klassische Fall des Verwaltungsakts mit Doppelwirkung (vgl. § 80a VwGO) und damit aller Dreiecksverhältnisse im gesamten öffentlichen Recht.[448] Nicht zuletzt deswegen gehört das Baunachbarrecht zu den beliebtesten **Prüfungsstoffen** in Studium und Examen.[449] **192**

Der Nachbar kann bei einem störenden Bauvorhaben nicht gegen den Bauherrn direkt vorgehen, sondern muss die Bauaufsichtsbehörde verklagen, indem er Anfechtungsklage gegen die von ihr erlassene Baugenehmigung erhebt. Will der Nachbar den Bauherrn zwingen, eine störende Nutzung zu unterlassen, muss er die Bauaufsichtsbehörde per Verpflichtungsklage auf den Erlass einer Ordnungsverfügung gegen diesen verklagen. Der Bauherr muss im eigenen Interesse darauf achten, dass seine Nachbarn am Baugenehmigungsverfahren beteiligt werden, ihnen insbesondere die Baugenehmigung bekannt gegeben wird. Andernfalls wird seine Baugenehmigung diesen gegenüber nicht bestandskräftig und sie können die Baugenehmigung lange Zeit anfechten.

Zusätzlich wird die Rechtslage dadurch unübersichtlich, dass nur wenige Vorschriften des öffentlichen[450] Baurechts zum Schutz der Nachbarschaft erlassen sind. Die meisten Vorschriften dienen nur dem Allgemeininteresse: sie verfolgen allein städtebauliche (Bauplanungsrecht) oder allgemeine ordnungsrechtliche Zwecke (Bauordnungsrecht). Obwohl die Bauaufsichtsbehörde **alle** gesetzlichen Bauvorschriften prüfen und beachten muss, kann der Nachbar die Behörde nur zwingen, die **ihn schützenden** durchzusetzen. Materiellrechtlich geht es stets um die Frage, welche der als verletzt gerügten baurechtlichen Normen in welchem Umfang **nachbarschützend** wirken. Unrichtig ist die bei baurechtlichen Laien häufig anzutreffende Annahme, sie könnten eine unliebsame Bebauung abwehren, um eine Wertminderung ihres Grundstücks zu verhindern.[451] **193**

---

447 Dazu: Grziwotz/Lüke/Saller, Paxishandbuch Nachbarrecht, 2. Aufl. 2013; Dürr, in: Brügelmann Vor §§ 29 ff. Rn. 10 ff.; Seibel BauR 2005, 1409.

448 Laubinger, Der Verwaltungsakt mit Doppelwirkung (1967), S. 34: Baurecht ist die „Wiege" des VA mit Doppelwirkung.

449 Debus Jura 2006, 487; Schoch Jura 2003, 317; Konrad JA 2002, 967; Muckel JuS 2000, 231.

450 Dem privaten Nachbarrecht (§§ 1004, 903 ff, 823, 862 BGB, Nachbarrechtgesetze der Länder) fehlt der städtebaulichen Bezug, vgl. BVerwG BRS 60 Nr. 175.

451 Kaplonek/Mittag JA 2006, 664 (665) unter Verweis auf BVerwG BRS 59 Nr. 177.

Es kann also sein, dass die erteilte Baugenehmigung objektiv rechtswidrig ist, der Nachbar aber nichts dagegen ausrichten kann, weil sie nicht gegen *nachbarschützende* Vorschriften verstößt (vgl. § 113 Abs. 1 S. 1 VwGO: „… und der Kläger dadurch in seinen Rechten verletzt ist"). Ein genehmigungsfreies Vorhaben kann objektiv rechtswidrig sein, der Nachbar kann die sich weigernde Bauaufsicht aber nicht zum Einschreiten gegen den Bauherrn zwingen, weil seine Nachbarrechte nicht verletzt sind.

194 **Prozessual** wirkt sich die Beschränkung auf die Prüfung nachbarschützender Normen auf den Fallaufbau aus, wenn der Nachbar einen Rechtsbehelf erhebt. Zudem ist der Eilrechtsschutz besonders bedeutsam. Widerspruch und Klage gegen die Baugenehmigung entfalten nach § 212a BauGB keine aufschiebende Wirkung. Die muss der Nachbar erst anordnen lassen. Der Rechtsschutz richtet sich insofern nicht nach § 80 VwGO, sondern nach § 80a VwGO. Bei „Schwarzbauten" und genehmigungsfreien Vorhaben muss der Nachbar eine einstweilige Anordnung nach § 123 VwGO erwirken, die die Bauaufsicht zwingt, per Bauordnungsverfügung gegen den Bauherrn einzuschreiten.[452]

195 **Hintergrund.** Das aktuelle Baunachbarrecht markiert das (vorläufige) Ende einer langen Entwicklung, deren Anfänge bis heute fortwirken.[453] Die im Baunachbarrecht seit jeher dominierende Rechtsprechung hat sich zunächst schwer getan, Nachbarklagen überhaupt für zulässig zu halten. Mit Blick auf das Bedürfnis des Bauherrn nach Rechtssicherheit hat sie vor Geltung des GG subjektiv-öffentliche Rechte der Nachbarn abgelehnt und Nachbarklagen generell für unzulässig gehalten.[454] Unter Geltung von Art. 19 Abs. 4 GG hat die Rspr. den Nachbarn schrittweise subjektive Rechte zugestanden, wenn eine planungsrechtliche Festsetzung (also: in einem BPlan, nicht: in einem Baugesetz) einem „hinreichend abgrenzbaren Personenkreis" eine Rechtsposition derart einräumen wollte, dass sie notfalls klageweise durchsetzbar war.[455] Erst 1977 hob das BVerwG im „Schweinemäster-Fall"[456] das bis heute dominierende „Gebot der Rücksichtnahme" aus der Taufe, das nicht nur aus einer BPlan-Festsetzung, sondern auch aus allgemeinen Baugesetzen folgt (s. Rn. 114). Auch dieses ist bis heute lediglich beschränkt nachbarschützend: nur ein hinreichend qualifizierter und/oder individualisierter Personenkreis kann sich darauf berufen. Die vorläufig letzte Erweiterung nahm das BVerwG 1993 vor, als es den planungsrechtlichen Festsetzungen über die *Art* der baulichen Nutzung (§§ 2 ff. BauNVO) einen von der konkreten Betroffenheit losgelösten drittschützenden Charakter zusprach.[457] Alle Grundstückseigentümer in einem Baugebiet können seither die Einhaltung der rein städtebaulich (= objektiv) motivierten Festsetzung über die Art der Nutzung erzwingen, auch wenn sie selbst nicht direkt nachteilig betroffen sind.

A. Abwehrrecht des Nachbarn – drittschützende Norm

196 Rechtsschutz kann der Dritte/Nachbar im öffentlichen Baurecht nur aufgrund von drittschützenden/nachbarschützenden Vorschriften erlangen. Kann er sich nicht auf eine nachbarschützende Vorschrift berufen, fehlt ihm die Klage- bzw. Widerspruchsbefugnis (vgl. § 42 Abs. 2 VwGO).

Schutznormtheorie: Eine Baurechtsnorm ist nachbarschützend, soweit sie nicht nur die Interessen der Allgemeinheit und nicht nur faktisch (als Rechtsreflex) die Interessen des Einzelnen schützt, sondern sie nach ihrer Zweckbestimmung zumindest auch auf dessen Schutz gerichtet ist (Finalität).[458]

---

452 Vgl. Kaplonek/Mittag JA 2006, 664.

453 Vgl. Wolf NVwZ 2013, 247; Dürr, in: Brügelmann Vor §§ 29 ff. Rn. 6.

454 Vgl. PrOVGE 2, 351 (354 f.); 14, 378; 61, 175; 70, 377; 78, 257; näher Sellmann, DVBl 1963, 273.

455 BVerwGE 27, 29: BPlan und seine Begründung müssen entsprechend auslegbar sein.

456 BVerwGE 52, 122: Die Wohnbebauung muss beim Heranrücken auf den vorhandenen Schweinemäster Rücksicht nehmen.

457 BVerwGE 94, 151.

458 BVerwG BRS 46 Nr. 173; BRS 40 Nr. 190.

Aus den individualisierenden Tatbestandsmerkmalen der Norm muss sich ein Personenkreis entnehmen lassen, der sich von der Allgemeinheit unterscheidet.[459]

B. Nachbar

Nachbar im baurechtlichen Sinne ist nur, wer personell und räumlich von der (Schutz-) Norm erfasst ist.[460] Ein Dritter ist in **personeller** Hinsicht nur einbezogen, wenn er z.B. als Eigentümer,[461] Nießbraucher oder Erbbauberechtigter **dinglich** berechtigt ist. Denn das öffentliche Baurecht dient nur dem Schutz des Grundstückseigentums (vgl. Art. 66 Abs. 3 S. 3 BauO BY). 197

Lediglich schuldrechtlich Besitzberechtigte, insbesondere **Mieter**, unterfallen zwar Art. 14 GG,[462] sind baurechtlich aber keine Nachbarn.[463] Ihnen fehlt die Widerspruchs- bzw. Klagebefugnis. Bei (schweren) Gesundheitsbeeinträchtigungen (vgl. Art. 2 Abs. 2 GG) können sie eigene Rechte als Mieter geltend machen.[464] Im Übrigen müssen sie den Eigentümer (Vermieter) dazu bewegen, seine Nachbarrechte geltend zu machen. Unterliegt die bauliche Anlage § 22 BImSchG, geht der Nachbarschutz vor schädlichen Umwelteinwirkungen gemäß § 3 Abs. 1 BImSchG über die Grundstückseigentümer hinaus.[465]

In **räumlicher** Hinsicht sind alle **Angrenzer** Nachbarn (vgl. § 55 BauO BW, § 74 BauO NRW). Darüber hinaus sind alle Grundstücke erfasst, die im **Einwirkungsbereich** des Vorhabens liegen und deren Beeinträchtigung die baurechtliche Norm verhindern will. Die konkrete Ausdehnung ist also einzelfallabhängig. 198

Nachbar kann auch eine **benachbarte Gemeinde** sein, die in ihrer Planungshoheit (Art. 28 GG) verletzt sein kann. Sie kann etwa einen Verstoß gegen das interkommunale Abstimmungsgebot aus § 2 Abs. 2 BauGB rügen[466] oder den Erlass einer Bauordnungsverfügung von der Bauaufsichtsbehörde verlangen, wenn ein Bauherr baugenehmigungsfrei gegen Vorschriften verstößt, die der gemeindlichen Planungshoheit zuzuordnen sind (z.B. Gestaltungssatzung).[467] Zum Rechtsschutz im Rahmen des Einvernehmenserfordernisses nach § 36 BauGB s. Rn. 63.

Bei Rechtsbehelfen des Nachbarn wird die Nachbareigenschaft in der Klage- bzw. Antragsbefugnis (§ 42 Abs. 2 VwGO) geprüft.[468]

C. Besonderheiten im Prüfungsaufbau bei Nachbarrechtsbehelfen

In **Prüfungsarbeiten** weicht der Fallaufbau bei Nachbarrechtsbehelfen vom Normalfall verwaltungsgerichtlicher Klagen und Eilanträge sowohl in der Zulässigkeit als auch in der Begründetheit ab. 199

Zulässigkeit. Die Frage, welche der infrage kommenden oder als verletzt gerügten Normen grundsätzlich nachbarschützend sind, ist bereits in der Zulässigkeit bei der **Klage- bzw. Antragsbefugnis** (§ 42 Abs. 2 VwGO [analog]) zu prüfen. Im Sachverhalt werden

459 BVerwGE 148, 290.
460 Stollmann § 20 Rn. 18 ff.
461 Der Käufer schon ab Besitzübergang und Eintragung der Auflassungsvormerkung: BVerwG BRS 49 Nr. 185.
462 BVerfGE 89, 1.
463 BVerwGE 82, 61; BVerwG BRS 60 Nr. 174.
464 BVerwGE 54, 211.
465 Reidt, in: Battis/Krautzberger/Löhr Vorb. §§ 29-38 Rn. 24, 26.
466 OVG Münster BRS 78 Nr. 51; OVG Lüneburg BRS 78 Nr. 184; VGH Kassel BRS 74 Nr. 7.
467 BVerwG BRS 63 Nr. 115; BRS 52 Nr. 136; VGH München BRS 59 Nr. 222;
468 Stollmann § 21 Rn. 15.

typischerweise verschiedene baurechtliche Normen als verletzt gerügt. Davon sind einige nachbarschützend, andere sind es nicht. Von den nachbarschützenden Normen sind einige nach den vorgegebenen tatsächlichen Umständen einschlägig, andere sind es schon auf erstes Hinsehen nicht. In der Zulässigkeit muss in der Klage- bzw. Antragsbefugnis **jede** infrage kommende baurechtliche Vorschrift darauf hin untersucht werden, ob sie überhaupt Nachbarschutz vermitteln kann. Falls ja, muss weiter geprüft werden, ob dem anfechtenden Nachbarn die Rechte offensichtlich und eindeutig nach keiner Betrachtungsweise zustehen können (Negativformel).[469] In der Begründetheit wird dann geprüft, ob die nachbarschützende Norm im konkreten Fall tatsächlich einschlägig ist.

Dieser Zulässigkeitsaufbau führt zu Folgendem:

- Die Lösung wird „kopflastiger", d.h. die Zulässigkeitsprüfung ist deutlich länger als üblich.
- Die nicht drittschützenden Normen dürfen nur in der Klage-/Antragsbefugnis angesprochen und in der Begründetheitsprüfung nicht mehr erwähnt werden.
- Nachbarschützende Normen, die nicht offensichtlich ausscheiden, werden sowohl in der Klage-/Antragsbefugnis als auch in der Begründetheit untersucht.

Hinweis: *Es sollte vermieden werden, schon die nachbarschützende Qualität der jeweiligen Norm mit der Negativformel pauschal zu bejahen („~~Es ist nicht schlechthin ausgeschlossen, dass § … nachbarschützend wirkt.~~"). Ein solches Vorgehen wäre zwar grundsätzlich denkbar, denn man kann sich für fast jede Norm auf den Standpunkt stellen, sie sei vielleicht nachbarschützend. Das ist aber nicht ratsam. Das Prüfungsamt erwartet eine solche Zulässigkeitsprüfung nicht, sodass der Sachverhalt keine tatsächlichen Angaben zu den Normen bereithält, die eigentlich schon in der Zulässigkeit auszuscheiden wären. In der Begründetheit gerät man dann ins Schleudern.*

200 **Begründetheit.** Die Begründetheit einer Klage wird in der Anfechtungssituation normalerweise in der Reihenfolge 1. Ermächtigungsgrundlage 2. formelle Rechtmäßigkeit 3. materielle Rechtmäßigkeit geprüft. Davon weicht die Nachbarklage im Baurecht ab. Die Begründetheitsprüfung in baurechtlichen Nachbaranfechtungsklage **beschränkt** sich auf die **nachbarschützenden** Bauvorschriften, die in der Klagebefugnis festgestellt worden sind. Es muss also sofort mit der Prüfung der ersten (in der Zulässigkeit festgestellten) nachbarschützenden Norm begonnen werden. Hingegen darf dagegen nicht geprüft werden, ob die (sonstigen) Voraussetzungen der Ermächtigungsgrundlage aus der LBauO für die Erteilung der Baugenehmigung vorgelegen haben, insbesondere ob sie in formeller und materieller Hinsicht rechtmäßig ergangen ist. Denn letzteres ist beim Nachbarrechtsstreit unerheblich: weder die Verletzung von Verfahrensvorschriften über das Genehmigungsverfahren noch die Rechtswidrigkeit der Baugenehmigung wegen Verstoßes gegen Bauvorschriften, die nur im städtebaulichen Allgemeininteresse erlassen sind, können dem klagenden Nachbarn zum Erfolg verhelfen, weil § 113

469 BVerwG BRS 74 Nr. 45; BVerwGE 117, 93; AS-Skript VwGO (2013), Rn. 450.

Abs. 1 S. 1 VwGO a.E. eine Rechtsverletzung des Klägers verlangt. Im vorläufigen Rechtsschutz und im Widerspruchsverfahren[470] gilt nichts anderes.

Hinweis: *Vor einer falsch verstandenen Vollständigkeit sollte man sich gerade in der Begründetheit hüten. Einer der Gründe, Drittrechtsbehelfe zu prüfen, liegt im geänderten Prüfungsaufbau und -umfang. Gerade aus der Sicht eines korrigierenden Praktikers wird ein ernster Fehler begangen, wenn in einer Arbeit umfänglich zu Vorschriften ausgeführt wird, deren Verletzung den Kläger seinem Klageziel nicht näher bringt.*

Auch aus ***klausurtaktischen*** *Gründen sollte der hier vorgeschlagene Aufbau stets vorgezogen werden.[471] Es wird zwar auch der „Normalaufbau" der Begründetheitsprüfung einer Anfechtungsklage vertreten,[472] bei dem die Verletzung des Nachbars in eigenen Rechten (§ 113 Abs. 1 S. 1 VwGO: „und der Kläger dadurch in seinen Rechten verletzt ist") erst ganz am Ende als zusätzliches Element geprüft wird. Hat – wie meist – der Aufgabensteller aber den praxisgängigen Aufbau wie hier vorgeschlagen vor Augen, fehlen im Klausursachverhalt alle tatsächlichen Angaben zu den nicht nachbarschützenden (rein objektiven) Normen, u. a. zu den Verfahrensnormen der formellen Rechtmäßigkeit. Das führt dazu, dass man alles im Sachverhalt Fehlende annehmen oder unterstellen muss, was immer ungünstig ist. Das ist ein unnötiges Risiko, weil man am Ende der (insofern überflüssigen) Prüfung feststellt, dass die (ggf. verletzte) Norm den klagenden Nachbarn eben nicht in seinen Rechten verletzt.*

Prüfungsfolge Nachbaranfechtung

A. Zulässigkeit

III. Klagebefugnis

1. § … LBauO (–)

2. § 34 Abs. 2 BauGB i.V.m. § … BauNVO

a) grundsätzlich nachbarschützend

b) Kläger/Antragsteller ist Nachbar

c) Verstoß nicht schlechthin ausgeschlossen

3. *nächste Norm*

B. Beiladung des Bauherrn

C. Begründetheit

nur Prüfung auf einen Verstoß gegen die in der Klagebefugnis festgestellten nachbarschützenden Vorschriften

nicht prüfen: formelle und materielle Rechtmäßigkeit der Baugenehmigung

470 Vgl. AS-Skript VwGO (2013), Rn. 875.

471 Ebenso Muckel/Ogorek § 11 Rn. 7.

472 Z.B. Würtenberger, Verwaltungsprozessrecht, 3. Aufl. 2011, Rn. 362; Goldhammer/Hofmann JuS 2014, 434; Hartmann/Sendt JuS 2012, 917.

Fall 5: Die erdrückende Doppelhaushälfte

B hat dem beigeladenen E eine Baugenehmigung für ein 18 m hohes Sechs-Familienhaus erteilt, das an die 9 m hohe Einfamilien-Doppelhaushälfte des N angebaut werden soll. In der unbeplanten näheren Umgebung, die faktisch einem allgemeinen Wohngebiet (WA) entspricht, stehen lauter etwa spiegelbildlich gebaute Doppelhäuser. N klagt eine Woche nach deren Erteilung gegen die Baugenehmigung und meint, wenn das Nachbarhaus so wie genehmigt gebaut würde, entstünde gar kein Doppelhaus. Außerdem verlange die Baugenehmigung – was zutrifft – nur die Hälfte der Stellplätze, die nach der LBauO eigentlich erforderlich sind, sodass er künftig kaum noch einen Parkplatz in der Nähe seines Hauses fände. Hat die Klage Erfolg?

Die Klage hat Erfolg, soweit sie zulässig und begründet ist.

A. **Zulässigkeit der Klage**

I. Der Verwaltungsrechtsweg ist nach § 40 Abs. 1 S. 1 VwGO eröffnet. Gegen die Baugenehmigung (VA) ist die Anfechtungsklage (§ 42 Abs. 1 VwGO) statthaft. Ein vorheriger Widerspruch ist nach § 68 Abs. 1 S. 2 VwGO i.V.m. Landesrecht entbehrlich. N hat die einmonatige Klagefrist (§ 74 Abs. 1 S. 2 VwGO) gewahrt.

201 II. N müsste weiterhin gemäß § 42 Abs. 2 VwGO **klagebefugt** sein. Das setzt voraus, dass er geltend machen kann, in einem subjektiv-öffentlichen Recht verletzt zu sein.

1. N's Klagebefugnis könnte daraus folgen, dass die Baugenehmigung nur die Hälfte der Stellplätze verlangt, die nach der LBauO erforderlich sind.

37	47	50, 52	43	49	48, 49	44	49	46-48	51	47	47	49	48	50	49

Die **bauordnungsrechtliche Stellplatzpflicht** ist jedoch nicht dazu bestimmt, zumindest auch den Interessen der Nachbarn (etwa an der Vermeidung von zusätzlichem Parkdruck) zu dienen, sondern soll ausschließlich den öffentlichen Verkehrsraum entlasten.[473] Ein evtl. Verstoß gegen die Stellplatzpflicht verleiht N keine Klagebefugnis.

2. Ein Verstoß gegen eine nachbarschützende Vorschrift könnte darin liegen, dass die angefochtene Baugenehmigung hinsichtlich der **Bauweise** gegen **§ 22 Abs. 2 S. 1 BauNVO** verstößt, weil der dem Beigeladenen E genehmigte Baukörper so stark von der Haushälfte des N abweicht, dass gar **kein Doppelhaus** entsteht.

Die Festsetzung einer **offenen** Bauweise im BPlan (!) ist grundsätzlich drittschützend, weil der einzuhaltende Grenzabstand (Brandschutz, Belichtung, Belüftung) auch den Interessen des Nachbarn zu dienen bestimmt ist.[474] Zum Drittschutz der Bauweise „Doppelhaus" s. sogleich in der Begründetheit.

473 VGH Mannheim BauR 2009, 470.

474 Blechschmidt, in: Ernst/Zinkahn/Bielenberg § 22 BauNVO Rn. 49 m.w.N.

§ 22 Abs. 2 S. 1 BauNVO kann N aber nur zur Klagebefugnis verhelfen, wenn nicht **offensichtlich und nach jeder Betrachtungsweise ausgeschlossen** ist, dass das genehmigte Vorhaben gegen diese Norm verstößt. Das ist im hier gegebenen unbeplanten Innenbereich jedoch der Fall. § 22 BauNVO ist im unbeplanten Innenbereich nämlich überhaupt nicht anwendbar, obwohl die nähere Umgebung einem allgemeinen Wohngebiet (§ 4 BauNVO) entspricht. Denn ob sich ein Vorhaben im unbeplanten Innenbereich (§ 34 Abs. 1 BauGB) einfügt, bestimmt sich gemäß § 34 Abs. 2 BauGB nur hinsichtlich der *Art* der baulichen Nutzung nach der BauNVO. Ob sich ein Vorhaben nach seiner *Bauweise* einfügt, richtet sich ausschließlich nach § 34 Abs. 1 BauGB.[475] Auf § 22 Abs. 2 S. 1 BauNVO kann N sich offensichtlich nicht berufen, sodass diese Norm ihm ebenfalls keine Klagebefugnis vermittelt.

3. Schließlich kommt in Betracht, dass N aus § 34 Abs. 1 BauGB klagebefugt ist, weil das genehmigte Vorhaben des E gegen das **Gebot der Rücksichtnahme** verstoßen könnte, das im Tatbestandsmerkmal des **Einfügens** enthalten ist und nachbarschützend wirkt.[476] Angesichts der ganz ungleichen Kubatur und Nutzung der Doppelhaushälften ist jedenfalls nicht von vornherein ausgeschlossen, dass sich das genehmigte Bauvorhaben des E mit Blick auf N als **rücksichtslos** erweist. § 34 Abs. 1 BauGB verleiht N die erforderliche Klagebefugnis.

III. Sonstige Zulässigkeitshindernisse sind nicht ersichtlich. Die Klage ist zulässig.

B. Beiladung des E

E war als Adressat der angegriffenen Baugenehmigung nach § 65 Abs. 2 VwGO notwendig beizuladen.

C. Begründetheit der Klage

Die Klage ist begründet, soweit die Baugenehmigung wegen Verstoßes gegen nach- 202
barschützende Vorschriften rechtswidrig ist und den N dadurch in seinen Rechten verletzt, vgl. § 113 Abs. 1 S. 1 VwGO.

I. In Betracht kommt (nur), dass sich das geplante Gebäude nach seiner Bau*weise* nicht i.S.v. § 34 Abs. 1 BauGB in die Eigenart der näheren Umgebung **einfügt** und dadurch gegen das Gebot der **Rücksichtnahme** verstößt, das in diesem Tatbestandsmerkmal enthalten ist (s. Rn. 114).

1. Die geplante Errichtung des Gebäudes, das B dem Beigeladenen E genehmigt hat, stellt ein Bauvorhaben i.S.v. § 29 Abs. 1 BauGB dar, sodass die §§ 30 ff. BauGB anwendbar sind. Das Vorhaben soll weder im Außenbereich (§ 35 BauGB) noch einem Gebiet errichtet werden, für den ein BPlan gilt (§ 30 BauGB). Da die nähere Umgebung faktisch einem allgemeinen Wohngebiet (WA) entspricht, liegt das Baugrundstück im unbeplanten Innenbereich. Damit ist **§ 34 BauGB anwendbar**.

475 BVerwGE 148, 290.

476 Reidt, in: Battis/Krautzberger/Löhr Vorb. §§ 29–38 Rn. 69 m.w.N.

2. Ein Verstoß gegen das Gebot der Rücksichtnahme setzt zunächst voraus, dass das Bauvorhaben gegen **objektives Baurecht** verstößt,[477] also wenn

   - sich das Bauvorhaben nach seinem Maß der baulichen Nutzung, seiner Bauweise oder seiner überbauten Grundstücksfläche nicht in die Eigenart der näheren Umgebung einfügt,[478] oder
   - es zwar den allgemeinen Umgebungsrahmen wahrt, auf die Bebauung in unmittelbarer Nähe aber keine Rücksicht nimmt.[479]

3. Ob sich die Bauweise des geplanten Gebäudes einfügt, richtet sich nach der Umgebung, insoweit es sich auf sie auswirken kann oder diese das Baugrundstück beeinflusst.[480] Die prägende Umgebung weist eine **offene Bauweise** mit Doppelhäusern auf (vgl. die Definitionen in § 22 BauNVO, der als Auslegungshilfe herangezogen werden darf[481]).

203 a) Ein **Doppelhaus** ist bauplanungsrechtlich[482] eine bauliche Anlage, die dadurch entsteht, dass zwei Gebäude auf benachbarten Grundstücken durch Aneinanderbauen an der gemeinsamen Grundstücksgrenze zu einer Einheit zusammengefügt werden, indem sie wechselseitig und verträglich aufeinander abgestimmt werden. Kein Doppelhaus bilden zwei Gebäude, die sich zwar an der gemeinsamen Grundstücksgrenze berühren, aber als zwei selbstständige Baukörper erscheinen.[483]

b) Ob sich das Bauvorhaben der Bau*weise* nach **einfügt**, richtet sich nicht nach § 22 BauNVO, weil § 34 Abs. 1 BauGB – anders als § 34 Abs. 2 BauGB für die Art der Bebauung – nicht auf die BauNVO verweist. Es gelten vielmehr die allgemeinen Anforderungen an das Einfügen (s. Rn. 96): Das Vorhaben muss den Umgebungsrahmen einhalten (= Vorbild in der Umgebung) und falls es ihn überschreitet, dürfen keine bodenrechtlichen Spannungen entstehen (seltene Ausnahme). Diesen Anforderungen genügt das Sechs-Familienhaus des E nicht. Seine Verwirklichung führt nicht zu einem Doppelhaus, sondern zu einer einseitig grenzständigen Bebauung, für die es kein Vorbild in der Umgebung gibt. Der Umgebungsrahmen ist überschritten. Das Vorhaben verursacht auch bodenrechtlichen Spannungen: Wegen einer möglichen Vorbildwirkung löst es ein Bedürfnis nach planerischer Gestaltung aus.

c) Ein Verstoß gegen objektives Recht liegt damit vor.

204 4. Das **Grundstück des N** müsste vom Schutz des aus dem Tatbestandsmerkmal „einfügen" folgenden Rücksichtnahmegebots in Bezug auf die Bauweise **um-**

---

477 BVerwGE 148, 290; 89, 69.
478 BVerwG BRS 62 Nr. 102.
479 BVerwGE 55, 369.
480 BVerwGE 55, 369.
481 Vgl. BVerwG BRS 78 Nr. 102; BVerwGE 95, 277.
482 Vgl. BVerwG BRS 79 Nr. 95.
483 BVerwGE 110, 355; BVerwG BauR 2013, 1427.

fasst sein. Das Rücksichtnahmegebot wirkt in erster Linie objektivrechtlich. Drittschutz verleiht es, wenn in qualifizierter und individualisierter Weise auf schutzwürdige Interessen eines erkennbar abgegrenzten Kreises Dritter Rücksicht zu nehmen ist.[484] Dazu muss sich aus den individualisierenden Tatbestandsmerkmalen der Norm ein Personenkreis entnehmen lassen, der sich von der Allgemeinheit unterscheidet.[485]

Faustregel: Die tatsächlichen Umstände müssen handgreiflich vorgeben, auf wen Rücksicht zu nehmen ist und dass dieser rechtlich besonders schutzwürdig ist.[486] *Letztlich muss eine Einzelfallprüfung aller Umstände stattfinden.*

Diese Voraussetzungen sind erfüllt. Der wechselseitige Verzicht auf die **seitlichen Grenzabstände** an der gemeinsamen Grundstücksgrenze, die eigentlich „Wohnfrieden" schaffen, bindet die Grundeigentümer in ein Verhältnis des gegenseitigen Interessenausgleichs ein. Ihre Baufreiheit wird zugleich erweitert und beschränkt. Sie erlegt beiden Bauherrn die Rücksichtnahmeverpflichtung auf, nur „echte" Doppelhaushälften zu errichten, wenn es im prägenden Rahmen keine lediglich grenzständige Bebauung gibt. Die jeweiligen Grundstücksnachbarn sind der abgegrenzte Personenkreis, auf den bzgl. der Bauweise „Doppelhaus" qualifiziert (= in besonderer Weise) und individualisiert (= nicht lediglich allgemein) Rücksicht zu nehmen ist.[487]

II. Das Bauvorhaben des Beigeladenen E fügt sich bzgl. seiner Bauweise nicht i.S.v. § 34 Abs. 1 BauGB in die Eigenart der näheren Umgebung ein und verstößt damit zugleich gegen das darin enthaltene Gebot der Rücksichtnahme. Da das Rücksichtnahmegebot den N als Eigentümer der anderen Doppelhaushälfte schützt, ist er durch die Baugenehmigung in seinen Rechten verletzt.

Die Klage hat Erfolg, das Verwaltungsgericht hebt die Baugenehmigung auf.

D. Nachbarschützende baurechtliche Normen

Ob eine Norm nachbarschützend ist, muss durch **Auslegung** ermittelt werden. Hinweise geben Wortlaut („Nachbar/Nachbarschaft" in §§ 31 Abs. 2, 34 Abs. 3a Nr. 3 BauGB) oder Ziel der Norm (§ 15 Abs. 1 BauNVO, § 35 Abs. 3 S. 1 Nr. 3 BauGB i.V.m. § 3 Abs. 1 BImSchG). Inzwischen ist allerdings weitgehend geklärt, welche der typischen Normen des Bauplanungs-, Bauordnungs- und sonstigen Fachrechts (Immissionsschutzrecht) nachbarschützende Wirkung entfalten. Es handelt sich um eine überschaubare Anzahl, die zu kennen die Falllösung erheblich erleichtert. Nachbarschutz verleihen u.a. alle Normen, in denen das **Gebot der Rücksichtnahme** verankert ist (s. Rn. 114). **205**

Unmittelbar **grundrechtliche** Abwehransprüche gibt es nicht. Weil alle Abwehransprüche einfachrechtlich abschließend ausgestaltet sind, ist dem Nachbarn ein Rückgriff auf das Eigentumsgrundrecht

484 BVerwGE 148, 290; BVerwG BRS 38 Nr. 186.

485 BVerwG BRS 46 Nr. 173.

486 BVerwGE 82, 343; 67, 334; Schoch Jura 2004, 317, 319.

487 BVerwGE 148, 290; 110, 355.

(Art. 14 Abs. 1 GG) versperrt.[488] Art. 2 Abs. 2 GG schützt wie das einfache Recht nur vor unzumutbaren oder rücksichtslosen Beeinträchtigungen. Art. 12 Abs. 1 GG (eingerichteter und ausgeübter Gewerbebetrieb) ist nicht einschlägig, weil das Baurecht wettbewerbsneutral ist.[489]

I. Bestimmtheit der Baugenehmigung, § 37 Abs. 1 VwVfG

206 Die Baugenehmigung muss hinreichend bestimmt (§ 37 Abs. 1 VwVfG) sein, soweit sie nachbarrechtsrelevant ist. Nur dann lässt sich feststellen, ob nachbarschützende Vorschriften verletzt sind. Eine Baugenehmigung (Vorbescheid) ist rechtswidrig und nachbarrechtsverletzend, soweit die Unbestimmtheit – nach Auslegung[490] – ein nachbarrechtsrelevantes Merkmal betrifft.[491]

II. Nachbarschutz im BPlan-Gebiet (§§ 30, 31 BauGB)

In überplanten Gebieten können vor allem die einzelnen **Festsetzungen** im BPlan i.V.m. der BauNVO nachbarschützend wirken. § 30 Abs. 1 BauGB selbst hat keine nachbarschützende Wirkung.[492]

1. Anspruch auf Gebietserhaltung und Gebietsprägungserhaltung

a) Gebietserhaltungsanspruch

207 Soweit ein BPlan die **Art der baulichen Nutzung festsetzt** (§§ 2 ff. BauNVO, z.B. „WA", „MI", „GE"), hat diese Festsetzung generell nachbarschützende Wirkung.[493] Das bedeutet, dass die Festsetzung dem Schutz eines jeden Nachbarn (Eigentümers) dient, dessen Grundstück im Planbereich liegt. Jeder Plangebietsnachbar ist klagebefugt gegen eine Baugenehmigung, die eine **artfremde Bebauung** genehmigt, und zwar unabhängig davon, ob das Grundstück des Klägers von dem Bauvorhaben betroffen ist oder nicht.[494] Dieser allen Plangebietsbetroffenen zustehende Anspruch wird als **„Gebietserhaltungsanspruch"** (auch: Gebietsgewährleistungsanspruch) bezeichnet.[495] Eingeschlossen sind die **§§ 12 bis 14 BauNVO** als akzessorische Normen zu den Gebietstypen.[496]

Beispiele: Der BPlan setzt ein ausgedehntes allgemeines Wohngebiet „WA" (§ 4 BauNVO) fest. Für das äußerste westliche Grundstück wird E eine Baugenehmigung für eine Schreinerei erteilt. Es steht fest, dass von dem Betrieb des E keine unmittelbaren oder mittelbaren Auswirkungen auf das Wohngrundstück des N ausgehen können, das am äußersten Ostrand des WA-Gebiets in einem Kilometer Entfernung liegt. Trotzdem kann N aufgrund des Gebietserhaltungsanspruchs erfolgreich Klage gegen die Baugenehmigung erheben. Hierin liegt die Besonderheit des Gebietserhaltungsanspruchs, weil die etwa beim Rücksichtnahmegebot erforderliche tatsächliche Beeinträchtigung nicht notwendig ist.

---

488 BVerwGE 109, 314; 89, 69; Dürr, in: Brügelmann Vor §§ 29 ff. Rn. 36 ff.

489 Battis/Krautzberger/Löhr Vorb. §§ 29–38 Rn. 60.

490 VGH Mannheim BRS 52 Nr. 139.

491 OVG Hamburg BRS 78 Nr. 173; OVG Lüneburg BRS 79 Nr. 151; OVG Münster BRS 81 Nr. 176.

492 BVerwG BRS 57 Nr. 219.

493 BVerwGE 101, 364; Dürr, in: Brügelmann § 30 Rn. 45.

494 Grundlegend: BVerwGE 94, 151; seitdem st.Rspr.: BVerwGE 101, 364; BVerwG BRS 81 Nr. 181.

495 Stühler BauR 2011, 1576; Mampel BauR 2003, 1824; Muckel JA 2012, 159; Schröer NJW 2009, 484.

496 BVerwG BRS 67 Nr. 68; BRS 57 Nr. 79.

Gleichermaßen kann ein Gewerbetreibender die Errichtung eines Pflegeheims in einem GE-Gebiet verhindern, weil es nicht gebietsverträglich ist (§ 8 Abs. 2, Abs. 3 Nr. 2 BauNVO). Der Nachbar kann im WA die Genehmigung von Garagen abwehren, wenn kein nutzungsbedingter Bedarf vorliegt (§ 12 Abs. 2 BauNVO).

Die Festsetzung von Baugebieten (= Art der baulichen Nutzung) verbindet die Planbetroffenen zu einer **„rechtlichen Schicksalsgemeinschaft"**. Es besteht ein wechselseitiges Austauschverhältnis: Die Beschränkungen der Nutzungsmöglichkeiten des eigenen Grundstücks werden dadurch ausgeglichen, dass auch die anderen Grundstückseigentümer denselben Einschränkungen unterworfen sind.[497] Das nachbarliche Gemeinschaftsverhältnis berechtigt jeden Planbetroffenen zu verhindern, dass eine gebietsfremde Nutzung eindringt, die zu einer schleichenden Umwandlung des Baugebiets führen kann.

Der Gebietserhaltungsanspruch gilt auch in einem **faktischen Plangebiet** i.S.v. § 34 Abs. 2 BauGB,[498] allerdings nur für die Grundstücke, die zur näheren Umgebung des Baugrundstücks zählen.[499] Ein **baugebietsübergreifender** Gebietserhaltungsanspruch ist **nicht** anerkannt.[500] Baugebietsübergreifend kann nur das Rücksichtnahmegebot des § 15 Abs. 1 S. 2 BauNVO gerügt werden, der allerdings eine konkrete Beeinträchtigung voraussetzt.[501]

Hinweis: *Der Gebietserhaltungsanspruch hat sich zu einem der beliebtesten Prüfungsgegenstände im öff. Baurecht entwickelt. Da er nicht ohne Weiteres aus dem Gesetz ableitbar ist, sollten Sie ihn und seine Herleitung auswendig wissen.*

Verstößt das Vorhaben nicht gegen den Gebietserhaltungsanspruch (= abstrakte Prüfung), ist anschließend konkret zu prüfen, ob die tatsächlichen Umstände des Einzelfalles zu einer Verletzung des bauplanungsrechtlichen **Gebots der Rücksichtnahme** führen.

b) Gebietsprägungserhaltungsanspruch

Diskutiert wird,[502] ob über den Gebietserhaltungsanspruch hinaus weitergehend ein sog. Gebiets**prägungs**erhaltungsanspruch anzuerkennen ist.[503] Danach soll dem Nachbarn ein Anspruch darauf zustehen, dass die **Prägung** der jeweiligen Gebietsart erhalten wird. Erfasst sind davon Nutzungsarten, die nach den jeweiligen Absätzen 3 der §§ 2 ff. BauNVO ausnahmsweise zulässig und damit an sich gebietsverträglich sind, sie generell (typisierend) aber trotzdem der allgemeinen Zweckbestimmung des Baugebietstyps widersprechen, die sich aus den jeweiligen Absätzen 1 der §§ 2 ff. BauGB ergibt. 208

497 BVerwGE 101, 364; 94, 151; 82, 61; BVerwG BauR 2013, 2011.

498 BVerwG BRS 79 Nr. 90; BRS 67 Nr. 68.

499 VGH München BRS 79 Nr. 189.

500 BVerwG BRS 81 Nr. 182; BRS 71 Nr. 175 (Ausnahme: der BPlan bezieht planexterne Grundstücke ausdrücklich ein).

501 BVerwG BRS 71 Nr. 175; BRS 63 Nr. 190; kritisch dazu Dürr, in: Brügelmann, BauGB, § 30 Rn. 74 m.w.N.

502 Vgl. erstmals Decker JA 2007, 55; Ingold JuS 2014, 40 (42); Stüer DVBl. 2008, 270 (277); Stühler, BauR 2011, 1576 (1580); zweifelnd: VGH München, Beschl. v. 09.10.2012 – 2 ZB 11.2653 –, juris.

503 BVerwGE 116, 155; BVerwG BRS 65 Nr. 66; auch OVG Hamburg, Beschl. v. 05.06.2009 – 2 Bs 26/09, juris.

Beispiele: Ein Rathaus dient der Verwaltung und ist im WA-Gebiet nach § 4 Abs. 3 Nr. 3 BauNVO ausnahmsweise zulässig. Durch den verursachten Ziel- und Quellverkehr kann das Rathaus die im WA angestrebte Wohnruhe jedoch erheblich gefährden und deswegen trotz seiner ausnahmsweisen Zulässigkeit gebietsunverträglich sein.[504]

In einem GE-Gebiet ist ein Seniorenpflegeheim als Anlage für soziale/gesundheitliche Zwecke nach § 8 Abs. 3 Nr. 2 BauNVO ausnahmsweise zulässig. Im Gewerbegebiet soll nach seiner Zweckbestimmung aber nicht gewohnt werden (vgl. e contrario § 8 Abs. 3 Nr. 1 BauNVO). Langzeiteinrichtungen wie Pflegeheime führen jedoch (generell) zu einer wohnähnlichen Nutzung, die die typische Prägung des Gebiets verändern (Rücksichtnahmeanforderungen steigen).[505]

Prüfungsaufbau. Wenn man den Gebietsprägungserhaltungsanspruch anerkennt, lautet der erweiterte Prüfungsaufbau:

- Verstoß gegen den **Gebietserhaltungsanspruch** (generelle/typisierte Prüfung)
- Verstoß gegen den **Gebietsprägungserhaltungsanspruch** (generelle/typisierte Prüfung)
- Verstoß gegen das bauplanungsrechtliche **Rücksichtnahmegebot** (Prüfung des konkreten Einzelvorhabens und der tatsächlichen Umstände)

2. Maß, Bauweise, überbaubare Grundstücksflächen, Ausnahmen und Befreiungen

209 Festsetzungen über das **Maß der baulichen Nutzung** (§§ 16 bis 21a BauNVO) dienen nur der städtebaulichen Ordnung (objektive Normen), solange der BPlan[506] nicht ausdrücklich etwas anderes vorsieht. Der Nachbar kann ihre Verletzung nicht, auch nicht über § 15 Abs. 1 S. 1 BauNVO, geltend machen.[507]

Bei Festsetzungen über die **Bauweise** (§ 22 BauNVO) ist zu unterscheiden: ist eine **offene** Bauweise festgesetzt, dient diese auch dem Nachbarschutz (Brandschutz, Belüftung, Belichtung),[508] während eine **geschlossene** Bauweise nur städtebauliche Zwecke verfolgt. Den Drittschutz vermittelt nur die planerische Festsetzung, nicht § 22 BauNVO selbst. Nachbarschutz besteht also nur im (echten) Plangebiet.[509]

Baulinien, Baugrenzen und Bebauungstiefen, also Festsetzungen der **überbaubaren Grundstücksfläche** nach § 23 BauNVO, sind nur städtebaulich veranlasst, außer der BPlan weist ihnen im Einzelfall nachbarschützende Wirkung zu.[510]

§ 31 Abs. 1 BauGB wirkt nur nachbarschützend, soweit die Festsetzung, von der die **Ausnahme** erteilt wird, ihrerseits nachbarschützend ist (z.B. Art der Nutzung).[511]

---

504 BVerwGE 116, 155 für einen Zustellstützpunkt der Post.

505 BVerwG BRS 65 Nr. 66.

506 BVerwG BRS 57 Nr. 219.

507 BVerwG BRS 57 Nr. 209; OVG Koblenz BauR 2015, 239; OVG Münster BauR 2014, 969.

508 BVerwGE 110, 355.

509 BVerwGE 148, 290.

510 BVerwG BRS 57 Nr. 219; OVG Münster BauR 2014, 969; OVG Schleswig, Beschl. v. 24.06.2014 – 1 MB 8/14, juris; Fickert/Fieseler, BauNVO, 12. Aufl. 2014, § 23 Rn. 6; Blechschmidt, in: Ernst/Zinkahn/Bielenberg § 23 BauNVO Rn. 56 m.w.N.

511 BVerwG BRS 39 Nr. 175.

Steht eine Festsetzung unter Ausnahmevorbehalt, ist sie regelmäßig nicht nachbarschützend: jedes Grundstück im BPlan-Bereich ist von vornherein mit der Möglichkeit einer Ausnahme belastet.[512] Es kann lediglich das allgemeine Rücksichtnahmegebot des § 15 Abs. 1 BauNVO eingreifen,[513] z.B. bei so gehäuften Ausnahmen, dass sich der Gebietscharakter bei der nächsten Ausnahme verändern würde.

Die **Befreiung** (§ 31 Abs. 2 BauGB) von einer **nachbarschützenden Festsetzung** des BPlans ist ihrerseits nachbarschützend;[514] der Nachbar kann rügen, dass seine „nachbarlichen Interessen" (Abs. 2 a.E.) nicht ausreichend gewürdigt worden sind.[515] Darüber hinaus kann er in diesem Fall auch rügen, dass die anderen Tatbestandsvoraussetzungen des § 31 Abs. 2 BauGB nicht erfüllt waren, also auch eine fehlende „städtebauliche Vertretbarkeit" (Nr. 2).[516] Bei der (fehlerhaften) Befreiung von einer **nicht nachbarschützenden Festsetzung** des BPlans kann der Nachbar hingegen nur rügen, dass die Behörde bei der Ermessensausübung seine nachbarlichen Interessen (konkrete Betroffenheit ist darzulegen[517]) nicht ausreichend berücksichtigt habe; die übrigen Tatbestandsvoraussetzungen des § 31 Abs. 2 BauGB kann er nicht prüfen lassen.[518] 210

III. Nachbarschutz im unbeplanten Innenbereich, § 34 BauGB

§ 34 BauGB wirkt grundsätzlich nicht nachbarschützend. Er dient nur dem öffentlichen Interesse an einer geordneten städtebaulichen Entwicklung.[519] In faktischen Baugebieten nach § 34 Abs. 2 BauGB gilt hinsichtlich der Art der Nutzung jedoch derselbe Nachbarschutz wie in beplanten Gebieten. Darüber hinaus ist das Tatbestandsmerkmal des „Einfügens" in § 34 Abs. 1 S. 1 BauGB nachbarschützend, weil es das Gebot der Rücksichtnahme enthält. 211

1. § 34 Abs. 2 BauGB: Nähere Umgebung wie Baugebiet in §§ 2–9 BauNVO

Entspricht die Eigenart der näheren Umgebung des Baugrundstücks einem der typisierten Baugebiete der §§ 2 bis 9 BauNVO, bestehen nachbarliche Abwehransprüche bzgl. der **Art der baulichen Nutzung** wie im Geltungsbereich eines BPlans. § 34 Abs. 2 BauGB ist bzgl. der Art der Nutzung lex specialis zu § 34 Abs. 1 BauGB.[520] Der Nachbar kann auch hier den Gebietserhaltungsanspruch (s. Rn. 207) geltend machen.[521] Während im beplanten Gebiet jeder Grundstückseigentümer im Plangebiet den Gebietserhaltungsanspruch geltend machen kann, kann das hier nur derjenige, dessen Grundstück im faktischen Baugebiet liegt, das durch die nähere Umgebung (Auswirkungsbereich des Vorhabens/wechelseitige Prägung) abgegrenzt wird.[522] 212

512 Reidt, in: Battis/Krautzberger/Löhr § 31 Rn. 22.

513 BVerwGE 67, 334; OVG Koblenz BauR 2012, 931; Söfker, in: Ernst/Zinkahn/Bielenberg § 31 Rn 68; Reidt, in: Battis/Krautzberger/Löhr § 31 Rn. 22.

514 Schoch Jura 2004, 317 (321).

515 Rieger, in: Schrödter § 31 Rn. 43 f.

516 BVerwGE 142, 1; 82, 343; OVG Münster BRS 73 Nr. 67; Reidt, in: Battis/Krautzberger/Löhr Vorb. §§29–31 Rn. 64; § 31 Rn. 32.

517 BVerwGE 138, 166.

518 BVerwG BRS 60 Nr. 183; BRS 46 Nr. 17.

519 BVerwG BRS 57 Nr. 219; BRS 44 Nr. 71.

520 BVerwGE 94, 151.

521 BVerwG BRS 81 Nr. 182; BVerwGE 94, 151.

522 BVerwG BRS 60 Nr. 176.

Hinweis: *In Prüfung und Examen spielen faktische Baugebiete nach § 34 Abs. 2 BauGB eine große Rolle, weil BPläne kaum prüfungsgeeignet sind. Zu beachten ist, dass § 34 Abs. 2 BauGB ausschließlich die §§ 2–9 und 12–14 BauNVO erfasst. Soweit der Nachbar nicht die* ***Art*** *der Nutzung rügt, sondern Maß der Nutzung, Bauweise und Grundstücksfläche, kann er sich nur auf das fehlende „Einfügen" nach § 34 Abs. 1 BauGB wegen Rücksichtnahmeverstoßes berufen.*

2. Einfügen, § 34 Abs. 1 S. 1 BauGB

213 Im Tatbestandsmerkmal „einfügen" ist das Gebot der **Rücksichtnahme** enthalten (s. Rn. 114). Denn nur wenn ein Vorhaben Rücksicht nimmt, fügt es sich ein. Das Rücksichtnahmegebot bezieht sich allerdings nur auf die in § 34 Abs. 1 S. 1 BauGB genannten Belange, soweit diese nicht allein im öffentlichen Interesse geprüft werden.[523]

Beispiel: Das Baugrundstück liegt in einem faktischen WA-Gebiet nach § 34 Abs. 2 BauGB und der Nachbar N rügt, es handele sich bei dem Bauvorhaben um einen störenden Gewerbebetrieb, der außerdem erdrückend wirke. Hinsichtlich der **Art** der baulichen Nutzung folgt der Nachbarschutz aus § 34 Abs. 2 BauGB i.V.m. § 4 BauNVO unter dem Gesichtspunkt des Gebietserhaltungsanspruchs. Hinsichtlich des **Maßes** der baulichen Nutzung beruft N sich rechtlich darauf, dass sich das Vorhaben nicht i.S.v. § 34 Abs. 1 S. 1 BauGB einfügt, weil es im Nutzungsmaß keine Rücksicht auf die Nachbarbebauung nimmt. Ob das Rücksichtnahmegebot verletzt ist, ist stark einzelfallabhängig.[524] Prüfungsaufgaben sind deshalb meist künstlich eindeutig konstruiert; viel wichtiger als das Ergebnis ist jedoch, dass eine systemgerechte Prüfung erkennbar wird.

IV. Nachbarschutz im Außenbereich, § 35 BauGB

214 § 35 Abs. 1 und 2 BauGB vermitteln keinen Nachbarschutz, sondern dienen nur öffentliche Belangen. Ein privilegierter Betrieb im Außenbereich hat keinen Abwehranspruch aus § 35 Abs. 1 BauGB gegen eine heranrückende (unzulässige) nicht privilegierte Außenbereichsnutzung; es gibt keinen „Gebietserhaltungsanspruch im Außenbereich".[525] Allerdings ist in **§ 35 Abs. 3 S. 1 Nr. 3 BauGB** das Gebot der **Rücksichtnahme** durch Verweis auf § 3 Abs. 1 BImSchG als öffentlicher Belang[526] enthalten (s. Rn. 114). Hierauf können sich alle berufen, auf die objektiv Rücksicht zu nehmen ist,[527] also auch Inhaber privilegierter Außenbereichsvorhaben, die sich gegen heranrückende Wohnbebauung wehren.[528] Ob das benachbarte Grundstück im Innen- oder Außenbereich liegt, ist unerheblich.[529] Durch den Verweis auf das BImSchG ergeben sich die konkreten Anforderungen des Rücksichtnahmegebots in der Regel faktisch aus dem Immissionsschutzrecht (z.B. TA Luft, TA Lärm, Berücksichtigung von Vorbelastungen). Werden keine schädlichen Umwelteinwirkungen i.S.d. Immissionsschutzrechts hervorgerufen, ist das Rücksichtnahmegebot beachtet.[530] Als allgemeines baurechtliches Gebot geht das Rücksichtnahmegebot jedoch auch über das reine Immissionsschutzrecht hinaus.

---

523 BVerwG BRS 62 Nr. 102; BRS 46 Nr. 176.

524 Schoch JA 2004, 317, 322.

525 BVerwG BRS 62 Nr. 189.

526 BVerwGE 28, 268.

527 BVerwGE 52, 122; BRS 55 Nr. 168.

528 BVerwG BRS 63 Nr. 107.

529 Reidt, in: Battis/Krautzberger/Löhr Vorb. §§ 29–38 Rn. 72.

530 Mitschang/Reidt, in: Battis/Krautzberger/Löhr § 35 Rn. 80.

V. Nachbarschutz durch bauordnungsrechtliche Normen

1. Materielles Bauordnungsrecht

Die materiellen Vorschriften des Bauordnungsrechts dienen i.d.R. nur der öffentlichen 215
(Bau-)Sicherheit und Ordnung und damit den Interessen der Allgemeinheit. Soweit sie **Individualinteressen** wie Leben, Gesundheit oder Persönlichkeitsrechte schützen sollen, haben sie nachbarschützenden Charakter.

Hinweis: *Die LBauO weichen im Grundsatz und im Detail voneinander ab. Länderübergreifende Erläuterung sind deswegen kaum möglich. Aus demselben Grund muss stets sorgfältig geprüft werden, ob Rspr., die zu landesfremden bauordnungsrechtlichen Vorschriften ergangen ist, übertragen werden kann.*[531]

Die wichtigsten nachbarschützenden Vorschriften der LBauO sind die über **Abstands-** 216
flächen,[532] mit denen der Landesgesetzgeber Inhalt und Schranken des Eigentums bestimmt (Art. 14 Abs. 1 S. 2 GG).

5–7	6	6, 6a	6	6	6, 7	6, 7	6	5	6, 7	8, 9	7, 8	6	6	6	6

Abstandsflächen sind die freizuhaltenden Flächen zwischen Gebäuden.[533] Die Abstandsflächen müssen grundsätzlich auf dem eigenen Grundstück liegen, schränken dessen Ausnutzbarkeit also ein. Sie schützen vor allem Leben, Gesundheit und persönliche Freiheit. Die von ihnen verlangten Freiflächen zwischen baulichen Anlagen dienen dem **Brandschutz**, der **Belichtung/Besonnung** und **Belüftung**. Sie erreichen einen **Sozialabstand**, der dem Schutz der Privatsphäre und des Nachbarfriedens dient.[534] Abstandsflächen dienen in ihrer jeweils erforderlichen Tiefe auch dem Schutz des ihnen gegenüberliegenden Nachbarn. Der Nachbar hat ein subjektiv öffentliches Recht darauf, dass die vorgeschriebenen Abstandsflächen in ihrer vollen Tiefe eingehalten werden, und zwar unabhängig davon, ob der Nachbar tatsächlich beeinträchtigt wird.[535] Entscheidend für die Berechnung der Abstandflächentiefe ist die Höhe des Gebäudes einschließlich Dach; je höher das Gebäude, desto größer der einzuhaltende Abstand. Die Mindestabstandsfläche beträgt in den meisten LBauO 3 Meter.[536] Garagen, Stellplätze und Nebengebäude dürfen regelmäßig in der Abstandsfläche errichtet werden.

Hinweis: *Die ingenieurmäßig zu errechnenden Abstandsflächen stellen selbst erfahrene Baurechtler vor Schwierigkeiten. Berechnungen, die über die einfache Basisregel (z.B. halbe Wandhöhe) hinausgehen, sind in juristischen Prüfungsaufgaben nicht zu erwarten. Wahrscheinlicher ist vielmehr, dass der Grundsatz von Treu und Glauben eingreift, der es dem Nachbarn verwehrt, sich auf Abstandsflächenverstöße zu berufen, wenn er selbst die gesetzlichen Mindestabstände nicht einhält.*[537] *Denkbar ist auch, dass eine Grenzgarage*

531 Finkelnburg/Ortloff/Otto § 18 II S. 240 f.

532 Nds.: Grenzabstände.

533 Grotefels, in: Hoppe/Bönker/Grotefels § 15 Rn. 19.

534 OVG Münster BRS 70 Nr. 133; BRS 64 Nr. 125; Kamp/Schmickler, in: Schönenbroicher/Kamp § 6 Rn. 1 ff.

535 OVG Münster BRS 56 Nr. 196; VGH Mannheim BRS 42 Nr. 202; OVG Bautzen BRS 56 Nr. 106; VGH München BRS 44 Nr. 100; OVG Greifswald BRS 60 Nr. 117; OVG Hamburg BRS 54 Nr. 94; OVG Koblenz BRS 47 Nr. 168; OVG Saarlouis BRS 52 Nr. 155; VGH Kassel BRS 73 Nr. 137; OVG Weimar BRS 62 Nr. 141.

536 Abweichend z.B. § 6 Abs. 5 BauO Hmb: 2,5 m.

537 VGH Mannheim BRS 65 Nr. 193; OVG Weimar BRS 62 Nr. 136.

(Garage ohne Grenzabstand bzw. in fremder Abstandsfläche) umgenutzt wird (Einbau einer Dachterrasse, Umbau zur Sauna), die durch den Verlust ihrer privilegierten Zwecks als Garage nunmehr Abstandsflächen auslöst, die bauordnungsrechtlich durchgesetzt werden sollen.

217 Der bauordnungsrechtliche Schutz vor **Verunstaltungen**

11 I, II	8	9	8	9	12	9 I	9	10	12	5	4	9	9	10	9

dient nur dem öffentlichen Interesse an bauästhetischen Verhältnissen.[538] Die einzelne LBauO kann Abweichendes vorsehen (z.B. § 12 Abs. 2 S. 2 BauO NRW).[539]

218 Die bauordnungsrechtlichen **Stellplatzvorschriften**

37	47	50, 52	43	49	48, 49	44	49	46-48	51	47	47	49	48	50	49

dienen ebenfalls nur dem öffentlichen Interesse daran, dass der fließende nicht durch den ruhenden Verkehr beeinträchtigt wird.[540] Anderes gilt nur, soweit die LBauO vorschreibt, dass Stellplätze/Garagen die Umgebung nicht stören dürfen (z.B. § 51 Abs. 7 S. 1 BauO NRW,[541] § 37 Abs. 7 S. 2 BauO BW;[542] vor allem Stellplätze in rückwärtigen Grundstückbereichen). Ein bauordnungsrechtlicher Verstoß indiziert regelmäßig einen Verstoß gegen das bauplanungsrechtliche Rücksichtnahmegebot.[543] Soweit Stellplätze als Anlagen i.S.v. § 3 Abs. 5 Nr. 1 i.V.m. § 22 BImSchG betrachtet werden, kommt hierüber Drittschutz in Betracht, da die Norm im Baurecht zu prüfen ist (s. Rn. 197).[544]

219 Nur weil **kein Baugenehmigungsverfahren durchgeführt** worden ist, obwohl das Bauvorhaben nicht vom Genehmigungserfordernis freigestellt war, ist der Nachbar noch nicht in eigenen Rechten verletzt. Aus der (irrtümlichen) Annahme der Genehmigungsfreiheit folgt kein nachbarliches Abwehrrecht, weil es kein subjektives Recht auf die Einhaltung der richtigen Verfahrensart gibt.[545] Entscheidend ist vielmehr, ob das formell illegale[546] Bauvorhaben materielle Nachbarrechte verletzt.[547]

Dasselbe gilt, wenn ein Nachbar entgegen § 13 Abs. 2 VwVfG oder den vorrangigen Vorschriften der LBauO **nicht** am **Genehmigungsverfahren beteiligt** wird.

55	66	–	64	70	71	62	70	68	74	68	71	70	69	72	69

538 OVG Münster BRS 71 Nr. 139; BRS 16 Nr. 74; OVG Saarlouis BRS 44 Nr. 162; OVG Lüneburg BRS 44 Nr. 118; Dürr, in: Brügelmann § 30 Rn. 73.

539 Schöneberg, in: Schönenbroicher/Kamp § 13 Rn. 21.

540 OVG Münster BRS 60 Nr. 123; BRS 56, 159; VGH Kassel NBRS 66 Nr. 190; OVG Bremen NRS 65 Nr. 144; VGH Mannheim BRS 54 Nr. 100.

541 OVG Münster BRS 64 Nr. 143; BRS 63 Nr. 162; BRS 38 Nr. 184.

542 VGH Mannheim BRS 59 Nr. 203; BRS 57 Nr. 167.

543 OVG Münster BRS 73 Nr. 133; Maske, in: Schönenbroicher/Kamp § 74 Rn. 29.

544 OVG Bremen BRS 44 Nr. 111.

545 Rieger, in: Schrödter § 31 Rn. 83 f. auch zu Ausnahmen im AtomR.

546 OVG Münster BRS 60 Nr. 208; BRS 59 Nr. 201.

547 OVG Saarlouis BRS 70 Nr. 179; OVG Lüneburg BRS 73 Nr. 180; Mehde/Hansen NVwZ 2010, 14.

Die **Verfahrensnorm** weist ihm keine eigene Rechtsposition zu, sondern dient nur der behördlichen Sachaufklärung und dem rechtlichen Gehör.[548]

2. Nachbaranspruch auf bauaufsichtliches Einschreiten

Der sog. **repressive Nachbarschutz** findet nicht im Genehmigungsverfahren statt, sondern dadurch, dass der Nachbar die Bauaufsichtsbehörde dazu veranlasst, gegen das Vorhaben des Bauherrn durch Erlass einer Ordnungsverfügung einzuschreiten. Verfügt der Bauherr über eine wirksame Baugenehmigung, muss der Nachbar gleichzeitig diese angreifen, weil sie die bauliche Anlage formell legitimiert (Kombination aus Anfechtungs- und Verpflichtungsklage, vgl. § 113 Abs. 1 S. 2, Abs. 4 VwGO; dazu siehe Fall 6 S. 117). 220

Der Nachbar hat grundsätzlich die Möglichkeit, auch **zivilrechtlich** direkt gegen den Bauherrn vorzugehen (vgl. §§ 1004, 906, 823 Abs. 2 BGB); die nachbarschützenden öffentlich-rechtlichen Vorschriften wirken insofern als Schutzgesetze i.S.v. § 823 Abs. 2 BGB.[549] Regelmäßig dürften allerdings die Verwaltungsgerichte sachnäher und sachkundiger sein. Außerdem droht dort weder ein Schadensersatzanspruch nach § 945 ZPO, noch muss im Verfahren nach §§ 80 Abs. 5, 80a VwGO ein Verfügungsgrund (überwiegendes Eilinteresse) glaubhaft gemacht werden.[550]

Nachbarschutz durch Bauordnungsverfügungen kommt vor allem in folgenden Fallgestaltungen zum Tragen:

- Trotz erfolgreicher Nachbaranfechtungsklage gegen die Baugenehmigung steht das Gebäude weiterhin.
- Der Bauherr hat das erforderliche Baugenehmigungsverfahren gar nicht durchgeführt (Schwarzbau) oder baut abweichend von der Baugenehmigung (teilweise Schwarzbau).
- Das baugenehmigungsfreie Bauvorhaben verstößt gegen das materielle öffentliche Baurecht.

In diesen Fällen kann die Bauaufsichtsbehörde mit ihren Standardmaßnahmen Abriss/Abbruch, Stilllegung, Nutzungsuntersagung gegen den Bauherrn vorgehen (s. Rn. 152). Der Nachbar kann die unwillige Bauaufsicht nur zum Einschreiten bewegen, wenn ihm gegen die Behörde ein subjektiv-öffentliches Recht auf deren Einschreiten gegen den Bauherrn zusteht. Dazu muss das Bauvorhaben zunächst gegen eine nachbarschützende baurechtliche Norm verstoßen. Ist das der Fall, hat der Nachbar aber noch keinen Anspruch auf Erlass einer Bauordnungsverfügung, sondern lediglich auf ermessensfehlerfreie Entscheidung. Denn die bauordnungsrechtlichen Ermächtigungsnormen stellen das Einschreiten der Bauaufsicht in deren **Ermessen**. 221

47	54	58	52	58	58	53	58	76	61	59	57	58	57	59	78

548 Boeddinghaus/Hahn/Schulte, LBauO NRW § 74 Rdnr. 402; Maske, in: Schönenbroicher/Kamp § 74 Rn. 31; VG Düsseldorf, Urt. v. 28.11.2007 – 11 K 6454/06 –, juris (Rn. 11); a. A. Finkelnburg/Ortloff/Otto, 86 EGL 2015, § 19 III (S. 254 ff.).

549 BVerwG BRS 59 Nr. 188; VGH München, Beschl. v. 25.09.2013 – 14 ZB 12.2033, juris; OVG Lüneburg BRS 73 Nr. 180

550 Zu prozesstaktischen Überlegungen bei der Wahl des Rechtswegs: Seidel NVwZ 2004, 139, 144 ff.

Nur wenn sich das **Ermessen auf Null** reduziert hat, also die einzige ermessensfehlerfreie Entscheidung im beantragten Einschreiten besteht, hat der Nachbar einen Anspruch auf Erlass der Ordnungsverfügung. Ob das der Fall ist, kann nicht bundesweit einheitlich beantwortet werden, sondern richtet sich nach der jeweiligen LBauO, letztlich damit nach der Auslegung des OVG/VGH des Landes.[551] Ob der Verstoß gegen eine nachbarschützende Bauvorschrift regelmäßig zu einer Ermessensreduzierung sowohl des Entschließungsermessen („Ob" des Einschreitens) als auch des Auswahlermessens („Wie" des Einschreitens) auf Null führt, ist umstritten. Teils wird das abgelehnt,[552] teils – wenngleich stets mit gewissen Vorbehalten (Einzelfallumstände, Verhältnismäßigkeit, tatsächliche Beeinträchtigung[553] usw.) – als Regelfall angenommen.[554]

Erlässt die Bauaufsicht die vom Nachbarn verlangte Ordnungsverfügung, stehen dem **Bauherrn** gegen diese alle Rechtsbehelfe offen (Widerspruch, Klage, vorläufiger Rechtsschutz § 80 Abs. 5 VwGO). Ergeht die Verfügung auf eine verwaltungsgerichtliche Entscheidung, ist der Bauherr an die Prozessergebnisse gebunden, wenn er – wie im Regelfall – beigeladen war, vgl. §§ 121 Nr. 1, 63 Nr. 3, 65 Abs. 2 VwGO.

551 BVerwG BRS 48 Nr. 161; BRS 58 Nr. 206; BRS 59 Nr. 188; BVerwGE 11, 95.

552 Besonders deutlich: OVG Lüneburg BRS 66 Nr. 133.

553 VGH Kassel ESVGH 42, 17; kritisch: Schoch Jura 2004, 317, 324 m.w.N.

554 VGH Kassel, Beschl. v. 17.11.2014 – 4 B 1270/14, juris; BRS 62 Nr. 184; VGH München, Beschl. v. 16.09.2004 – 20 ZB 04.2179, juris; OVG Münster BRS 71 Nr. 133; BRS 69 Nr. 91; BRS 58 Nr. 115; BRS 40 Nr. 191; VGH Mannheim BauR 2014, 1752; BRS 56 Nr. 190; ESVGH 45, 105; OVG Magdeburg ZfBR 2009, 594; Kopp/Schenke § 42 Rn. 102, § 114 Rn. 21c, § 123 Rn. 12, 28.

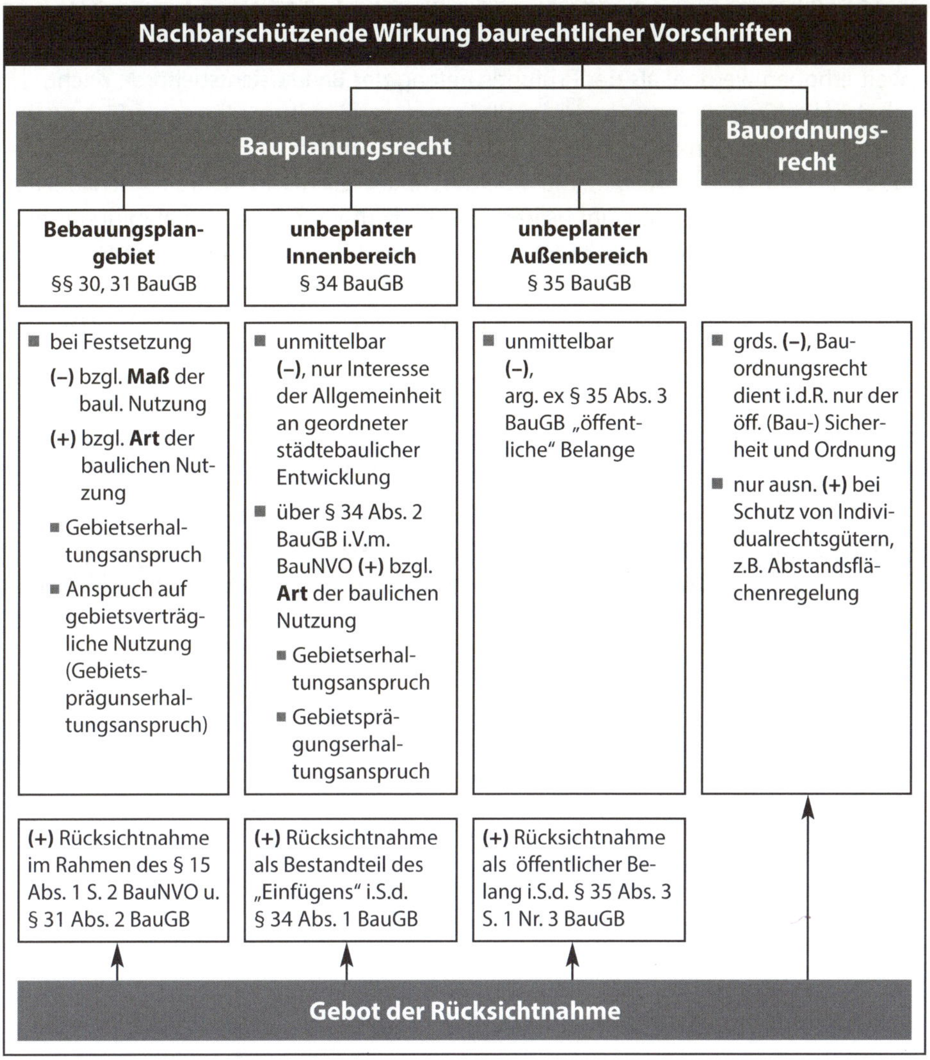

E. Rechtsschutz des Nachbarn

Hinweis: *Der Rechtsschutz des Nachbarn gegen ein Bauvorhaben unterscheidet sich nicht von dem in anderen öffentlich-rechtlichen Dreiecksverhältnissen. Insofern wird jeweils auf die Darstellung im AS-Skript VwGO verwiesen. Im Folgenden werden deswegen lediglich die* ***baurechtstypischen und klausurrelevanten*** *Problemstellungen zusammenfassend behandelt.*

I. Widerspruch und Klage

Gegen eine dem Bauherrn erteilte Baugenehmigung muss der Nachbar **Widerspruch** 222
nach § 68 VwGO erheben, damit diese nicht bestandskräftig wird. Das gilt auch, soweit die Genehmigung nach der LBauO im vereinfachten Verfahren mit reduziertem Prüfungsumfang (Art. 59 BauO BY, § 68 BauO NRW) ergeht oder nach Ablauf einer Bearbei-

tungsfrist fiktiv als erteilt gilt (§ 61 Abs. 3 S. 4 BauO Hmb, § 57 Abs. 2 S. 3 BauO He, § 69 Abs. 5 S. 1 BauO Sachs). Der Widerspruch/die Anfechtungsklage kann allerdings nur insoweit erhoben werden, als der Prüfungsumfang der Bauaufsichtsbehörde reicht, der nach der LBauO vorgegeben ist;[555] im Übrigen muss eine Bauordnungsverfügung verlangt werden. Ist in einem Vorbescheid (Bebauungsgenehmigung) über nachbarschützende Vorschriften entschieden, muss der Nachbar diesen und die ggf. anschließende Baugenehmigung angreifen, um nicht präkludiert zu sein.[556] Der Genehmigungsinhaber (Bauherr) wird notwendig **beigeladen**, im gerichtlichen Verfahren nach § 65 Abs. 2 VwGO, im Widerspruchsverfahren nach § 79 VwVfG i.V.m. § 65 Abs. 2 VwGO analog.[557] Die Bauaufsichtsbehörde darf über einen **verfristeten** Nachbarwiderspruch nicht mehr – wie in anderen Rechtsgebieten – zur Sache und zum Nachteil des Genehmigungsinhabers entscheiden.[558]

Nur in **Bayern** und **NRW**, die das Widerspruchsverfahren weitgehend abgeschafft haben, ist kein Nachbarwiderspruch statthaft. Vielmehr muss hier sofort Anfechtungsklage (§ 42 Abs. 1 VwGO) erhoben werden, vgl. Art. 15 Abs. 2 AG VwGO BY; § 110 Abs. 3 S. 2 Nr. 7 JustizG NRW.

Klausurprobleme Nachbarwiderspruch/-klage

- **Widerspruchs-/Klagebefugnis** (§ 42 VwGO): nachbarschützende Wirkung der gerügten Norm: s. Rn. 205 ff. und AS-Skript VwGO (2013), Fall 14 Rn. 485

  Stichworte: rein objektiv-rechtliche Vorschriften schon in der Klagebefugnis ausscheiden, in der Begründetheit nur und sofort die drittschützenden Normen prüfen

- Einhaltung der **Widerspruchs-/Klagefrist**, wenn die Baugenehmigung dem Nachbarn nicht bekannt gegeben worden ist, er aber von den Bauarbeiten wusste oder wissen musste: AS-Skript VwGO (2013), Fall 20 Rn. 578 ff.

  Stichworte: mangels Bekanntgabe läuft keine Klagefrist, aber Verwirkung des Klagerechts aus nachbarlichem Gemeinschaftsverhältnis ein Jahr (vgl. § 58 Abs. 2 VwGO) nach Kenntnis/Kennenmüssen der Bautätigkeit; inhaltliche Bescheidung des verspäteten Drittwiderspruchs heilt Fristversäumnis ausnahmsweise nicht

- **Entscheidungserheblicher Zeitpunkt**: AS-Skript VwGO (2013), Fall 22 Rn. 626

  Stichworte: trotz Anfechtungssituation nicht Zeitpunkt der Widerspruchsentscheidung, sondern Erlass der Baugenehmigung ⟵ verfestigte Rechtsposition (s. Rn. 68), d.h. danach eintretende nachteilige Veränderungen sind für die Rechtmäßigkeit der Genehmigung unerheblich (anders: Verpflichtungsklage auf Erlass der Baugenehmigung)

555 OVG Münster, Beschl. v. 12.01.2015 – 2 B 1386/14 –, juris.

556 BVerwG BRS 49 Nr. 168; OVG Bln-Bbg LKV 2014, 227.

557 A.A. Kaplonek/Mittag JuS 2006, 664, 668: § 13 Abs. 2 S. 2 VwVfG.

558 Muckel/Ogorek § 11 Rn. 20; Bönker, in: Hoppe/Bönker/Grotefels § 18 Rn. 79 m.w.N.

II. Vorläufiger Rechtsschutz nach §§ 80a, 80 Abs. 5 VwGO

Gegen eine Baugenehmigung entfalten Widerspruch und Anfechtungsklage gemäß § 80 Abs. 2 S. 1 Nr. 3 VwGO i.V.m. § 212a Abs. 1 BauGB **keine aufschiebende Wirkung**, d.h. der Bauherr kann weiterbauen (bzgl. Vorbescheid str.[559]). 223

Der Bauherr muss allerdings damit rechnen, dass die Baugenehmigung kompensationslos aufgehoben wird, vgl. § 50 VwVfG; der Weiterbau geschieht also auf eigenes (finanzielles) Risiko.

Um vollendete Tatsachen zu verhindern, steht der vorläufige Rechtsschutz in der Praxis im Vordergrund. Der Nachbar kann wahlweise bei der Behörde gemäß § 80a Abs. 1 Nr. 2 VwGO die **Aussetzung** der Vollziehung oder nach §§ 80a Abs. 3, 80 Abs. 5 VwGO bei Gericht die **Anordnung** der aufschiebenden Wirkung seines Widerspruchs/seiner Klage beantragen (bei Missachtung durch den Bauherrn: „faktische Vollziehung", die zu einem Antrag auf Feststellung der aufschiebenden Wirkung nach §§ 80a Abs. 3 S. 1, 80a Abs. 1 Nr. 2 Hs. 1 VwGO analog, ggf. kombiniert mit einem Antrag auf einstweilige Sicherungsmaßen führt).

Im vereinfachten Genehmigungsverfahren, in dem nur bestimmte Vorschriften geprüft werden, kann der Rechtsschutz zweigeteilt sein. Rügt der Nachbar eine geprüfte Vorschrift, muss er nach §§ 80a Abs. 3, 80 Abs. 5 VwGO vorgehen; hinsichtlich der nicht geprüften Vorschriften muss er bauaufsichtliches Einschreiten nach § 123 VwGO beantragen.[560]

Vorläufiger Rechtsschutz des Nachbarn gegen die Baugenehmigung

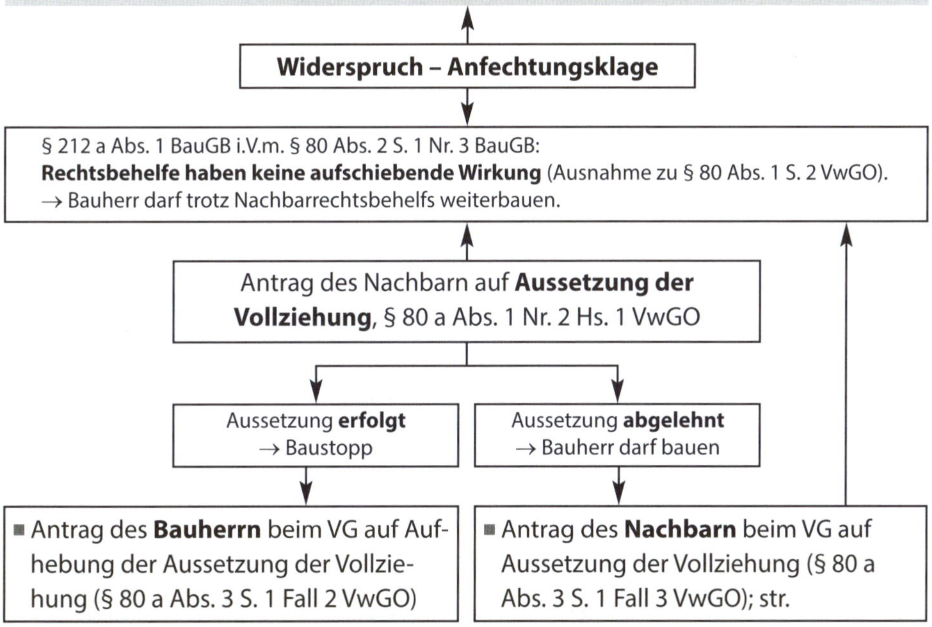

559 **Ja:** OVG Lüneburg BRS 67 Nr. 194; BRS 74 Nr. 68; VG Berlin, Beschl. v. 30.04.2010 – 19 L 24.10, juris; Finkelnburg/Dombert/Külpmann, Vorläufiger Rechtsschutz, 6. Aufl. 2011, Rn. 1282; Kopp/Schenke § 80 Rn. 65; Battis, in: Battis/Krautzberger/Löhr § 212a Rn. 1; **Nein:** Kalb in: Ernst/Zinkahn/Bielenberg § 212a Rdnr. 24 unter Aufgabe der früheren Ansicht; VGH München BRS 62 Nr. 192; VG Frankfurt/M LKRZ 2011, 77.

560 Hornmann NVwZ 2012, 1294 (1297).

Klausurprobleme Drittrechtsschutz nach §§ 80a, 80 Abs. 5 VwGO

- **Zulässigkeitsprüfung** des Antrags nach § 80a Abs. 3 i.V.m. Abs. 1 Nr. 2 Hs. 1, § 80 Abs. 5 S. 1 VwGO: AS-Skript VwGO (2013), Fall 26 Rn. 765 ff.

  Stichworte: Allgemeines Rechtsschutzbedürfnis fehlt, weil Widerspruch/Klage wegen Fristversäumung offensichtlich unzulässig; Streit um Notwendigkeit eines vorherigen Antrags bei der Behörde unerheblich, da Bautätigkeit dem Vollzug entspricht (vgl. § 80a Abs. 3 S. 2, § 80 Abs. 6 S. 2 Nr. 2 VwGO, str.)

- Maßnahmen zur **Sicherung** der aufschiebenden Wirkung nach § 80a Abs. 1 Nr. 2 Hs. 2, § 80 Abs. 3 VwGO: AS-Skript VwGO (2013), Fall 28 Rn. 783 ff.

  Stichworte: wie faktischer Vollzug durch Behörde, hier allerdings durch privaten Bauherrn → Begründetheit: keine Interessenabwägung, allein Missachtung genügt; str. ob das Gericht selbst die Stilllegung anordnet oder nur die Bauaufsicht zum Erlass einer sofort vollziehbaren Stilllegungsverfügung verpflichtet

III. Einstweilige Anordnung nach § 123 VwGO

224 Verschiedentlich verfügt der Bauherr über gar **keine Baugenehmigung** für das, was er baut. Das kann verschiedene Gründe haben:

- das Bauvorhaben ist insgesamt oder teilweise **nicht genehmigungspflichtig**,
- der Bauherr hat die nötige Baugenehmigung **nicht eingeholt**,
- die Behörde ist **irrtümlich** davon ausgegangen, dass das Vorhaben genehmigungsfrei ist,
- der Bauherr baut **abweichend** von der Baugenehmigung,
- die Baugenehmigung ist von der Behörde oder dem Gericht **aufgehoben** worden.

In diesen Fällen fehlt es an einem Verwaltungsakt, den der Nachbar mit Widerspruch/Anfechtungsklage angreifen und dessen aufschiebende Wirkung er anordnen lassen könnte. Der Nachbar muss deswegen bei Gericht einen Antrag auf Erlass einer **einstweiligen Anordnung** nach § 123 VwGO gegen die Bauaufsichtsbehörde mit dem Ziel stellen, diese zum Erlass einer sofort vollziehbaren (vorläufigen) Ordnungsverfügung (vor allem Stilllegungsverfügung) zu verpflichten. Der Bauherr wird zu diesen Verfahren nach § 65 Abs. 2 VwGO notwendig beigeladen. Wegen des Verbots der Vorwegnahme der Hauptsache wird hier allerdings das Rechtsschutzinteresse bei bereits erheblichem Baufortschritt (Rohbau fertig) eingeschränkt.[561]

225 Eine gewisse Zurückhaltung der Rspr. mit einstweiligen Anordnungen gegen den Bauherrn mag darin begründet liegen, dass der Nachbar – anders als im Zivilrecht – kaum ein wirtschaftliches Risiko trägt, wenn sich im Hauptsacheverfahren herausstellt, dass doch kein Nachbarrechtsverstoß vorlag. Der für solche Fälle gedachte **Schadensersatzanspruch** des § 945 ZPO ist zwar über § 173 VwGO grundsätzlich im Verwaltungsprozess anwendbar, gilt aber nur im Zwei-Personenverhältnis, hier also zwischen Nachbar und Bauaufsichtsbehörde. Der geschädigte Bauherr ist als Beigeladener nur Dritter und kann keinen Schadensersatz vom Nachbarn beanspruchen.[562]

561 OVG Münster BRS 63 Nr. 198; BRS 57 Nr. 135; OVG Lüneburg BRS 66 Nr. 133; kritisch Mehle/Hansen NVwZ 2010, 14, 17 mit weiteren Einschränkungen des Eilrechtsschutzes.

562 BGHZ 78, 127; Seidel NVwZ 2004, 139, 144; Grunsky JuS 1982, 177.

Klausurprobleme Einstweilige Anordnung, § 123 VwGO

- **Unmittelbar** gegen den **Bauherrn** gerichteter Antrag: AS-Skript VwGO (2013), Fall 29 Rn. 801 f.

  Stichwort: kein öffentl.-rechtl. Rechtsverhältnis zwischen Bauherrn und Nachbarn

- Verhältnis zum **Zivilrechtsschutz**: AS-Skript VwGO (2013), Fall 29 Rn. 803 f.

  Stichworte: Zweigleisigkeit des Rechtsschutzes, aber allgemeines Rechtsschutzbedürfnis für Antrag nach § 123 VwGO besteht fort

- Beim Anordnungsanspruch: **Ermessensreduzierung auf Null** (= Einschreiten): s. Rn. 221 und AS-Skript VwGO (2013), Fall 29 Rn. 807 ff.

  Stichwort: bei Verletzung von nachbarschützenden Normen regelmäßig (str.)

Fall 6: Parken und Wohnen

E ist Eigentümer eines großen Grundstücks, das mit einem Zweifamilienhaus bebaut ist. Auf dem Grundstück steht eine Doppelgarage, davor liegen zwei PKW-Stellplätze. In der ruhigen näheren Umgebung, für die kein BPlan existiert, befinden sich nur Ein- und Zweifamilienhäuser mit zwei bis vier Stellplätzen, kleine Läden wie eine Schneiderei, ein Blumenladen, ein kleines Lebensmittelgeschäft und eine Kirche. E will fünf weitere Garagen auf seinem Grundstück bauen, die er wegen der grassierenden Parkplatznot gut an Nachbarn vermieten kann. Bei einem Grillfest hat E den N als letzten Nachbarn dazu gebracht, seine Bauvorlagen zu unterschreiben. N meinte, dem E werde ohnehin nur genehmigt, was auch mit den Bauvorschriften übereinstimme. N's Wohnhaus liegt rund 80 m von E entfernt. Am 01.07. erteilt die Baugenehmigungsbehörde B dem E die Baugenehmigung. E beginnt 15 Monate später mit dem Bau. Als die Bagger rollen, reut N seine Unterschrift und erhebt Widerspruch. Er bringt auch seine seit Jahren von ihm getrennt lebende Ehefrau F dazu, am 01.10. Widerspruch zu erheben. N und F sind immer noch zu gleichen Teilen Miteigentümer der Nachbargrundstücks. Gleichzeitig widerruft N seine Unterschrift gegenüber E und B wegen Irrtums. Der Widerspruch wird am 17.12. mit der Begründung zurückgewiesen, die speziellen Anordnungsvorschriften der LBauO sowie die Abstandsflächenvorschriften seien eingehalten [*trifft zu*]. Die Immissionssituation verschlechtere sich wegen der Haupterschließungsstraße, an der E und N wohnten, nicht, zumal die Grenzwerte des Immissionsschutzrechts eingehalten würden [*trifft zu*]. N und F erheben am 03.01. Klage. N trägt vor, er habe sich über die bedrängende Wirkung der Garagen geirrt. F fügt hinzu, es gebe in der näheren Umgebung nirgends Garagengrundstücke. Außerdem verbiete der seit dem 01.12. geltende qualifizierte [*wirksame*] BPlan, der für das Gebiet die Festsetzung „WA" vorsehe, Garagen für Fremdparker. N und F beantragen, die Baugenehmigung aufzuheben und B außerdem dazu zu verpflichten, dem E den Abbruch der inzwischen fertiggestellten Garagen aufzugeben. Wie wird das Verwaltungsgericht entscheiden?

Das Verwaltungsgericht wird der Klage stattgeben, soweit sie zulässig und begründet ist. **226**

1. Teil: Aufhebung der Baugenehmigung

A. Zulässigkeit der Klage

I. Der **Verwaltungsrechtsweg** ist für die nichtverfassungsrechtliche Streitigkeit auf dem Gebiet des öffentlichen Baurechts mangels Sonderzuweisungen nach § 40 Abs. 1 S. 1 VwGO eröffnet.

II. Als VA mit Doppel- bzw. Drittwirkung wirkt die Baugenehmigung zwar für den Bauherrn begünstigend, den Nachbarn belastet sie jedoch zugleich, sodass für ihn die **Anfechtungsklage** (§ 42 Abs. 1 Alt. 1 VwGO) statthaft ist.

III. Der Nachbar ist allerdings nur **klagebefugt**, soweit er geltend machen kann, durch die Baugenehmigung in seinen subjektiv-öffentlichen Rechten verletzt zu sein, indem sie gegen **nachbarschützende** Vorschriften des öffentlichen Baurechts verstößt.

1. Soweit die Anordnung der Garagen nach der **LBauO** keine unzumutbaren Lärm- und Abgasbelästigungen hervorrufen darf (s. Rn. 110), handelt es sich um eine nachbarschützende Norm, deren Verletzung nicht von vornherein ausscheidet.

2. Weiterhin erscheint es möglich, dass die fünf zusätzlichen Garagen gegen den **Anspruch auf Gebietsgewährleistung** (s. Rn. 207) verstoßen, der hier entweder aus § 30 Abs. 1 BauGB i.V.m. der Festsetzung des seit dem 01.12. geltenden BPlans oder aus § 34 Abs. 2 BauGB folgt. Sollte dieser Anspruch planungsrechtlich nicht bestehen, kommt noch ein Verstoß gegen das Gebot der **Rücksichtnahme** in Betracht, das § 34 Abs. 1 BauGB mit dem Tatbestandsmerkmal des „Einfügens" enthält. Da keine der Möglichkeiten offensichtlich ausscheidet, kann in der Klagebefugnis noch offen bleiben, welche Normen durchgreifen.

227 VI. Fraglich ist, ob N und F das **Widerspruchsverfahren** ordnungsgemäß durchgeführt, insb. fristgemäß Widerspruch erhoben haben, § 68 Abs. 1 S. 1 VwGO.[563]

1. Zweifelhaft ist insbesondere die Einhaltung der **Widerspruchsfrist**, § 70 Abs. 1 S. 1 VwGO. Die Widerspruchsfrist (Klagefrist) wird jedoch nur gegenüber demjenigen Beschwerten in Lauf gesetzt, dem die Behörde den Bescheid bekannt gegeben hat. An einer solchen **Bekanntgabe** der Baugenehmigung fehlt es gegenüber N und F; die Monatsfrist des § 70 Abs. 1 S. 1 VwGO läuft nicht. Auch die **Jahresfrist** des § 58 Abs. 2 VwGO, die über § 78 Abs. 2 VwGO grundsätzlich im Widerspruchsverfahren anwendbar ist, gilt weder direkt noch analog. Denn sie ist nur für den Fall der fehlenden oder unrichtigen Rechtsbehelfsbelehrung vorgesehen, nicht für den der insgesamt fehlenden Bekanntgabe.[564]

228 2. N hat zwar auf den Bauvorlagen unterschrieben (zur **Verzichtswirkung** sogleich), aber seine Unterschrift wegen Irrtums „widerrufen". Es kann nicht ausgeschlossen werden, dass sein Verzicht nicht mehr gilt. Einen **Verzicht** auf ihr

563 Kein Widerspruchsverfahren in BY und NRW.

564 Näher: AS-Skript VwGO (2013), Rn. 578 f.

Nachbarrecht hatte F von Anfang an nicht erklärt; Anhaltspunkte dafür, dass N auch mit Wirkung für sie verzichten wollte, liegen nicht vor.

2. Gleichwohl kommt in Betracht, dass N und F ihr Widerspruchsrecht nach § 242 **229**
BGB analog **verwirkt** haben.[565] Es kann gegen Treu und Glauben verstoßen, wenn der Betroffene den Rechtsbehelf erst erhebt, wenn der Begünstigte damit nicht mehr rechnen musste: Es muss eine gewisse Zeit seit Kenntnisnahme von der Genehmigung verstrichen sein **(Zeitmoment)** und der Berechtigte muss Veranlassung zu der Annahme gegeben haben, dass er sein Recht nicht mehr geltend machen wird **(Umstandsmoment)**. In zeitlicher Hinsicht greift die Rspr. auf die Jahresfrist des § 58 Abs. 2 VwGO zurück. Der Nachbar muss also **ein Jahr** nach Bekanntgabe oder faktischer Kenntnisnahme/Kennenmüssen von der Baugenehmigung (v. a. durch Bautätigkeit) den Rechtsbehelf erheben. Das **nachbarliche Gemeinschaftsverhältnis** verpflichtet die Nachbarn zu gegenseitiger Rücksichtnahme, sodass die Untätigkeit während des Jahres seit Kenntnis bzw. Kennenmüssen das Umstandsmoment darstellt.[566]
Da N und F die Baugenehmigung durch B nicht bekannt gegeben worden ist und sie bereits rund einen Monat nach dem Beginn der Bauarbeiten Widerspruch erhoben haben, haben sie ihr Widerspruchsrecht nicht verwirkt. Der Widerspruch ist frist- und auch im Übrigen ordnungsgemäß erhoben.

Wäre der Widerspruch zu spät erhoben und hätte die Widerspruchsbehörde gleichwohl in der Sache darüber entschieden, ohne sich auf die Verfristung zu beschränken, hätte das die Fristversäumnis nicht geheilt, weil es sich um einen Drittwiderspruch handelte.[567]

V. Die **Klagefrist** (§ 74 Abs. 1 S. 1 VwGO) ist gewahrt, die Voraussetzungen der **subjektiven Klagehäufung** (§ 64 VwGO i.V.m. §§ 59 ff. ZPO) liegen bei den Miteigentümern N und F (§ 1008 BGB) vor; sonstige Zulässigkeitsfragen stellen sich nicht.

B. N ist als Inhaber der angefochtenen Baugenehmigung bei der Nachbarklage gemäß § 65 Abs. 2 VwGO **notwendig beizuladen**.

C. Begründetheit der Klage

Die Klage ist begründet, soweit die Baugenehmigung des E wegen Verstoßes gegen nachbarschützende Vorschriften rechtswidrig ist und N und/oder F in ihren Rechten verletzt, vgl. § 113 Abs. 1 S. 1 VwGO (zum Prüfungsaufbau s. Rn. 199).

I. Es liegt kein Verstoß gegen nachbarschützende Vorschriften der **LBauO** vor. Insbesondere sind die speziellen Vorschriften über die Anordnung von Garagen eingehalten. Gleiches gilt für die nachbarschützenden Grenzabstands- bzw. Abstandsflächenvorschriften, die Garagen in den Abstandsflächen weitgehend erlauben. **230**

6 I Nr. 2	6 IX 1 Nr. 1	6 VII 1 Nr. 1	6 X 1	6 VII 1 Nr. 1	6 VII 1 Nr. 1	6 IX Nr. 1	6 VII 1 Nr. 1	5 VIII 2 Nr. 1	6 XI 1	8 II 1 Nr. 7	8 IX 1 Nr. 1	6 VII 1 Nr. 1	6 IX Nr. 1	6 VII 1 Nr. 1	6 VIII Nr. 1

565 Aufbauhinweis: Verzicht und Verwirkung lassen sich auch im allgemeinen Rechtsschutzbedürfnis prüfen.

566 Näher: AS-Skript VwGO (2013), Rn. 580 ff.

567 H.M. vgl. AS-Skript VwGO (2013), Rn. 904; Kopp/Schenke § 70 Rn. 9 f (nie Heilung).

231 II. In Betracht kommt, dass N und F in ihrem **Gebietserhaltungsanspruch** verletzt sind. Im Rahmen des nachbarlichen Austauschverhältnisses, das die Grundstückseigentümer eines Baugebiets zu einer rechtlichen Schicksalsgemeinschaft verbindet, indem alle Grundstückseigentümer wechselseitig dieselben Beschränkungen in der Nutzungsart hinnehmen, kann jeder Betroffene artfremde Bebauung abwehren, selbst wenn er selbst davon nicht konkret betroffen ist (s. Rn. 207).

1. Der Gebietserhaltungsanspruch könnte sich aus **§ 30 Abs. 1 BauGB i.V.m. den Festsetzungen des BPlan** ergeben, der seit dem 01.12. gilt. Dazu müsste der BPlan im Klageverfahren jedoch überhaupt beachtlich sein. Das ist fraglich, weil der BPlan erst nach dem Erlass der Baugenehmigung in Kraft getreten ist.

232 Der **entscheidungserhebliche Zeitpunkt** der Sach- und Rechtslage liegt bei Anfechtungsklagen zwar im Regelfall im Erlass des Widerspruchsbescheids. Im Baurecht ist jedoch der Zeitpunkt der **Erteilung der Baugenehmigung** maßgeblich. Die dem Bauherrn mit der Erteilung eingeräumte Rechtsposition darf nach Art. 14 Abs. 1 GG nicht mehr ohne ausdrückliche Rechtsgrundlage entzogen werden. Nach Genehmigungserteilung eingetretene Rechtsänderungen zum Nachteil des Genehmigungsinhabers dürfen nicht mehr berücksichtigt werden; nur zu seinen Gunsten sind alle späteren Änderungen zu berücksichtigen.[568] Demzufolge konnte das Verbot von Fremdgaragen, das der erst zum 01.12. und damit nach Ergehen der Baugenehmigung in Kraft getretene BPlan vorsieht, dem E nicht entgegengehalten werden. Aus § 30 Abs. 1 BauGB i.V.m. dem BPlan können N und F keinen Gebietserhaltungsanspruch ableiten.

233 2. Der Gebietserhaltungsanspruch könnte weiterhin aus **§ 34 Abs. 2 BauGB** folgen. Denn die nachbarlichen Abwehransprüche bestehen in einem faktischen Baugebiet bzgl. der Art der Nutzung wie in einem beplanten Gebiet. Die Eigenart der näheren Umgebung, also die tatsächlich vorzufindende Bebauung um das Baugrundstück (nicht: der neue BPlan), entspricht der Regelbebauung eines allgemeinen Wohngebiets (WA) i.S.v. § 4 BauNVO. § 4 BauNVO wird bzgl. **Garagen** durch **§ 12 Abs. 2 BauNVO** ergänzt, und zwar auch in faktischen Baugebieten nach § 34 Abs. 2 BauGB.[569] Danach sind u.a. in allgemeinen Wohngebieten Stellplätze und Garagen nur für den durch die zugelassene Nutzung verursachten Bedarf zulässig. Auch § 12 Abs. 2 BauNVO betrifft die Art der baulichen Nutzung und ist unmittelbar nachbarschützend.[570]

Die dem E erteilte Baugenehmigung für fünf weitere Garagen, die dieser an Grundstücksfremde vermieten will, verstößt gegen § 12 Abs. 2 BauNVO. N und F können sich insofern auf den Gebietsgewährleistungsanspruch berufen, auch wenn die Garagen nicht konkret unzumutbar sind, weil sie die immissionsschutzrechtlichen Anforderungen einhalten.

---

568 BVerwGE 130, 113; BVerwG BRS 60 Nr. 178; BRS 76 Nr. 162; BVerwG VwRspr 21, 202.

569 BVerwGE 127, 231.

570 BVerwGE 94, 151.

III. N ist jedoch nur in seinen subjektiv-öffentlichen Nachbarrechten verletzt, wenn er auf diese nicht wirksam verzichtet hat. Ein **Verzicht** auf nachbarschützende öffentliche[571] Rechte erfolgt v.a. durch ausdrückliche **Zustimmung** zu Abweichungen von der LBauO (z.B. § 74 Abs. 3 BauO NRW) oder konkludent durch **Unterschrift** auf Lageplänen, Bauzeichnungen oder Bauvorlagen.[572] Es gibt keine Anhaltspunkte dafür, dass B die Unterschrift des N vom Empfängerhorizont her (§ 133 BGB analog) nicht als vorbehaltloses Einverständnis mit dem Garagenbau auffassen konnte. **234**

1. Fraglich ist, ob N den Verzicht widerrufen konnte. Ein **Widerruf** des Verzichts kann in entsprechender Anwendung von § 130 Abs. 1 S. 2 und Abs. 3 BGB jedoch nur bis zum Zugang der Zustimmungserklärung bei der Baugenehmigungsbehörde erklärt werden.[573] Demzufolge konnte N mehr als ein Jahr nach Erteilung der Baugenehmigung an E seinen Verzicht weder diesem noch der B gegenüber widerrufen. **235**

2. N könnte seinen Verzicht jedoch durch **Anfechtung** rückwirkend beseitigt haben, §§ 119 ff., 142 BGB analog. Unabhängig davon, ob überhaupt ein Anfechtungsgrund vorliegt, hat N seine Erklärung jedenfalls nicht unverzüglich im Verständnis des ebenfalls analog heranzuziehenden § 121 BGB angefochten, sondern erst nach Ablauf eines Jahres. Eine Anfechtung scheidet aus. **236**

   In Betracht käme allein eine Anfechtung nach § 119 Abs. 1 BGB analog wegen Erklärungsirrtums. § 119 Abs. 1 BGB betrifft jedoch nur die Fehlerhaftigkeit der Willensäußerung, nicht die der Willensbildung, etwa auf fehlerhafter Grundlage oder Vorstellung. Soweit N bei seiner Unterschriftsleistung irrig meinte, B würde sich ohnehin an das geschriebene Baurecht halten, handelte es sich um einen von vornherein unbeachtlichen Motivirrtum.

3. Der Verzicht könnte jedoch wegen fehlender Verfügungs-, also **Verzichtsbefugnis** unwirksam sein, weil N nicht Allein-, sondern zusammen mit F nur **Miteigentümer** des Grundstücks ist. Jeder Miteigentümer eines Grundstücks kann jedoch mit Blick auf § 1011 BGB hinsichtlich seines Anteilsrechts im Außenverhältnis für das Gesamtgrundstück nachbarliche Abwehrrechte gegen ein Bauvorhaben geltend machen, das gegen nachbarschützende Vorschriften verstößt.[574] Letztere stehen allen Miteigentümern als selbstständige Rechtspositionen zu, die unterschiedlich über sie verfügen können. Sie können isoliert verwirkt werden, jeder Miteigentümer kann selbstständig auf sie verzichten.[575] N konnte wirksam auf seine Nachbarrechte verzichten. **237**

4. N hat wirksam auf sein öffentlich-rechtliches Nachbarrecht verzichtet. Er ist deswegen trotz des Verstoßes der Baugenehmigung gegen ihn schützende Vorschriften nicht in seinen Rechten verletzt.

---

571 Zu zivilrechtlichen Nachbarrechten: Zabel/Mohr ZfIR 2010, 561; Schlemminger/Fuder NVwZ 2004, 129.

572 OVG Saarlouis, Urt. v. 10.07.2014 – 2 A 19/14, juris; BRS 33 Nr. 178; BRS 40 Nr. 209; OVG Lüneburg BRS 81 Nr. 197; OVG Münster BRS 63 Nr. 204; OVG Bautzen Beschl. v. 18.06.2009 – 1 A 476/08, juris: OVG Koblenz BRS 38 Nr. 180.

573 OVG Lüneburg BRS 81 Nr. 197; VGH München BRS 69 Nr. 154; OVG Münster BRS 63 Nr. 186; Molodovsky, in: Koch/Molodovsky/Famers, BayBauO, 116. EGL 2015, Art. 66 Rn. 183; Hornmann, Hessische Bauordnung, 2. Aufl. 2011, § 64 Rn. 235; wohl auch Dirnberger, in: Simon/Busse Art. 66 Rn. 132 ff.; a.A. Jäde UPR 2005, 161 (163).

574 OVG Koblenz BRS 67 Nr. 189; OVG Saarland BRS 23 Nr.161; OVG Münster BRS 50 Nr. 180; BRS 54 Nr. 80

575 OVG Saarlouis Beschl. v. 08.01.1996 – 2 W 46/95, juris; OVG Münster BRS 50 Nr. 80.

Der wirksame Verzicht bindet den Rechtsnachfolger.[576] Er erlischt, wenn der Bauherr abweichend baut.[577]

IV. Fraglich ist weiterhin, ob auch **Frau F** daran gehindert ist, sich auf ihre Nachbarrechte zu berufen.

1. **Ausdrücklich** hat F auf ihre Rechte nicht verzichtet; sie hat die Bauvorlagen des E nicht unterzeichnet.

238 2. In Betracht kommt allerdings, dass der von ihrem Ehemann und Miteigentümer N erklärte Verzicht auch für sie gilt. Das setzt voraus, dass F sich die Unterschrift des N **zurechnen** lassen muss, wofür ein Zurechnungstatbestand erforderlich ist. F hat N jedoch weder bevollmächtigt noch beauftragt, auf den Bauplänen zu unterschreiben. Als von N getrennt lebende Ehefrau wusste sie davon gar nichts. Ein allgemeiner Rechts- oder Erfahrungssatz, dass Miteigentümer eines Grundstücks einander **vertreten**, besteht weder grundsätzlich noch für Ehegatten.[578] Eine Duldungs- oder Anscheinsvollmacht scheidet mangels entsprechender tatsächlicher Anhaltspunkte ebenfalls aus. Aus der Stellung als Ehegattin und Miteigentümerin allein lässt sich mit Blick auf den Verzicht des Ehegatten keine unzulässige Rechtsausübung herleiten.[579] Auch aus dem nachbarlichen Gemeinschaftsverhältnis folgt keine Obliegenheit mitzuteilen, dass man sich dem von anderen Miteigentümern erklärten Verzicht nicht anschließt.[580]

F ist der durch Unterschrift des N erklärte Verzicht auf die baulichen Nachbarrechte nicht zuzurechnen. Damit hat F nicht auf ihre Rechte verzichtet.

239 3. F könnte ihre Nachbarrechte allenfalls noch **verwirkt** haben.[581] Eine Verwirkung materieller Nachbarrechte kommt unter folgenden, sämtlich zu erfüllenden Voraussetzungen in Betracht:[582]

- Der Nachbar muss sich **längere Zeit untätig** verhalten und darf seine Interessen nicht durch unmissverständliche Erklärungen gegenüber dem Bauherrn, möglicherweise auch gegenüber der Bauaufsichtsbehörde gewahrt haben.
- Dieses Verhalten, das auch vor Erteilung der Baugenehmigung liegen kann, muss beim Bauherrn das **schützenswerte Vertrauen hervorgerufen** haben, der Nachbar werde auch in Zukunft keine Einwendungen gegen diese Nutzung geltend machen.
- Dieses Vertrauen muss der Bauherr **betätigt** haben.

576 OVG Münster BRS 42 Nr. 195; VGH Kassel BRS 56 Nr. 180; OVG Greifwald BRS 64 Nr. 192.

577 OVG Münster BRS 63 Nr. 204; Urt. v. 06.06.2014 – 2 A 2757/12, juris.

578 OVG Saarlouis, Beschl. v. 16.02.2010 – 2 A 390/09, juris; VGH München, Beschl. v. 16.11.2009 – 2 ZB 08.2389, juris; großzügiger bei der Antragsbefugnis nach § 47 VwGO: OVG Lüneburg BRS 74 Nr. 51 m.w.N.

579 OVG Münster BRS 50 Nr. 80.

580 OVG Saarlouis, Beschl. v. 08.01.1996 – 2 W 46/95, juris.

581 Näher: AS-Skript VwGO (2013), Rn. 559 ff.; BVerwGE 102, 33; Troidl NVwZ 2004, 315.

582 BVerwG BRS 48 Nr. 179; BRS 52 Nr. 218; OVG Lüneburg BRS 78 Nr. 191.

Diese Voraussetzungen sind in der Person der F nicht erfüllt. Sie hatte als getrennt lebende Frau des N erst nach Beginn der Bauarbeiten von dem Vorhaben erfahren und bereits wenig später Widerspruch erhoben. Sie hat ihre Nachbarrechte nicht verwirkt.

4. F ist nicht gehindert, sich auf ihre Nachbarrechte zu berufen. Sie ist durch die nachbarrechtswidrige Baugenehmigung in ihren Rechten verletzt.

2. Teil: Erlass einer Abbruchverfügung

A. Zulässigkeit

I. Der **Verwaltungsrechtsweg** ist nach § 40 Abs. 1 S. 1 VwGO eröffnet.

II. Fraglich ist, ob der Antrag **statthaft** ist, obwohl die gerichtliche Aufhebung der Baugenehmigung, die die Garagen formell legalisiert, weder rechtskräftig noch vorläufig vollziehbar ist (vgl. § 167 Abs. 2 VwGO).

1. Die Statthaftigkeit könnte aus **§ 113 Abs. 1 S. 2 VwGO** ergeben. Nach dieser Norm kann aus Gründen der Prozesswirtschaftlichkeit ein **Annexantrag** auf Rückgängigmachung der Vollzugsfolgen mit dem Anfechtungsantrag verbunden werden (Stufenklage). Ein Antrag nach § 113 Abs. 1 S. 2 VwGO setzt voraus, dass der Kläger einen Vollzugsfolgenbeseitigungsanspruch geltend macht. Dieser Anspruch setzt den behördlichen Vollzug eines VA bzw. eine Befolgung aufgrund des Vollstreckungsdrucks voraus, der von dem VA ausgeht.[583] Eine Baugenehmigung wird jedoch weder von der Baubehörde vollzogen noch durch den Bauherrn befolgt, sondern sie wird von ihm (aus-)genutzt.[584] Der Anwendungsbereich des § 113 Abs. 1 S. 2 VwGO ist damit nicht eröffnet. 240

2. Die Statthaftigkeit könnte sich weiterhin aus **§ 113 Abs. 4 VwGO analog** ergeben, der die Stufenklage im Verwaltungsprozess allgemeiner als die Spezialnorm des Absatz 1 Satz 2 regelt. Absatz 4 setzt keinen Folgenbeseitigungsanspruch voraus. Die wegen gleicher Ausgangs- und Interessenlage zulässige Analogie ist erforderlich, weil die Behörde zum Erlass eines VA, nicht einer tatsächlichen Leistung verpflichtet werden soll. Insofern ist anerkannt, dass aus prozesswirtschaftlichen Gründen die Anfechtungsklage gegen eine Baugenehmigung mit einem Antrag auf Erlass einer Verfügung zur Beseitigung der nachbarrechtsverletzend genehmigten und errichteten baulichen Anlage verbunden werden darf.[585] 241

3. Da N und F den Erlass einer Abrissverfügung, eines VA, begehren, ist die Verpflichtungsklage **(Drittverpflichtungsklage)** gemäß § 42 Abs. 2 Alt. 2 VwGO i.V.m. § 113 Abs. 4 analog VwGO statthaft.[586]

583 Kopp/Schenke § 113 Rn. 92 m.w.N.

584 OVG Saarlouis NVwZ 1983, 685; BRS 65 Nr. 118; a.A. Wolff, in: Sodan/Ziekow, VwGO, 4. Aufl. 2014, § 113 Rn. 197.

585 OVG Saarlouis NVwZ 1983, 685; BRS 65 Nr. 118.

586 Teilweise wird vertreten, außer der Statthaftigkeit gebe es keine weiteren Zulässigkeitsvoraussetzungen: Brosius-Gersdorf JA 2010, 41 (42); a.A. Wolff, in: Sodan/Ziekow § 113 Rn. 201 ff.

III. N und F müssen **klagebefugt** sein (§ 42 Abs. 2 VwGO). Die Klagebefugnis kann sich nur aus der **Ermächtigungsgrundlage** der LBauO zum Erlass einer Abbruch-/Abrissverfügung ergeben.

65 S. 1	76 S. 1	79 S. 1	74	79 I 1, II	76 I 1	72 I 1	80 I	79 I 2 Nr. 4	61 I 2	81 S. 1	82 I	80 S. 1	79 S. 1	59 II Nr. 3	79 I 1, II

242 Hiernach steht der Erlass einer Bauordnungsverfügung allerdings im behördlichen Ermessen. Soweit die bauliche Anlage gegen nachbarschützende Vorschriften verstößt, hat der Nachbar zumindest einen Anspruch auf **ermessensfehlerfreie Entscheidung** über seinen Antrag auf Einschreiten.[587] Ein solcher Verstoß liegt mit der Verletzung des Gebietserhaltungsanspruchs durch die Garagen vor. Da N auf seine Nachbarrechte verzichtet hat, ist er allerdings nicht klagebefugt, sondern die Klagebefugnis ist nur für F gegeben.

Nach a.A. stellt die Ausnutzung der Genehmigung einen Vollzug der Baugenehmigung dar und der Vollzugsfolgenbeseitigungsanspruch ist selbst Anspruchsgrundlage für die Beseitigungsverfügung. Folgt man dem, schließt sich daran die Frage an, ob der FBA eine gesetzliche Grundlage für einen Eingriff in Rechte Dritter darstellen kann oder ob insofern auf die bauordnungsrechtliche Ermächtigungsgrundlage zurückgegriffen werden muss.[588] Die im Vordringen befindliche – vorzugswürdige – Auffassung, vor allem in der baurechtlichen Rspr.,[589] entspricht allerdings der hier dargestellten.[590]

243 IV. F hat den Antrag auf Erlass einer Abbruchverfügung erstmals im gerichtlichen Verfahren gestellt. Fraglich ist, ob das nach § 68 Abs. 1 VwGO eigentlich erforderliche **Vorverfahren**, das F hinsichtlich der verlangten Abbruchverfügung nicht durchgeführt hat, ausnahmsweise entbehrlich ist. Diese Frage stellt sich – im allgemeinen Rechtsschutzbedürfnis parallel – für das Erfordernis des vorherigen Antrags an die Behörde (in Bay und NRW nur hier). Hat die Behörde – wie hier – zu erkennen gegeben, dass sie bereits den Ausgangsbescheid für rechtmäßig hält, eine Rückgängigmachung deswegen ausscheidet, ist weder ein vorheriger Antrag an sie noch die Erhebung eines (Verpflichtungs-)Widerspruchs erforderlich (Begründung: Prozessökonomie oder Spezialitätsverhältnis).[591] Ein Vorverfahren ist ebenso wie ein vorheriger Antrag an B auf Erlass einer Beseitigungsverfügung ausnahmsweise entbehrlich.

Die Klage auf Erlass der Beseitigungsverfügung ist hinsichtlich der F zulässig, hinsichtlich des N ist sie unzulässig. § 44 VwGO tritt hinter § 113 Abs. 4 VwGO analog zurück. Bauherr E ist auch insofern nach § 65 Abs. 2 VwGO notwendig beizuladen.

B. Begründetheit

244 Anspruchsgrundlage für den geltend gemachten Anspruch auf Einschreiten der B gegen die Garagen des E ist die **bauordnungsrechtliche Beseitigungs-/Abbruch-/allgemeine Eingriffsermächtigung** (s. Klagebefugnis).

---

587 OVG Greifswald BRS 66 Nr. 198.

588 Näher AS-Skript Verwaltungsrecht AT 2 (2013), Rn. 430 ff.

589 Vgl. nur BVerwG BRS 63 Nr. 210; OVG Greifswald BRS 66 Nr. 198.

590 Darstellung des baurechtlichen Streitstandes: Finkelnburg/Ortloff/Otto § 20 S. 262.

591 BVerwG NVwZ 2000, 818; Kopp/Schenke § 113 Rn. 175; Wolff, in: Sodan/Ziekow § 113 Rn. 202, 396; AS-Skript VwGO (2013), Rn. 188 ff.

I. Deren **tatbestandliche** Voraussetzungen, nämlich ein Verstoß gegen öffentlich-rechtliche Bauvorschriften, müssen vorliegen.

1. Die erfolgreiche Nachbaranfechtungsklage gegen eine Baugenehmigung führt grundsätzlich zur **formellen Illegalität** des Vorhabens.[592] Nach dem Sinn des § 113 Abs. 1 S. 2 und Abs. 4 VwGO (analog) kommt es auf die noch fehlende formelle Illegalität der Garagen des E, die auf der Fortgeltung der Baugenehmigung bis zur Rechtskraft des Anfechtungsurteils beruht, nicht an.[593]

2. Durch den Verstoß gegen den Gebietserhaltungsanspruch, für den insofern auf § 30 Abs. 1 BauGB i.V.m. dem seit dem 01.12. geltenden BPlan abzustellen ist (Verpflichtungsklage: entscheidungserheblicher Zeitpunkt ist die letzte mündliche Verhandlung), liegt ein Verstoß gegen nachbarschützende Vorschriften des öffentlichen Baurechts **(materielle Illegalität)** vor.

III. Bei Erfüllung der tatbestandlichen Voraussetzungen steht der Erlass der Bauordnungsverfügung im **Ermessen** der Behörde, das sie nach § 40 VwVfG auszuüben hat. Ein **Anspruch auf Einschreiten** zugunsten des klagenden Nachbarn entsteht, wenn jede andere Entscheidung ermessensfehlerhaft wäre (Ermessensreduzierung auf Null).[594] Das gilt auch, wenn der Bauherr sein Vorhaben aufgrund einer später gerichtlich aufgehobenen Baugenehmigung errichtet hat.[595] Für den Nachbarn kann sich aus Art. 14 Abs. 1 S. 2 GG ein Anspruch auf den Erlass einer Beseitigungsverfügung ergeben.[596] **245**

1. Das Ermessen der B ist bereits eingeschränkt, weil die Garagen gegen **bundesrechtliches Bauplanungsrecht**, also Vorschriften des BauGB/BauNVO, verstoßen. Die Beachtung und Durchsetzung des materiellen Bauplanungsrechts steht nicht zur Disposition des Landesgesetzgebers.[597] **246**

2. Weiterhin wird vielfach davon ausgegangen, bei Nachbarrechtsverstößen sei das Ermessen in der Regel reduziert. Die nachbarschützende Norm **„intendiere"** (bezwecke) eine Ausrichtung der Ermessensausübung an ihr. Nur in atypischen Situationen komme eine andere Entscheidung in Betracht.[598] Mitunter wird dagegen eine erhebliche tatsächliche Beeinträchtigung des Nachbarn verlangt.[599] Vermittelnd wird auch nach Entschließungs- und Auswahlermessen differenziert.[600] **247**

3. Als weiterer Aspekt tritt schließlich hinzu, dass der Ermessensspielraum durch eine **Folgenbeseitigungslast** der Bauaufsichtsbehörde reduziert sein kann. Die Behörde hat durch den Erlass einer rechtswidrigen Baugenehmigung ent- **248**

592 BVerwG BRS 52 Nr. 217.
593 OVG Saarlouis NVwZ 1983, 685; BRS 65 Nr. 118.
594 BVerwG BRS 58 Nr. 206.
595 OVG Greifswald BRS 66 Nr. 198.
596 BVerwG BRS 63 Nr. 210.
597 BVerwGE 72, 300; BRS 60 Nr. 169; BRS 63 Nr. 210.
598 OVG Bautzen BRS 81 Nr. 175; OVG Münster BRS 74 Nr. 199; BRS 56 Nr. 196; OVG Hamburg BRS 74 Nr. 205.
599 OVG Lüneburg DVBl. 2014, 655; BRS 73 Nr. 180; BRS 55 Nr. 196; BRS 48 Nr. 191.
600 OVG Magdeburg ZfBR 2014, 75.

scheidend zum jetzigen nachbarrechtswidrigen Zustand beigetragen. Für den Nachbarn ist es gleich, ob die Behörde diesen Zustand selbst herbeigeführt hat oder der Bauherr unter Mitwirkung der Genehmigungsbehörde. Es ist allerdings unklar, inwieweit die Folgenbeseitigungslast eigenständige Wirkung auf die Ermessensausübung entfalten kann.[601]

4. Im **Ergebnis** spricht Überwiegendes dafür, eine Reduzierung des Ermessens der B dahingehend anzunehmen, dass nur der Erlass der beantragten Beseitigungsverfügung ermessensfehlerfrei ist. Die Garagen verstoßen gegen Bauplanungsrecht, das keine landesrechtliche Materie darstellt. Atypische Umstände, die den Verstoß in einem milden Licht erscheinen lassen könnten, sind nicht erkennbar. Hinzu tritt die Mitwirkung der B durch den Genehmigungserlass (a.A. vertretbar).

F steht gegen B ein Anspruch auf Erlass einer die fünf Garagen umfassenden Beseitigungsverfügung gegen E zu.

Diese Verpflichtung erschöpft sich nicht nur im Erlass der Beseitigungsverfügung, sondern umfasst auch die Verpflichtung, die Beseitigungsverfügung im Weigerungsfalle mit **Zwangsmitteln** gegen den Bauherrn **durchzusetzen.**[602]

Ergebnis: Die Anfechtungsklage des N ist zulässig, aber unbegründet, sein Antrag auf Erlass einer Beseitigungsverfügung ist unzulässig. Die Klage der F ist vollständig zulässig und begründet.

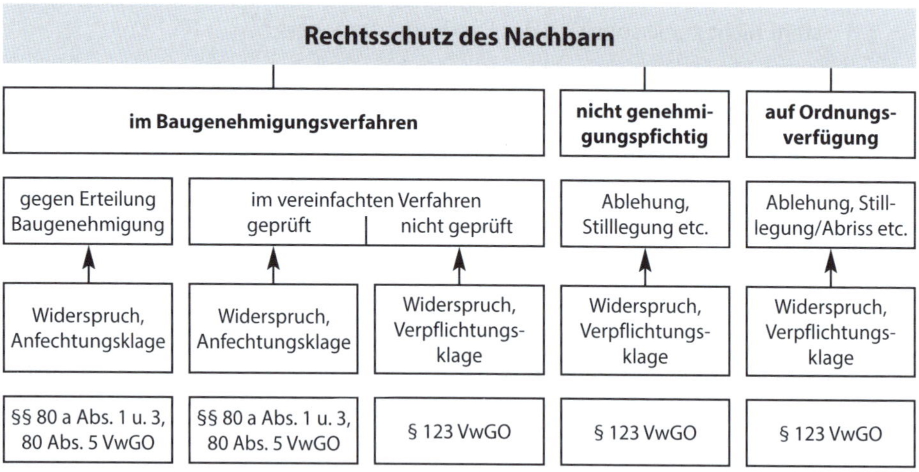

601 BVerwG BRS 63 Nr. 210; BRS 56 Nr. 203; BGHZ 130, 332; kritisch: OVG Lüneburg, Beschl. v. 10.02.2003 – 1 LA 52/02, juris.

602 OVG Saarlouis NVwZ 2011, 725 (Änderung der Rspr.); OVG Münster NVwZ-RR 1992, 518; offen: OVG Greifswald NordÖR 2008, 120.

6. Teil: Bauleitplanung

1. Abschnitt: FPlan und BPlan im Überblick

Die örtliche **Bauleitplanung**, deren Aufgabe nach § 1 Abs. 1 BauGB darin besteht, die Grundstücksnutzung nach dem BauGB vorzubereiten, nehmen die Gemeinden vor (§ 1 Abs. 3 S. 1 BauGB). Art. 28 Abs. 2 S. 1 GG weist den Gemeinden die **Planungshoheit** für ihr Gemeindegebiet als eigene Rechtsposition zu.[603] Die Planung erfolgt zweistufig durch den allgemeinen FPlan und die einzelnen BPläne (§ 1 Abs. 2 BauGB). 249

Die **überörtliche** Planung auf Bundesebene vollzieht sich nach dem Raumordnungsgesetz (ROG), die landesweite Planung nach den Landesplanungsgesetzen mit den zugehörigen untergesetzlichen Programmen und Plänen.[604] An deren Ziele müssen sich die Bauleitpläne anpassen (§ 1 Abs. 4 BauGB).[605]

Hinweis: *Überörtliche und örtliche Pläne werden von Bund, Ländern, Städten und Gemeinden im Internet veröffentlicht. Dort kann man nachsehen, um sich einen Eindruck von solchen Plänen zu verschaffen.*

Der **FPlan** stellt lediglich vorbereitend für das gesamte Gemeindegebiet „grobmaschig" (nicht parzellenscharf) Bauflächen, Baugebiete, Verkehrsflächen usw. dar (vgl. § 5 BauGB).[606] Der FPlan muss – anders als der BPlan – aufsichtsbehördlich genehmigt werden; es handelt sich allerdings um eine reine Rechts- und keine Zweckmäßigkeitsaufsicht, § 6 Abs. 1 und 2 BauGB. Auch wenn der FPlan keine Rechtsnormqualität („Verwaltungsinternum") besitzt und deswegen nicht unmittelbar gerichtlich angreifbar ist,[607] muss er ein schlüssiges Gesamtkonzept ergeben,[608] damit die Gemeinde ihre BPläne aus ihm entwickeln kann (§ 8 Abs. 2 S. 1 BauGB). Er darf andererseits über die Darstellung der Grundzüge nicht hinausgehen.[609] 250

Der Bürger kann aus einem FPlan keine Ansprüche herleiten. Der FPlan hat gleichwohl weitere Rechtswirkungen, z.B. kann er Außenbereichsvorhaben als beeinträchtigender öffentlicher Belang nach § 35 Abs. 3 S. 1 Nr. 1 BauGB entgegenstehen[610] und bindet öffentliche Planungsträger (§ 7 BauGB; vgl. auch § 38 BauGB). Insofern kann er inzident gerichtlich geprüft werden. §§ 5b Abs. 2b, 35 Abs. 3 S. 3 BauGB erlaubt isolierte Teil-FPläne für Intensivtierhaltung, Windenergie- oder Mobilfunkanlagen im Außenbereich,[611] die ausnahmsweise nach § 47 Nr. 1 VwGO analog überprüft werden können.[612]

Der **BPlan** ergeht dagegen als parzellenscharfe Satzung (§ 10 Abs. 1 BauGB),[613] ist also eine verbindliche Rechtsnorm. 251

Merke: *Der Unterschied in der Verbindlichkeit schlägt sich auch terminologisch nieder. Der FPlan enthält nur grundsätzlich unverbindliche „Darstellungen", während sich im BPlan (überwiegend) verbindliche „Festsetzungen" finden.*

---

603 BVerfGE 56, 298; 76, 107; Reidt, in: Bracher/Reidt/Schiller Rn. 19.

604 Näher: Koch/Hendler, Baurecht, Raumordnungs- und Landesplanungsrecht, 5. Aufl. 2009.

605 Abweichungen in den Stadtstaaten.

606 BVerwGE 48, 70; 26, 287.

607 BVerwG BRS 50 Nr 36.

608 BVerwGE 122, 109.

609 BVerwGE 119, 25.

610 BVerwGE 124, 132.

611 BVerwGE 124, 132.

612 BVerwGE 146, 40; 128, 382; Bringewat NVwZ 2013, 984; Schübel-Pfister JuS 2013, 990; Frey NVwZ 2013, 1184.

613 Abweichungen in Berlin und Hamburg (also RVO oder Gesetz), vgl. § 264 Abs. 2 BauGB. Als satzungsvertretende Gesetze können sie nach § 47 Abs. 1 Nr. 1 VwGO in verfassungskonformer Auslegung (Art. 3 Abs. 1 GG) ausnahmsweise im Normenkontrollverfahren überprüft werden, vgl. BVerfGE 70, 35.

252 Der BPlan verdrängt als Ausdruck der gemeindlichen Planungshoheit (§ 2 Abs. 1 S. 1 BauGB[614]) die **Planersatzvorschriften** der §§ 34, 35 BauGB. Wie sie bestimmt der BPlan Inhalt und Schranken des Eigentums (Art. 14 Abs. 1 S. 2 GG). Zu unterscheiden sind der einfache (§ 30 Abs. 3 BauGB) und der qualifizierte (§ 30 Abs. 1 BauGB) BPlan sowie der Vorhaben- und Erschließungsplan (VEP, § 12 BauGB). Gesetzliche Ermächtigungsgrundlage für jede Festsetzung ist § 9 BauGB, der die möglichen Festsetzungen abschließend aufführt. Anders als im FPlan (§ 5 Abs. 2 BauGB: „insbesondere") steht der Gemeinde kein „Festsetzungserfindungsrecht" zu;[615] eine Ausnahme davon gilt nach § 12 Abs. 3 S. 2 BauGB nur beim VEP. Für die wichtigsten Festsetzungen bedient sich der Plangeber der BauNVO.

- **Art** der baulichen Nutzung (§ 9 Abs. 1 Nr. 1 Fall 1 BauGB): §§ 2–14 BauNVO (insofern gilt nach § 1 Abs. 3 BauNVO ein „Typenzwang");[616] wird ein solches Baugebiet festgesetzt, wird die entsprechende BauNVO-Vorschrift Teil des BPlans (und zwar in der zur Zeit der Festsetzung geltenden Fassung)
- **Maß** der baulichen Nutzung (§ 9 Abs. 1 Nr. 1 Fall 2 BauGB): §§ 16–21a BauNVO
- **Bauweise** (§ 9 Abs. 1 Nr. 2 BauGB): § 22 BauNVO (verdrängt evtl. entgegenstehendes Recht der LBauO, z.B. Abstandsflächen[617])
- **Überbaubare** Grundstückfläche (§ 9 Abs. 1 Nr. 2 Fall 2 BauGB): § 23 BauNVO

Unterschiede zwischen FPlan und BPlan

FPlan (§§ 5–7 BauGB)		BPlan (§§ 8–10 BauGB)
vorbereitend (§ 1 Abs. 2 BauGB)	⇔	verbindlich (§ 1 Abs. 2 BauGB)
Darstellungen (§ 5 Abs. 1 BauGB)	⇔	Festsetzungen (§ 8 Abs. 1 BauGB)
gesamtes Gemeindegebiet (§ 5 Abs. 1 BauGB)	⇔	kleiner Teil des Gemeindegebiets
nur ausnahmsweise unmittelbare Wirkung (§§ 15 Abs. 3, 35 Abs. 3 S. 1 Nr. 1, S. 3 BauGB)	⇔	unmittelbare Wirkung für den Bürger
hoheitliche Maßnahme sui generis	⇔	gemeindl. Satzung (§ 10 Abs. 1 BauGB)
nur inzidente gerichtliche Kontrolle	⇔	prinzipale Normenkontrolle (§ 47 Abs. 1 Nr. 1 VwGO) und inzidente gerichtliche Kontrolle

614 Stadtstaaten: § 246 Abs. 5 BauGB.
615 BVerwGE 92, 56; BVerwG BRS 57 Nr. 23.
616 BVerwGE 94, 151; Mitschang/Reidt, in: Battis/Krautzberger/Löhr § 9 BauGB Rn. 13.
617 BVerwG BRS 49 Nr. 5.

2. Abschnitt: Das BPlan-Verfahren

Hinweis: *Das Verfahren zur Aufstellung eines BPlans ist prüfungsrelevant. In ihm spielt das BauGB mit dem Kommunalverfassungsrecht zusammen, umgreift also zwei Rechtsgebiete, die zum Kernexamensstoff gehören. Für die Fallbearbeitung in Studium und Examen kommt man aus, ohne alle Verästelungen des BPlan-Verfahrens im Einzelnen zu kennen. Die ungezählten Fehlerquellen lassen sich ohnehin nicht alle im Vorhinein lernen. Nötig ist aber die Fähigkeit, den konkret zur Entscheidung gestellten Fehler in den Verfahrensablauf einordnen zu können.*

Ausschnitt aus einem BPlan

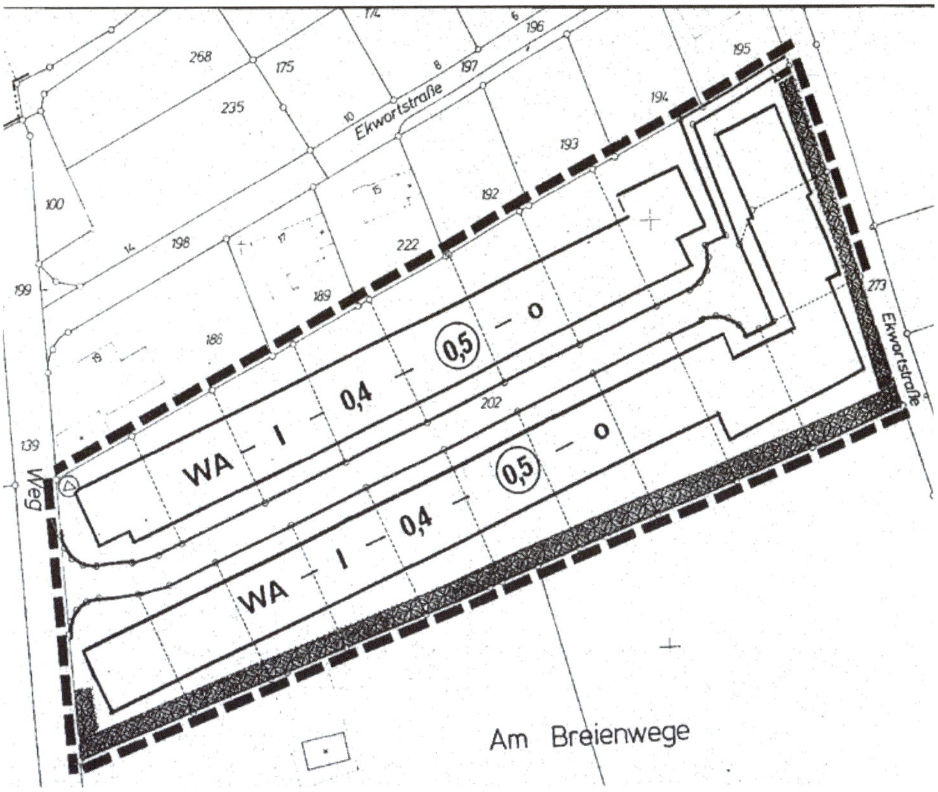

253 Das Verfahren über die Aufstellung der Bauleitpläne ist vor allem in **§ 2 BauGB** geregelt. Weitere Regelungen finden sich in §§ 2a–4b, 13, 204 und 205 BauGB. Diese sind jedoch nicht abschließend. Sie müssen durch die landesrechtlichen Vorschriften der **Gemeindeordnung** (Kommunalverfassungsgesetz) ergänzt werden, etwa über die Beschlussfassung des Rates/Stadtverordnetenversammlung (insbesondere Mitwirkungsverbote wegen Befangenheit) oder die Veröffentlichung von kommunalen Satzungen.

254 **1. Phase:** Das BPlan-Verfahren beginnt mit dem **Aufstellungsbeschluss**, § 2 Abs. 1 BauGB, der lediglich den Planbereich bezeichnen muss.[618] Dieser ist ortsüblich bekannt zu machen (§ 2 Abs. 1 S. 2 BauGB), allerdings keine Wirksamkeitsvoraussetzung.[619]

Mit der Bekanntmachung des Aufstellungsbeschlusses kann die Gemeinde aber eine **Veränderungssperre** i.S.d. § 14 BauGB erlassen und Baugnehmigungsanträge dürfen nach § 15 BauGB **zurückgestellt** werden, um die Bauleitplanung abzusichern (s. Rn. 82).

Die zuständige Behörde verfasst (ggf. durch ein beauftragtes Ingenieur-/Planungsbüro) einen **Planentwurf**. Die nur beigefügte textliche **Begründung** (§ 9 Abs. 8 BauGB) ist nicht Teil des BPlans und kann nicht zur festsetzungsändernden Auslegung herangezogen werden.[620] Gleiches gilt für den Umweltbericht, §§ 2 Abs. 4, 2a BauGB.[621] Eine **frühzeitige** (unförmliche) Behörden- und Bürgerbeteiligung nach §§ 3 Abs. 1, 4 Abs. 1 BauGB schließt sich an; hier unterlaufene Fehler wirken sich wegen der noch offenen Planungslage noch nicht auf die Rechtmäßigkeit des BPlans aus, vgl. § 214 Abs. 1 S. 1 Nr. 2 BauGB.[622] Der Entwurf wird im Anschluss ggf. überarbeitet.

255 **2. Phase:** Die Gemeinde (Rat) fasst den gesetzlich nicht vorgesehenen, aber in der Praxis gängigen **Auslegungsbeschluss**,[623] der den grundsätzlich beschlussfähigen Planentwurf kennzeichnet. Ort und Dauer der Auslegung sind nach § 3 Abs. 2 S. 2 BauGB mindestens eine Woche vorher **ortsüblich bekannt** zu machen.[624] Der BPlan-Entwurf wird nebst Begründung und Umweltbericht für die Dauer eines Monats **öffentlich ausgelegt**. Nach § 3 Abs. 2 BauGB werden die Bürger auf diese Weise förmlich beteiligt. Die öffentliche Auslegung wirkt **präkludierend**, §§ 4a Abs. 6, 3 Abs. 2 S. 2 Hs. 2 und S. 4 BauGB, § 47 Abs. 2a VwGO, und damit als scharfes Schwert: Einwendungen, die ein Bürger gegen den BPlan erheben will, muss er innerhalb der Auslegungsfrist geltend machen. Nach Ablauf der Frist wird er mit ihnen nicht mehr gehört; auch ein Normenkontrollantrag gegen den BPlan nach § 47 VwGO ist insofern unzulässig. Die Präklusionswirkung schließt nur denjenigen aus, der den Einwand später erhebt. Unabhängig von dessen Rechtsposition kann der Sache nach gleichwohl ein formeller oder materieller Abwägungsmangel vorliegen, wie aus § 4a Abs. 6 S. 1 BauGB folgt. **Fehler** in der Bürgerbeteiligung können allerdings nach § 214 Abs. 1 S. 1 Nr. 2 BauGB unerheblich sein, wenn sie sich nicht materiell ausgewirkt haben.

256 Wie die Bürgerbeteiligung dient die normalerweise gleichzeitige förmliche Beteiligung anderer Behörden und **Träger öffentlicher Belange** (TÖB) nach § 4 Abs. 2 BauGB dazu, die später in die Abwägung einzustellenden privaten und öffentlichen Belange (§ 2 Abs. 3 BauGB) zu ermitteln, § 4a Abs. 1 BauGB.

---

618 BVerwGE 51, 121; Battis, in: Battis/Krautzberger/Löhr § 2 Rn. 4.

619 BVerwGE 79, 200; Reidt, in: Bracher/Reid/Schiller Rn. 445.

620 BVerwGE 120, 239.

621 Battis, in: Battis/Krautzberger/Löhr § 2a Rn. 5.

622 BVerwG BRS 65 Nr. 47.

623 BVerwGE 79, 200.

624 Näher Dusch NVwZ 2012, 1580; Reidt, in: Bracher/Reidt/Schiller Rn. 472.

Hieran schließt sich gemäß § 3 Abs. 2 S. 4 und 5 BauGB die **Prüfung** der Bürgereinwände und Stellungnahmen der TÖB an, und zwar nur darauf, ob sie abwägungsrelevant sind.[625] Sie wird vom Rat bzw. dessen zuständigem Ausschuss (z.B. Bau- und Planungsausschuss) vorgenommen, § 1 Abs. 7 BauGB. Führt diese zu einer Änderung des Entwurfs, ist dieser in einem verkürzten Verfahren (§ 4a Abs. 3 BauGB) erneut auszulegen. **257**

Insbesondere die Bekanntmachung der Auslegung und die öffentliche Auslegung selbst sind Gegenstand von Angriffen, wenn die Präklusion von Einwänden abgewendet werden soll. Die wichtigsten Fälle sind:

- Die **Wochenfrist** für die ortsübliche Bekanntmachung (§ 3 Abs. 2 S. 2 Hs. 1 BGB) ist eine *Ereignisfrist* nach § 187 Abs. 1 BGB; der erste Tag (der des Aushangs[626]) zählt also nicht mit[627] [Aushang am 13.10., Fristbeginn am 14.10., Fristende am 20.10., 24 Uhr]. Dagegen ist die Monatsfrist für die **Auslegung** nach § 3 Abs. 2 S. 1 BauGB eine *Ablauffrist* i.S.v. § 187 Abs. 2 BGB i.V.m. § 31 VwVfG, bei welcher der erste Tag mitzählt. Das Fristende wird nach §§ 188 Abs. 2, 193 BGB berechnet[628] [Auslegung am 21.10., Fristbeginn am 21.10., Fristende am 21.11., 24 Uhr]. Wird die Bekanntmachungsfrist irrig einen Tag zu kurz, die Auslegungsfrist gleichzeitig irrig einen Tag zu lang berechnet, heben sich die Fehler auf.[629]
- Die Unterlagen müssen während der **gesamten Dienstzeit** der Gemeindeverwaltung ausgelegt sein.[630] Ausgelegt sind sie nur, wenn sie ohne weitere Hilfe eines Bediensteten eingesehen werden können (Auslegungsraum).[631] Die Schließung der Verwaltung für einen Tag schadet nicht.[632]
- Die Mitteilung über das **Ergebnis der Einwendungsprüfung** ist eine bloße Ordnungsvorschrift, deren Missachtung die Rechtmäßigkeit des BPlans nicht berührt.[633]

3. Phase: Den endgültigen Planentwurf, der regelmäßig vom zuständigen Ausschuss vorbereitet ist, beschließt der **Rat** nach § 10 Abs. 1 BauGB als **Satzung**,[634] und zwar nach den allgemeinen kommunalrechtlichen Vorschriften des Landes (GemO).[635] Die nach § 1 Abs. 7 BauGB erforderliche Abwägung der Belange und die Prüfung der Einwände (§ 3 Abs. 2 S. 4 BauGB) muss in diesem Beschluss erfolgen; vorherige „Abwägungsbeschlüsse" u.ä. können den eigentlichen Ratsbeschluss über sie nicht ersetzen.[636] Eine tabellarische Zusammenstellung, die den Ratsmitgliedern vorliegt und Nachfragen ermöglicht, genügt hierfür.[637] Der beschlossene BPlan muss im Normalfall **nicht** aufsichtlich **genehmigt** werden (Ausnahmen: § 10 Abs. 2 BauGB – nicht aus einem FPlan entwickelt). **258**

625 Reidt, in: Bracher/Reidt/Schiller Rn. 521.

626 BVerwG BRS 24 Nr. 15

627 BVerwG BRS 66 Nr. 47.

628 BVerwGE 40, 363.

629 BVerwG BRS 66 Nr. 47; OVG Lüneburg BRS 42 Nr. 24.

630 BVerwG BRS 36 Nr. 22,

631 Jäde, in: Jäde/Dirnberger/Weiss § 3 Rn. 19 m.w.N.

632 BVrewGE 71, 150.

633 BVerwG BRS 65 Nr. 48.

634 Abweichungen nach § 246 Abs. 2 BauGB in den Stadtstaaten: andere Rechtsformen, z.B. RVO. Zu Hamburg z.B. Koch, in: Hoffmann-Riem/Koch, Hamburgisches Staats- und Verwaltungsrecht, 3. Aufl. 2006.

635 BVerwGE 117, 58.

636 BVerwGE 110, 118.

637 OVG Münster BRS 81 Nr. 4.

259 Der Satzungsbeschluss ist in der Praxis sowie in Studium und Examen ein Haupteinfallstor für Fehler. Diese Fehler finden nur vordergründig im Baurecht statt, weil sie der Sache nach zum Kommunalrecht gehören.

- Ordnungsgemäße **Ladung** und **Öffentlichkeit** der Sitzung.[638]
- **Befangenheit** von Ratsmitgliedern, wenn aus dem BPlan für sie selbst, wirtschaftlich oder familiär Nahestehende **unmittelbare** Vor- oder Nachteile folgen. Um das Verfahren nicht lahmzulegen, muss der Vor-/Nachteil individualisierbar sein[639] und eine gewisse Intensität erreichen,[640] Betroffenheit wie jedermann reicht nicht.[641] Der **Ausschluss** erstreckt sich auf alle wesentlichen Beratungen und Beschlüsse des Aufstellungsverfahrens. Über die Befangenheit entscheidet der Rat. Dagegen kann der Ausgeschlossene im Kommunalverfassungsstreit vorgehen. Wirkt ein befangenes Mitglied an der Aufstellung mit, ist der Beschluss grundsätzlich **nichtig**. Die jeweiligen Landeskommunalrechte sehen jedoch Heilungs- bzw. Unbeachtlichkeitsvorschriften (z.B. § 31 Abs. 6 GO NRW, Art. 49 Abs. 4 GO BY) bzw. bestimmte Fristen vor. Die §§ 214 ff. BauGB sind insofern nicht anwendbar, weil es sich nicht um Normen des BauGB handelt. Die § 45, 46 VwVfG scheiden ebenfalls aus, weil kein VA ergeht.
- Der Beschluss ist unersetzbar. Auch die jahrzehntelange Anwendung eines **unerkannt unwirksamen** BPlans macht diesen weder rechtswirksam[642] noch tritt er „gewohnheitsrechtlich" in Kraft.[643]

260 **4. Phase:** Abschließend ist der beschlossene BPlan nach § 10 Abs. 3 BauGB auszufertigen und bekannt zu machen. Die **Ausfertigung** bedeutet, dass der BPlan auf der Originalurkunde von dem kommunalrechtlich zuständigen[644] Organwalter (z.B. Ober-/Bürgermeister) unterschrieben wird. Eine unzureichende Ausfertigung kann nachgeholt werden; anschließend muss neu bekannt gemacht werden.[645]

Beispiel Ausfertigungsvermerk: „Der textliche und zeichnerische Inhalt dieses Bebauungsplanes stimmt mit dem Satzungsbeschluss des Rates vom 14.02. überein. *Ort, Datum, Unterschrift Bürgermeister.*"

Ortssatzungen müssen normalerweise nach dem jeweiligen Kommunalrecht im Amtsblatt oder in einer örtlichen Tageszeitung verkündet werden. Das ist bei einem farbigen BPlan aber entweder unmöglich oder teuer. § 10 Abs. 3 BauGB sieht deswegen eine **Ersatzverkündung** vor, die die sonst erforderliche Veröffentlichung ersetzt (Satz 5). Die zweistufige Ersatzverkündung besteht aus der ortsüblichen **Bekanntmachung** (Bezeichnung des Plangebiets,[646] Ort der Einsichtnahme) und dem **Bereithalten** des BPlans nebst Begründung zur Einsicht. Nach § 10 Abs. 3 S. 4 BauGB wird der BPlan mit seiner Bekanntmachung rechtsverbindlich; einen anderen Zeitpunkt darf die Gemeinde nicht bestimmen (Ausnahme: § 214 Abs. 4 BauGB).[647]

---

638 Reidt, in: Battis/Krautzberger/Löhr § 10 Rn. 4.
639 BVerwGE 79, 200.
640 OVG Koblenz BRS 66 Nr. 45.
641 VGH Mannheim BRS 67 Nr. 26.
642 BVerwGE 55, 369.
643 BVerwG BRS 76 Nr. 48.
644 BVerwGE 88, 204.
645 BVerwGE 88, 204.
646 BVerwG BRS 76 Nr. 52.
647 BVerwG BRS 78 Nr. 64.

BPlan-Verfahren

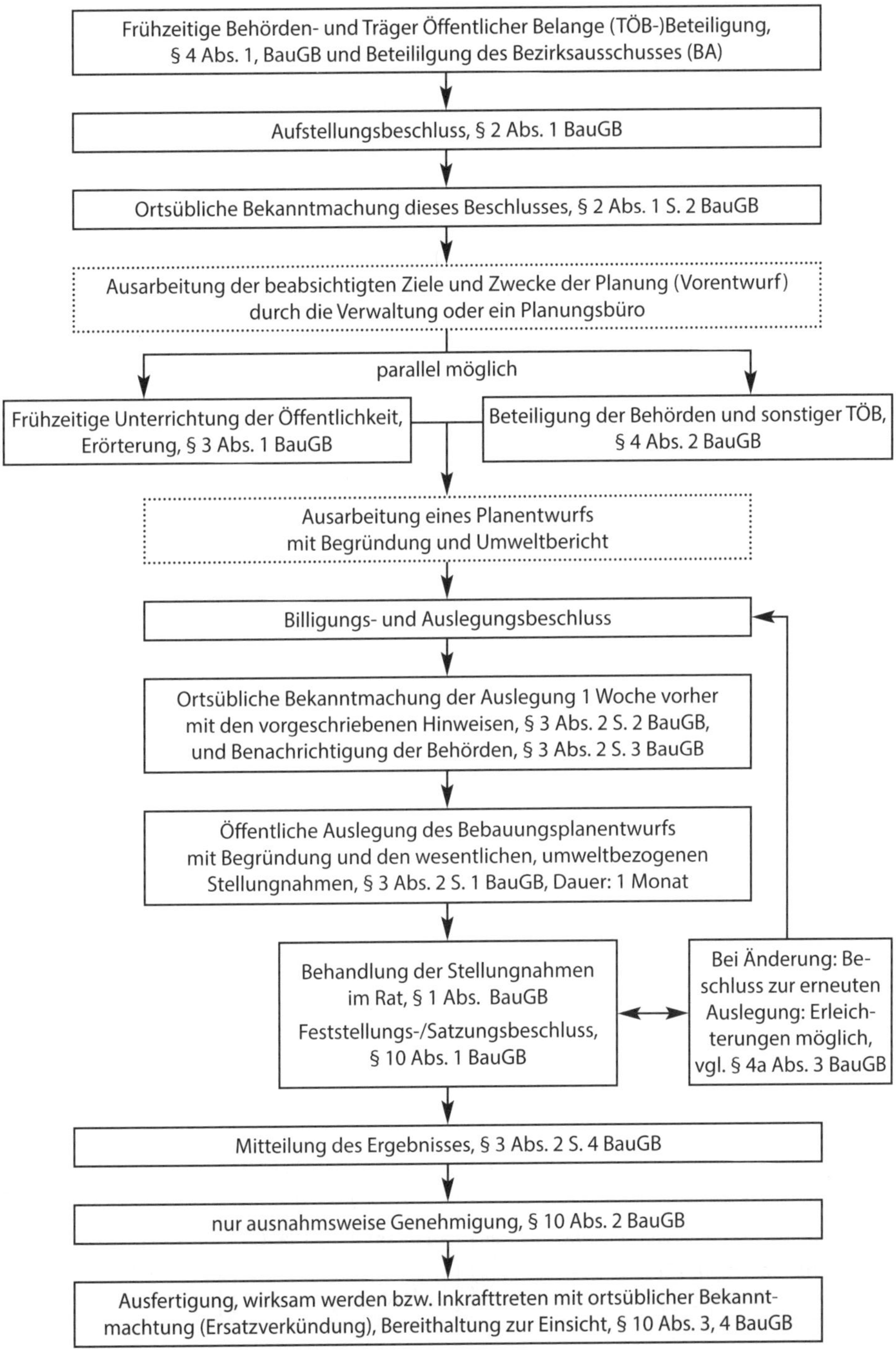

261 **5. Phase:** Der BPlan tritt **außer Kraft**, wenn er aufgehoben wird; es gelten die Verfahrensvorschriften wie bei der Aufstellung, § 1 Abs. 8 BauGB. Soweit ein jüngerer BPlan dasselbe Gebiet (teilweise) überplant, geht dieser dem alten vor.[648]

Eine Besonderheit des BPlans als besonders ausgeprägt wirklichkeitsbezogene Rechtsnorm[649] liegt darin, dass er (automatisch, eo ipso) ganz oder teilweise außer Kraft tritt, soweit er **funktionslos** wird. Funktionslos wird er, wenn seine Verwirklichung auf unabsehbarer Zeit ausgeschlossen (tatsächlich unmöglich) ist und mit ihr vernünftigerweise nicht mehr gerechnet werden kann (Wegfall des Vertrauens in die BPlan-Geltung).[650] Der funktionslose BPlan kann mit einem Normenkontrollantrag nach § 47 Abs. 1 Nr. 1 VwGO angegriffen werden,[651] allerdings besteht Streit um die Fristgebundenheit[652] des Antrags. **Beispiel:** Der BPlan setzt ein reines Wohngebiet (§ 3 BauNVO) fest, aber nach 30 Jahren hat sich tatsächlich ein Mischgebiet (§ 6 BauNVO) entwickelt.

262 **Verfahrens- und Formfehler.** Anders als bei Verwaltungsakten führen Rechtsverstöße beim Erlass von Rechtsnormen grundsätzlich zur anfänglichen (ex tunc) Unwirksamkeit/Nichtigkeit der Norm. Abweichend davon gilt bei BPlänen der **Grundsatz der „Planerhaltung"** (Überschrift vor §§ 214, 125 BauGB). Verfahrens- und Formfehler machen den BPlan nicht unwirksam, wenn sie entweder **unbeachtlich** sind (§ 214 Abs. 2 BauGB) oder wenn sie zwar beachtlich sind (§ 214 Abs. 1 BauGB), aber nicht in der Frist des § 215 Abs. 1 BauGB geltend gemacht worden sind. Bestimmte Fehler können nach § 214 Abs. 4 BauGB (zum Teil rückwirkend) geheilt werden.

Planaufstellungsverfahren

Verfahrensstadium	Beachtlichkeit	Rügefrist
▪ Aufstellungsbeschluss	(–)	
▪ Ortsübl. Bekanntmachung (§ 2 Abs. 1 S. 2 BauGB)	(–)	
▪ Vorgezogene Bürgerbeteiligung (§ 3 Abs. 1 S. 1 BauGB)	(–)	
▪ Auslegungsbeschluss	(–)	
▪ Beteiligung der Träger öffentlicher Belange (§§ 4, 4a BauGB)	§ 214 Abs. 1 Nr. 1 BauGB	§ 215 Abs. 1 Nr. 1 BauGB
▪ Bekanntmachung von Ort und Dauer der Auslegung (§ 3 Abs. 2 S. 2 BauGB)	§ 214 Abs. 1 Nr. 1 BauGB	§ 215 Abs. 1 Nr. 1 BauGB
▪ Auslegung (§ 3 Abs. 2 S. 1 BauGB)	§ 214 Abs. 1 Nr. 1 BauGB	§ 215 Abs. 1 Nr. 1 BauGB
▪ Prüfung der Anregungen (§ 3 Abs. 2 S. 4 BauGB)	§ 214 Abs. 1 Nr. 1 BauGB	§ 215 Abs. 1 Nr. 1 BauGB
▪ Mitteilung des Ergebnisses der Prüfung (§ 3 Abs. 2 S. 4 u. 5 BauGB)	§ 214 Abs. 1 Nr. 1 BauGB	§ 215 Abs. 1 Nr. 1 BauGB
▪ Satzungsbeschluss (§ 10 Abs. 1 BauGB) i.V.m. GO	§ 214 Abs. 1 Nr. 3 BauGB	(–) ggf. GO
▪ Begründung (§ 9 Abs. 8 BauGB)	§ 214 Abs. 1 Nr. 2 BauGB	§ 215 Abs. 1 Nr. 1 BauGB
▪ Ausnahmsw. Genehmigung (§ 10 Abs. 2 BauGB)	§ 214 Abs. 1 Nr. 3 BauGB	(–)
▪ Bekanntmachung des Beschlusses (§ 10 Abs. 3 BauGB)	§ 214 Abs. 1 Nr. 3 BauGB	(–)

648 BVerwGE 85, 289.

649 BVerwGE 54, 5.

650 BVerwGE 54, 5; 133, 377; BGHZ 97, 1; Troidl BauR 2010, 1511 (1513 f.).

651 BVerwGE 108, 71.

652 Offen gelassen: BVerfGK 19, 50; BVerwG BRS 81 Nr. 63; fristfrei: Kopp/Schenke § 47 Rn. 85; VGH München BRS 67 Nr. 60.

3. Abschnitt: Materielle Rechtmäßigkeit des BPlans

Die materielle Rechtmäßigkeit eines BPlans ist nur eingeschränkt überprüfbar. Es gibt kaum definierbare Tatbestandsmerkmale, unter die in herkömmlicher Art zu subsumieren wäre. Vielmehr herrscht der Grundsatz der **planerischen Gestaltungsfreiheit** (planerisches Ermessen). Ähnlich wie bei Verwaltungsakten, die im behördlichen Ermessen stehen, muss sich die planende Gemeinde nur an den Rahmen halten, den ihr zwingende gesetzliche Vorgaben ziehen, und die die Art und Weise vorgeben, wie das Planungsermessen verfahrensmäßig auszuüben ist. Bei Fehlern schränken die §§ 214 Abs. 1 und 2, 215 BauGB den gerichtlichen Prüfungsumfang auch in materiell-rechtlicher Hinsicht ein. 263

Materielle Rechtmäßigkeit des BPlans
I. Erforderlichkeit des BPlan, § 1 Abs. 3 S. 1 BauGB
II. Zwingende gesetzliche Planungsvorgaben
1. Anpassung an die Ziele der **Raumordnung**, § 1 Abs. 4 BauGB
2. Entwicklung aus dem **FPlan**, § 8 Abs. 2 S. 1 BauGB
3. Beschränkung auf **zugelassene Festsetzungen**, § 9 BauGB i.V.m. BauNVO
III. Rechtmäßige **Abwägung** der öffentlichen und privaten Belange, § 1 Abs. 7 BauGB
1. Öffentliche und private Belange **ermittelt** und **bewertet**
2. Öffentliche und private Belange gegen- und untereinander **abgewogen**
3. Abwägungsfehler
a) Abwägungsausfall
b) Abwägungsdefizit
c) (Abwägungs-)Fehleinschätzung
d) Abwägungsdisproportionalität
IV. Fehlerfolgen – **Planerhaltung** trotz Fehlern, §§ 214 f. BauGB

A. Erforderlichkeit, § 1 Abs. 3 BauGB

BPläne sind i.S.v. § 1 Abs. 3 BauGB **erforderlich**, wenn sie nach der planerischen Konzeption der Gemeinde i.S.e. bewussten Städtebaupolitik als erforderlich angesehen werden können.[653] Der Spielraum ist weit. Nur wenn die Gemeinde ihre Planungshoheit missbraucht, ist die Planung nicht erforderlich. Fehlt die Erforderlichkeit, ist der BPlan nichtig. Nicht erforderlich kann eine sog. **Negativplanung** sein,[654] wenn sie sich darin er- 264

653 BVerwGE 133, 310.

654 BVerwG BRS 50. Nr. 9; BRS 62 Nr. 29.

schöpft, ein bestimmtes Bauvorhaben zu verhindern („Verhinderungsplanung"). Sie kann auch im Gewand einer Maximalvorgabe („drei Windräder") erscheinen.[655]

Beispiel: A beantragt bei der Bauaufsicht, ihm die (rechtmäßige) Änderung der Nutzung eines in der Innenstadt liegenden Geschäftsgebäudes in eine Automatenspielhalle zu genehmigen. Der Rat ist entsetzt und beschließt die Aufstellung eines BPlans für das Gebiet, ohne über tragfähige positive Vorstellungen vom Inhalt des BPlans zu verfügen. In Wahrheit ging es den Rat nur darum, gleichzeitig eine Veränderungssperre nach § 14 BauGB (s. Rn. 82) zu erlassen, um den Antrag des A ablehnen zu können. Die Veränderungssperre ist nichtig.[656]

265 Zu einer Planungspflicht, die kommunalaufsichtlich durchgesetzt werden kann, verdichten sich die Umstände nur selten, vgl. § 1 Abs. 3 S. 1 BauGB.[657] Der Bürger hat nie Anspruch auf einen BPlan, § 1 Abs. 3 S. 2 BauGB.

B. Zwingende Planungsvorgaben des BauGB

266 Die von § 1 Abs. 4 BauGB verlangte Anpassung der Bauleitpläne an die **Ziele der Raumordnung** (§ 3 Abs. 1 Nr. 2 ROG) erfolgt typischerweise im FPlan, aus dem alle BPläne nach § 8 Abs. 2 S. 1 BauGB zu entwickeln sind. Das Anpassungsgebot ist strikt, es lässt sich nicht durch Abwägung nach § 1 Abs. 7 BauGB überwinden.[658] Alte Bauleitpläne sind an geänderte Ziele in angemessener Zeit anzupassen.[659] Verstöße gegen das Anpassungsgebot führen zur Nichtigkeit des Plans, sind aber ggf. nach § 214 Abs. 4 BauGB heilbar.[660]

267 Dem **Entwicklungsgebot** des § 8 Abs. 2 S. 1 BauGB (stufenweise Konkretisierung der Raumnutzung) ist genügt, wenn die Festsetzungen des BPlans die Darstellungen des FPlans konkreter ausgestalten und verdeutlichen.[661] Die Festsetzungen im BPlan können teilweise oder vollständig von der im FPlan dargestellten Nutzungsart abweichen.[662] Die Abweichung ist unerheblich, wenn die **Grundkonzeption** des FPlans im engen Bereich des BPlan-Gebiets erhalten bleibt.[663] Wird sie gestört, ist der BPlan aber nur ungültig,[664] wenn dies die geordnete städtebauliche Entwicklung insgesamt beeinträchtigt, also im gesamten Gemeindegebiet oder in einem Stadtteil.[665] Andernfalls ist die Abweichung nach § 214 Abs. 2 Nr. 2 BauGB unbeachtlich.

268 Den Gemeinden steht kein „Festsetzungserfindungsrecht" zu.[666] Es gilt **Typenzwang**. Weil die Bestimmung von Inhalt und Schranken des Eigentums einer gesetzlichen Grundlage bedarf, sind nur die in § 9 BauGB und der BauNVO vorgesehenen Festsetzungsarten zulässig, die auch nicht kombiniert werden dürfen (Verbot der Festsetzung

655 BVerwGE 40, 262; Kleider Jura 2012, 800, 806.
656 BVerwGE 120, 138; BVerwG BRS 74 Nr. 121; BRS 76 Nr. 108.
657 BVerwGE 119, 25.
658 BVerwGE 90, 329; 118, 181; 119, 25.
659 BVerwGE 119, 25.
660 BVerwG BRS 69 Nr. 4.
661 BVerwGE 48, 70; 56, 283.
662 BVerwG BRS 67 Nr. 55.
663 BVerwG BRS 62 Nr. 48.
664 BVerwGE 48, 70.
665 BVerwG BRS 62 Nr. 48.
666 BVerwGE 92, 56.

eines „Dorf-Mischgebiets“[667]). Darüber hinaus verbietet **§ 38 BauGB** der Gemeinde, Festsetzungen zu treffen, die dem Zweck einer privilegierten Anlage zuwiderlaufen.

Aus anderen Gesetzen als dem BauGB können sich weitere Anforderungen ergeben, so z.B. das Gebot der räumlichen Trennung nach § 50 BImSchG bei schädlichen Umwelteinwirkungen oder das aus § 78 Abs. 1 Nr. 1 WHG folgende Verbot, in Überschwemmungsgebieten neue Baugebiete auszuweisen. Das BNatSchG, das WHG, das BImSchG und das KrWG ziehen weitere Grenzen.

Nach § 2 Abs. 2 BauGB sind die Bauleitpläne benachbarter Gemeinden aufeinander abzustimmen, wenn sie unmittelbare Auswirkungen gewichtiger Art aufeinander haben **(„interkommunales Rücksichtnahme- und Abstimmungsgebot“)**.[668] Dieses stellt sich als eine besondere Ausprägung des Abwägungsgebots (§ 1 Abs. 7 BauGB) dar. Befinden sich benachbarte Gemeinden objektiv in einer Konkurrenzsituation, so darf keine von ihrer Planungshoheit rücksichtslos zum Nachteil der anderen Gemeinde Gebrauch machen. Die Gemeinden können sich untereinander auf ihre Planungshoheit berufen und sind insoweit klage- und antragsbefugt.[669] Das setzt allerdings voraus, dass die Nachbargemeinde überhaupt eine entgegenstehende Bauleitplanung entwickelt hat (vage Überlegungen oder der Wunsch, alle Planungsmöglichkeiten offen zu halten, genügen nicht).[670] **269**

Beispiel: Gemeinde G plant einen BPlan für ein großes Outlet-Center am Rande der Gemeindegebiets. Die Nachbargemeinde N befürchtet zu Recht sowohl Auswirkungen auf ihr Stadtzentrum als auch auf ihre Verkehrswege (Ab- und Zufahrtsverkehr).[671]

C. Abwägungsgebot und Abwägungsfehler

Das in § 1 Abs. 7 BauGB enthaltene **Gebot der Abwägung** stellt das Hauptgebot bei der baurechtlichen (und sonstigen öffentlichen[672]) Planung dar.[673] Es verlangt als besondere Ausprägung des Verhältnismäßigkeitsgrundsatzes,[674] dass die öffentlichen und privaten Belange gegeneinander und untereinander gerecht abzuwägen sind (also: öffentliche gegeneinander und untereinander, private gegeneinander und untereinander, öffentliche und private gegeneinander und untereinander). Welche Belange das sind, ergibt sich hauptsächlich aus § 1 Abs. 5 und 6 BauGB, der nicht abschließende „Planungsleitlinien“ oder „Planungsgrundsätze“[675] aufstellt (§ 1 Abs. 6 Einl. BauGB: „insbesondere“). Sie werden durch umweltschutzrechtliche Belange nach § 1a BauGB ergänzt. Die genannten Belange sind umfassend und widersprechen sich im Einzelfall mehr oder weniger, z.B. gesunde Wohn- und Arbeitsverhältnisse, Belange der Baukultur, des Umwelt- und Klimaschutzes sowie der Wirtschaft. Es bedarf keiner weiteren Erläuterung, dass es nicht einen einzigen, sondern **viele Wege** gibt, die Belange auf die eine oder andere Weise zum Ausgleich zu bringen.[676] Den Gemeinden ist die Kompetenz zugewie- **270**

667 VGH Mannheim BRS 39 Nr. 49.
668 BVerwGE 40, 323; Bönker, in: Hoppe/Bönker/Grotefels § 5 Rn. 141 ff.
669 BVerwGE 40, 323; 84, 209.
670 BVerwGE 117, 25.
671 OVG Saarlouis BRS 76 Nr. 200; OVG Münster BRS 74 Nr. 5; OVG Lüneburg BRS 69 Nr. 177.
672 BVerwGE 34, 301.
673 Reidt, in: Bracher/Reidt/Schiller Rn. 606.
674 BVerwGE 84, 209; Bönker, in: Hoppe/Bönker/Grotefels § 5 Rn. 104.
675 BVerwGE 34, 301.
676 Battis, in: Battis/Krautzberger/Löhr § 1 Rn. 88 m.w.N.

sen, zwischen ihnen zu wählen. Sie haben hierbei einen großen Spielraum.[677] Weil es naturgemäß eine große Bandbreite vertretbarer Planungsentscheidungen gibt, ist die **gerichtliche Prüfung** stark eingeschränkt. Ähnlich wie bei Verwaltungsakten, die im Ermessen stehen, findet nur eine beschränkte **Rechtskontrolle** durch das Gericht statt. Das Gericht prüft nicht, ob die Gemeinde die optimale Planungsvariante gewählt hat. Ihr steht auch eine nur noch eben vertretbare Planungsvariante frei.

271 Das Gebot der gerechten Abwägung (§ 1 Abs. 7 BauGB) erfasst sowohl den Vorgang des Planens als auch den BPlan als Abwägungsergebnis.[678] Auf beiden Stufen können Fehler auftreten. Die gerichtliche Prüfung erfasst vier mögliche Abwägungsfehler, die das BVerwG 1969 und 1974 herausgearbeitet hat **(„Abwägungsfehlerlehre")**.[679]

Abwägungsfehler

- *Abwägungsausfall*: Es ist gar keine Abwägung durchgeführt worden.
- *Abwägungsdefizit*: Es wurden nicht alle erheblichen Belange in die Abwägung eingestellt.
- *Abwägungsfehleinschätzung (= Fehlbewertung)*: Einzelne Belange sind falsch gewichtet oder ihre Bedeutung wurde verkannt.
- *Abwägungsdisproportionalität:* Es wurde kein noch vertretbarer Ausgleich zwischen den Belangen vorgenommen.

272 Die ersten beiden Fehlerarten Abwägungsausfall und -defizit umfassen auch den Fehler, dass die betroffenen Belange gar nicht oder nicht hinreichend **ermittelt** worden sind, vgl. § 2 Abs. 3 BauGB. Für die sogleich erörterten Fehlerfolgen ist folgende Unterscheidung wichtig: Ausfall, Defizit und Fehlbewertung sind **formelle** Abwägungsfehler, die Disproportionalität ist der einzige **materielle** Abwägungsfehler.

Hinweis: *Die Anwendung der einzelnen Planungsgebote, wie beispielsweise das Gebot der Bewältigung von dem Plangebiet zuzurechnenden Konflikten im BPlan selbst und nicht erst in einer späteren Phase (§ 1 Abs. 6 BauGB),[680] wie beispielsweise das aus Art. 14 GG folgenden Verbot unverhältnismäßiger Belastung einzelner Eigentümer (Lastengleichheit),[681] oder das planerische Rücksichtnahmegebot,[682] ist zu speziell, um in Studium und Examen vorausgesetzt zu werden. Überdies lassen sich kaum klausurgeeignete Sachverhalte konstruieren, die bei einem noch vertretbaren Textumfang eine echte Planungsentscheidung zur Beurteilung stellen. In Prüfungsaufgaben beschränken sich die Abwägungsfehler im BPlan-Verfahren daher auf mehr oder minder plakative Verstöße innerhalb der Abwägungsfehlerlehre, die ohne größere Vorkenntnisse zu bearbeiten sind.*

677 Böhm JA 2013, 81 (84).

678 BVerwGE 45, 309.

679 Grundlegend: BVerwGE 34, 301; BVerwG BRS 64 Nr. 100 zum Begriff „Abwägungsfehlerlehre"; Reidt, in: Bracher/Reidt/Schiller Rn. 607.

680 BVerwG NVwZ 2014, 1170; 2010, 1244; BRS 73 Nr. 20; OVG Münster BRS 74 Nr. 6.

681 BVerfG BRS 68 Nr. 1; BVerwG BRS 65 Nr. 8.

682 Battis, in: Battis/Krautzberger/Löhr § 1 Rn. 122.

D. Fehlerfolgen – Planerhaltung, §§ 214 ff. BauGB

Im Bauplanungsrecht ist der allgemeine Grundsatz, dass formelle und/oder materielle Fehler zur Nichtigkeit einer Rechtsnorm führen, durch die §§ 214 f. BauGB durchbrochen. Ist der BPlan einmal in Kraft getreten, verdrängen die §§ 214 f. BauGB die allgemeinen Regeln über die Fehlerfolgen von Rechtsnormen. Funktional treten sie an die Stelle des § 46 VwVfG beim Verwaltungsakt.[683] Das im BauGB verankerte Ziel der **Planerhaltung**[684] soll verhindern, dass sich – oftmals erst Jahre später – herausstellt, dass ein BPlan (Satzung, § 10 Abs. 1 BauGB) unerkannt nichtig ist. Die §§ 214, 215 BauGB beschränken allerdings nur die **gerichtliche** Kontrollkompetenz. Die der Aufsichtsbehörden bleibt unangetastet, § 216 BauGB,[685] sie können alle Fehler aufgreifen. Das Rechtsproblem der administrativen Normverwerfungskompetenz bleibt aber umstritten.[686] Die formellen und materiellen Anforderungen an die BPläne selbst bleiben durch §§ 214 f. BauGB unverändert. 273

Die §§ 214 ff. BauGB sind eine Reaktion des Gesetzgebers auf die früher verbreitete Taktik, einen BPlan in der (nicht selten begründeten) Hoffnung gerichtlich anzugreifen, das Gericht werde bei der von § 47 VwGO gebotenen umfassenden Rechtmäßigkeitskontrolle schon irgendeinen Fehler finden, der zur Feststellung der Nichtigkeit des BPlans führe.[687]

Die §§ 214, 215 BauGB sind etwas unübersichtlich.[688] In der **Grundstruktur** ist zwischen Verfahrens- und Formfehlern, materiellen planungsrechtlichen Fehlern und Abwägungsfehlern zu unterscheiden. Daneben treten noch die nicht erfassten Verstöße gegen Landesrecht, insbesondere beim gemeindlichen Satzungsbeschluss. Nach Fehlerfolgen geordnet, ergeben sich folgende[689] 274

Fehlerarten

- Ewigkeitsfehler, § 214 Abs. 1 S. 1 Nr. 4 BauGB, der in § 215 BauGB nicht aufgeführt ist (vor allem im Abwägungs*ergebnis*),
- präkludierbare Fehler, § 215 BauGB,
- behebbare Fehler, § 214 Abs. 4 BauGB,
- unbeachtliche Fehler, § 214 BauGB („nur beachtlich", „unbeachtlich").

Die eigentliche Prüfung erfolgt **dreischrittig**. Maßgebend für die Abwägung ist die Sach- und Rechtslage bei der Beschlussfassung über den BPlan, § 214 Abs. 3 S. 1 BauGB.

1. Prüfungsschritt: Beachtlichkeit des Fehlers 275

- **Verfahrens- und Formfehler** nach dem BauGB, die keine Abwägungsfehler sind, sind grundsätzlich nach § 214 Abs. 1 S. 1 Einls. BauGB **unbeachtlich**, es sei denn, es greift eine Ausnahme nach § 214 Abs. 1 Nr. 2–4 BauGB ein.

683 Uechtritz, in: Spannowsky/Uechtritz § 214 Rn. 1.
684 Abschnittsüberschrift vor §§ 214 ff. BauGB; kritisch dazu Kirchmeier, in: Ferner/Kröninger/Aschke § 214 Rn. 1a.
685 Kirchmeier, in: Ferner/Kröninger/Aschke § 216 Rn. 1: „überflüssige Vorschrift".
686 Uechtritz, in: Spannowsky/Uechtritz § 214 Rn. 7.1 m.w.N. der widerstreitenden Ansichten.
687 Sendler DVBl. 2005, 659; Gaentzsch, in: FS-Weyreuther (1993) S. 249; Uechtritz, in: Spannowsky/Uechtritz § 214 Überblick.
688 Kirchmeier, in: Ferner/Kröninger/Aschke § 214 Rn. 2.
689 Kirchmeier, in: Ferner/Kröninger/Aschke § 214 Rn. 3; etwas abweichend: Uechtritz, in: Spannowsky/Uechtritz § 214 Rn. 14.

- **Materielle** Fehler (z.B. Entwicklungsgebot, § 8 Abs. 2 BauGB) sind grundsätzlich **beachtlich**, es sei denn der Fehler ist in § 214 Abs. 2 BauGB aufgeführt.
- **Formelle Abwägungsfehler**, die zu den Verfahrensfehlern gehören (Ausfall, Defizit, Fehleinschätzung), sind grundsätzlich unbeachtlich, außer sie sind i.S.v. § 214 Abs. 1 S. 1 Nr. 1 BauGB offensichtlich und erheblich.
- **Materielle Abwägungsfehler** (Disproportionalität) sind immer beachtlich, § 214 Abs. 3 S. 2 BauGB.

276 2. Prüfungsschritt: Rügefrist gewahrt, § 215 BauGB

Liegt ein beachtlicher Fehler vor, wird er nach § 215 BauGB grundsätzlich mit Ablauf der **einjährigen** Rügefrist unbeachtlich. Ausnahme: materielle Abwägungsfehler.

277 3. Prüfungsschritt: heilende Planergänzung nach § 214 Abs. 4 BauGB

Planerhaltung nach §§ 214 f. BauGB

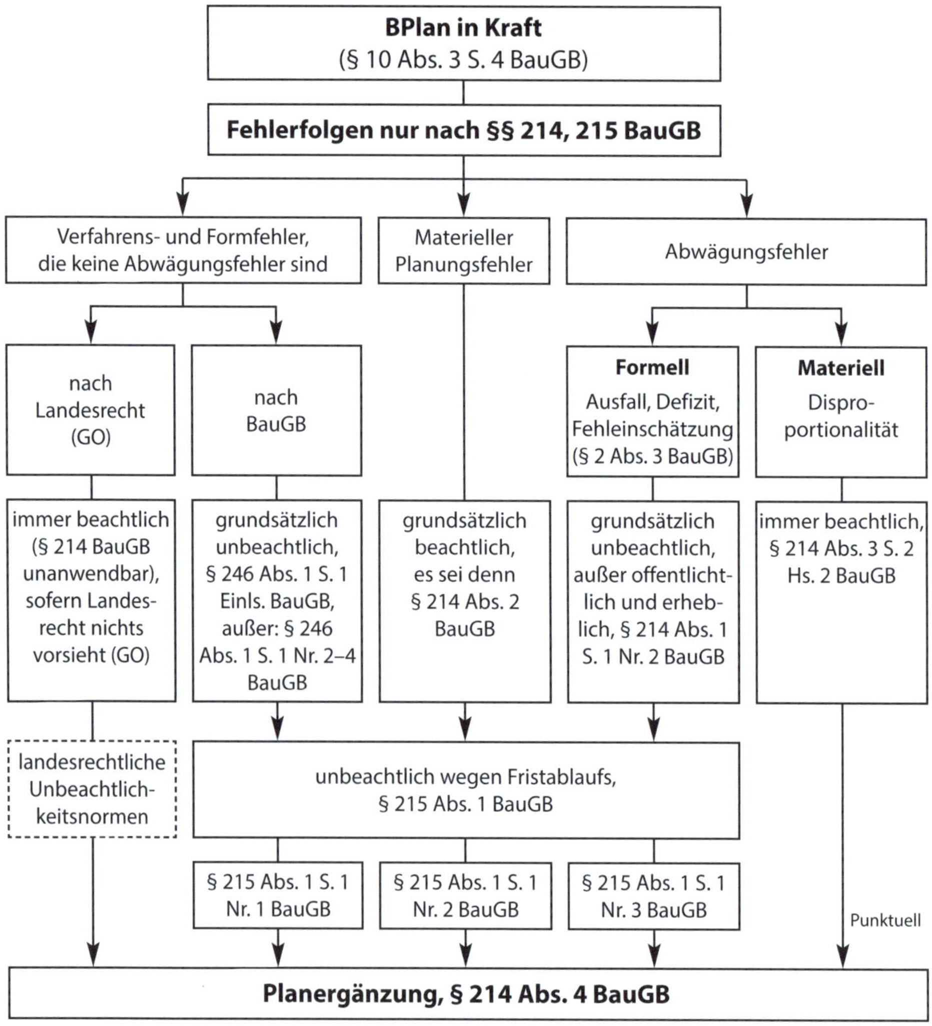

§ 214 Abs. 1 BauGB bestimmt abschließend, welche Verfahrens- und Formvorschriften des BauGB beachtlich sind. **Verfahrensvorschriften** sind alle Normen des BauGB, die sich auf den äußeren Ablauf des Planungsverfahrens beziehen.[690] Landesrechtliches Verfahrensrecht (GemO) fällt nicht darunter;[691] insofern können Ausschlussfristen oder Unbeachtlichkeitsvorschriften aus dem Landesrecht eingreifen. **278**

§ 214 Abs. 1S. 1 Nr. 1 a. E. und Abs. 3 S. 2 Hs. 2 BauGB schränken ein, dass die formellen und materiellen Abwägungsfehler offensichtlich und auf das Ergebnis von Einfluss gewesen sein müssen. **Offensichtlich** ist alles, was zur äußeren Seite des Abwägungsvorgangs gehört, weil es auf objektiv fassbaren Sachumständen beruht (z.B. Protokolle, Planentwürfe und -begründungen usw.),[692] also bspw. aus den Akten hervorgeht.[693] Beweiserhebungen sind dadurch aber nicht ausgeschlossen.[694] Von **Einfluss auf das Abwägungsergebnis** ist ein Mangel gewesen, wenn die konkrete Möglichkeit besteht, dass ohne den Mangel die Planung anders ausgefallen wäre; die rein abstrakte bzw. theoretische Möglichkeit reicht nicht.[695] **279**

Das **ergänzende Verfahren** nach § 214 Abs. 4 BauGB zur Behebung von Fehlern erfasst alle nach § 214 BauGB oder nach Landesrecht beachtlichen materiellen Fehler[696] sowie die formellen Fehler, wenn sie nicht so schwerwiegend sind, dass eine Heilung ausscheidet.[697] Häufig ist das der Gemeinde eröffnete Ermessen dahingehend intendiert, dass sie aus Gründen der Rechtssicherheit eine rückwirkende Heilung (ex tunc) vorzunehmen hat.[698] Behebbar sind alle Mängel, die nicht den Kern der Abwägungsentscheidung betreffen.[699] Die Identität des Plans muss gewahrt bleiben.[700] **280**

Verfährt die Gemeinde nach § 214 Abs. 4 BauGB, so führt sie kein rechtlich eigenständiges Verfahren durch. Vielmehr setzt sie das von ihr ursprünglich eingeleitete, nur scheinbar abgeschlossene Bauleitplanverfahren an der Stelle fort, an der ihr der Fehler unterlaufen ist.[701] Nutzt sie § 214 Abs. 4 BauGB nicht, muss sie den scheinbar wirksamen BPlan aufheben.[702]

Hinweis: *Für die Fallbearbeitung in Studium und Prüfung empfiehlt es sich, jeden in Betracht kommenden Fehler vollständig durchzuprüfen, also vom Normverstoß über die Beachtlichkeit bis zu einer evtl. Fehlerbehebung, sofern es für letztere Anhaltspunkte gibt. Von einer gesammelten Prüfung aller festgestellten Fehler am Ende ist abzuraten.*

E. Rechtsschutz gegen BPläne

BPläne können **inzident** gerichtlich überprüft werden. In allen Verfahren, in denen Einzelmaßnahmen der Bauaufsichtsbehörde streitgegenständlich sind (z.B. Klage auf Ertei- **281**

690 BVerwGE 74, 47.
691 BVerwG BRS 50 Nr. 3.
692 BVerwGE 64, 33; 138, 226 zum FStrG.
693 BVerwG BRS 54 Nr. 15.
694 BVerwGE 64, 33.
695 BVerwGE 64, 33; BVerwG BRS 54 Nr. 15.
696 BVerwGE 110, 193.
697 BVerwGE 119, 54.
698 BVerwGE 75, 262.
699 BVerwG BRS 60 Nr. 223.
700 Battis, in: Battis/Krautzberger/Löhr § 214 Rn. 24 m.w.N.
701 BVerwG BRS 76 Nr. 50.
702 BVerwGE 75, 262.

lung einer Baugenehmigung, Anfechtung einer Bauordnungsverfügung) kann gerügt werden, dass der zugrunde liegende BPlan fehlerhaft und damit nichtig sei.

Der taktische Hintergrund einer solchen Argumentation ist üblicherweise, dass der BPlan für den Kläger nachteilig ist, während er meint, dass die gesetzlichen planungsrechtlichen Vorschriften der §§ 34, 35 BauGB, die im Fall der Nichtigkeit des BPlans anwendbar sind, für ihn günstig sind.

Eine inzidente Kontrolle wirkt allerdings nur zwischen den Verfahrensbeteiligten und die Prüfung des Gerichts beschränkt sich faktisch auf die Teile des BPlans, die diese konkret betreffen.

282 Mithilfe einer **abstrakten Normenkontrolle** nach § 47 Abs. 1 Nr. 1 VwGO kann der BPlan selbst einer umfassenden Prüfung unterzogen werden. Eine Entscheidung in diesem Verfahren ist allgemein verbindlich, wirkt nach § 47 Abs. 5 S. 2 Hs. 2 VwGO also inter omnes. Erstinstanzlich zuständig ist nicht das Verwaltungsgericht, sondern das Oberverwaltungsgericht,[703] das den Plan typischerweise von sich aus umfassend prüft.

Zur den Einzelheiten der Zulässigkeit eines Normenkontrollantrags – auch im Baurecht –: s. AS-Skript VwGO (2013), Rn. 407 ff.

Fall 7: Industrie an der Gemeindegrenze

Die kleine Gemeinde G hat das japanische Unternehmen J mit dem Versprechen eines billigen Grundstücks dazu gebracht, in G eine Anlage zur Herstellung von Sushi für West- und Nordeuropa zu planen. Standort des Industriebetriebs soll ein Gelände am Gemeinderand von G sein. Das ergibt sich aus dem ersten Band der Verwaltungsakten, in dem G auch bereits überlegt, wie die zu erwartenden Millionen aus den zusätzlichen Gewerbesteuereinnahmen eingesetzt werden können. G änderte die Darstellung in seinem FPlan daraufhin – rechtmäßig – von einer Fläche für die Landwirtschaft in ein Industriegebiet ab. Gleichzeitig erließ G am 15.02. einen BPlan für das Gebiet und setzte ein Industriegebiet (GI) fest; in der Begründung hieß es, Nutzungskonflikte mit Wohnbebauung könnten in den Baugenehmigungsverfahren gelöst werden (Schallschutzfenster usw.). Die Bekanntmachung des BPlans enthält alle gesetzlich erforderlichen Hinweise.

Die Nachbarstädte N und M sind empört, als sie rund ein halbes Jahr später am 30.09. erstmals von alledem erfahren und machen bei G ihre Einwände formgerecht geltend. N befürchtet eine erhebliche Lärmbelästigung ihrer Bürger. Denn ihre räumlich nächste Siedlung befindet sich in nur 250 m Abstand zum Vorhabengebiet, während in G die nächsten Wohnhäuser 5 km entfernt liegen. Die bereits vorliegenden Planentwürfe für die Ausweisung eines weiteren allgemeinen Wohngebiets (WA) ganz in der Nähe des Industriegebiets, die G schon vorher vorgelegen hätten, müssten nun aufgegeben werden.

Der Rat von N beschließt daraufhin am 15.12., den BPlan der G nach den Weihnachtstagen gerichtlich überprüfen zu lassen. G meint, N sei gar nicht antragsbefugt. Außerdem seien inzwischen alle Rügefristen abgelaufen. Hat N Erfolg?

703 Bzw. der Verwaltungsgerichtshof, vgl. § 184 VwGO.

In Betracht kommt lediglich ein Normenkontrollantrag der N nach § 47 VwGO. Dieser hat Erfolg, soweit er zulässig und begründet ist.

A. **Zulässigkeit des Normenkontrollantrags** **283**

I. Auch im Verfahren nach § 47 VwGO muss der **Verwaltungsrechtsweg** eröffnet sein (vgl. Abs. 1 Einls.: „im Rahmen seiner Gerichtsbarkeit“).[704] Mangels auf- oder abdrängender Sonderzuweisung kommt nur eine Eröffnung nach § 40 Abs. 1 S. 1 VwGO infrage. Öffentlich-rechtlich ist eine Streitigkeit nach § 47 VwGO, wenn es um einen Rechtssatz geht, zu dessen Vollzug im Verwaltungsrechtsweg anfechtbare oder erzwingbare Verwaltungsakte i.S.v. § 35 S. 1 VwVfG ergehen oder aus dessen Anwendung sonstige öffentlich-rechtliche Streitigkeiten entstehen können.[705] Aus dem Vollzug des angegriffenen BPlans der G, der vor allem durch die Erteilung von Baugenehmigungen erfolgt, ergeben sich (potenziell) Streitigkeiten des öffentlichen Baurechts (z.B. Anfechtungs- und Verpflichtungsklagen) nichtverfassungsrechtlicher Art, für die der Verwaltungsrechtsweg eröffnet ist.

II. Erstinstanzlich **zuständig** ist nach § 47 VwGO das **Oberverwaltungsgericht** (§ 184 VwGO: Verwaltungsgerichtshof) des Landes.

III. Nach § 47 Abs. 1 Nr. 1 VwGO ist der Antrag gegen einen **BPlan**, der gemäß § 10 Abs. 1 BauGB als Satzung erlassen wird, **statthaft**.

Soweit der FPlan eine Wirkung entfaltet, die dem BPlan vergleichbar ist (z.B. § 35 Abs. 3 S. 3 BauGB), gilt für solche Festsetzungen § 47 Abs. 1 Nr. 1 VwGO analog.[706] Vor Inkrafttreten des BPlans kann nach § 47 Abs. 6 VwGO einstweiliger Rechtsschutz beantragt werden.[707]

IV. Antragsbefugnis

1. **Antragsbefugt** sind nach § 47 Abs. 2 S. 1 Hs. 1 VwGO alle natürlichen und juristischen Personen, die geltend machen können, durch die angegriffene Rechtsvorschrift oder deren Anwendung in ihren Rechten verletzt zu sein oder absehbar verletzt zu werden. Es gelten die entsprechenden Grundsätze wie für die Klagebefugnis nach § 42 Abs. 2 VwGO.[708] Es muss also ein subjektiv-öffentliches Recht vorliegen, das der Gemeinde N als juristischer Person des öffentlichen Rechts zusteht und dessen Verletzung zumindest möglich erscheint.[709] **284**

a) Das **Abwägungsgebot des § 1 Abs. 7 BauGB** räumt jedem planbetroffenen Bürger ein subjektives Recht auf fehlerfreie Abwägung der eigenen privaten Belange ein.[710] Antragsbefugt ist, wer sich darauf berufen kann, dass die planende Gemeinde einen abwägungserheblichen Belang, d.h. ein mehr als nur geringfügig schutzwürdiges Interesse, nicht oder nur unzurei- **285**

704 BVerwGE 99, 88; Reimer/Danne JA 2015, 37; Decker JA 2010, 653.

705 BVerwGE 119, 217; 99, 88; OVG Lüneburg OVGE 35, 395; Kopp/Schenke § 47 Rn. 17; Gerhardt/Bier, in: Schoch/Schneider/Bier, VwGO, 27. Aufl. 2014, § 47 Rn. 32; i. Erg. auch Ziekow, in: Sodan/Ziekow § 47 Rn. 43 f., 48.

706 BVerwGE 146, 40; 128, 382; Bringewat NVwZ 2013, 984.

707 Reimer/Danne JA 2015, 37, 38; Kleider Jura 2012, 802, 808.

708 Kopp/Schenke, VwGO, § 47 Rn. 44 ff.

709 BVerwG BRS 76 Nr. 22.

710 BVerwGE 140, 41; 107, 215; Martini/Finkenzeller JuS 2012, 127.

chend in der Abwägung berücksichtigt hat.[711] Es muss sich um einen Belang handeln, der zum notwendigen „Abwägungsmaterial" (weniger als ein wehrfähiges Recht) gehört;[712] deswegen sind auch nur obligatorisch Berechtigte (z.B. Mieter) antragsbefugt.[713] Da es nur auf die mögliche Verletzung ankommt, ist für die Antragsbefugnis unerheblich, ob die Verletzung nach §§ 214, 215 BauGB auch beachtlich ist.[714]

Beispiele:[715] Ruhige Wohnlage bei erwartetem Verkehrslärm; Betriebsbeschränkungen eines Gewerbebetriebs bei heranrückender Wohnbebauung; Gefährdung künftiger Betriebserweiterung. Nicht: Erhaltung oder Erholungswert der Landschaft; Schutz vor Konkurrenz; Verkehrswertminderung eines benachbarten planexternen Grundstücks; Schutz des Arbeitsplatzes.

Als Gemeinde kann N sich nicht auf § 1 Abs. 7 BauGB berufen. Diese Norm enthält nur ein *intra*-kommunales Abwägungsgebot, also ein Gebot zur Abwägung aller Belange **innerhalb** des Gemeindegebiets.

286 b) Als **Gemeinde** muss sich für N aus den Umständen vielmehr die Möglichkeit ergeben, dass sie in ihrer Planungshoheit, einem Teil der gemeindlichen Selbstverwaltungsgarantie (Art. 28 Abs. 2 GG) und subjektiv-öffentlichen Recht dadurch verletzt ist, dass der Verwaltungsträger G sie durch den BPlan in ihrem Gemeindegebiet betroffen hat.[716] Einfachgesetzlich ist dieses Recht in § 2 Abs. 2 BauGB statuiert, der ein *inter*-kommunales Abstimmungsgebot aufstellt, also die Verpflichtung der **Nachbargemeinden**, ihre Bauleitpläne untereinander abzustimmen. § 2 Abs. 2 S. 1 BauGB verdrängt als lex specialis den allgemeineren § 1 Abs. 7 BauGB.[717] Die Abstimmungspflicht konkretisiert die gemeindliche Planungshoheit. § 2 Abs. 2 S. 1 BauGB vermittelt ein subjektiv-öffentliches Recht.[718] Da N erst lange nach Bekanntgabe des BPlans von dem Vorhaben erfuhr und keine Einwände mehr vorbringen konnte, hat G möglicherweise gegen das interkommunale Abstimmungsgebot verstoßen. N ist schon deswegen antragsbefugt.

287 c) Weiterhin könnte N antragsbefugt sein, weil G evtl. die **Verfahrensvorschriften** des § 4 Abs. 1 S. 1, Abs. 2 S. 1 BauGB missachtet hat. Benachbarte Gemeinden kommen als Träger öffentlicher Belange i.d.S. in Betracht. Aus § 4a Abs. 1 BauGB folgt jedoch, dass die Beteiligung lediglich der Informationsgewinnung der planenden Gemeinde dient. Die Verfahrensvorschriften begründen keine Antragsbefugnis der N.

711 BVerwGE 140, 41; BVerwG BRS 81 Nr. 68.
712 Vgl. BVerwGE 81, 311; 59, 87.
713 BVerwGE 110, 36.
714 BVerwG BRS 76 Nr. 22.
715 Vgl. Kopp/Schenke § 47 Rn. 73 f. m.w.N.
716 BVerwGE 114, 301; 117, 313.
717 BVerwGE 117, 25; BVerwG BRS 56 Nr. 36; BRS 57 Nr. 5.
718 BVerwGE 84, 209; Battis, in: Battis/Krautzberger/Löhr § 2 Rn. 24 m.w.N.

d) Schließlich könnte N antragsbefugt sein, wenn sie die Gesundheitsinteressen ihrer (mittelbar) planbetroffenen **Einwohner** der grenznahen Siedlung im eigenen Namen geltend machen darf. Das ist jedoch ausgeschlossen, weil die Gemeinde sich zur Vermeidung von Popular- und Interessentenanträgen nicht zum allgemeinen Sachwalter der Interessen ihrer Bürger machen darf[719]; die Erwähnung der gesunden Wohnverhältnisse in § 1 Abs. 6 Nr. 1 BauGB dient nur dem öffentlichen Interesse und ändert daran nichts. 288

2. § 47 Abs. 2 S. 1 Hs. 2 VwGO verleiht außerdem **„jeder Behörde"** die Antragsbefugnis. Da Behörden nie subjektive Rechte, sondern allenfalls Kompetenzen zustehen können, ist deren Rechtsverletzung nicht vorausgesetzt. Um aber „Behörden-Popularanträge" zu verhindern, schränkt die h.M. den weiten Wortlaut dahingehend ein, dass die Behörde bei ihrer Aufgabenwahrnehmung die angegriffene Rechtsvorschrift zu beachten haben muss.[720] Damit scheiden grundsätzlich Normen aus, die im Zuständigkeitsbereich der Behörde keine Geltung beanspruchen.[721] Das ist beim angegriffenen BPlan der G hinsichtlich der Nachbargemeinde N der Fall. N ist nicht als Behörde nach § 47 Abs. 2 S. 1 Hs. 2 VwGO antragsbefugt. 289

V. Die von § 47 Abs. 2 S. 1 VwGO gesetzte **Antragsfrist** beträgt ein Jahr nach Bekanntmachung der Rechtsnorm. Diese Frist hat N gewahrt. 290

Es handelt sich trotz des Interesses an Rechtssicherheit nicht um eine Ausschlussfrist, sodass eine Wiedereinsetzung nach § 60 VwGO möglich ist.[722]

VI. **Antragsgegner** ist nach § 47 Abs. 2 S. 2 VwGO die G, weil sie den angegriffenen BPlan erlassen hat.

VII. Der Antrag der N ist nicht nach § 47 Abs. 2a VwGO bereits unzulässig, weil N mit ihren gegen den BPlan gerichteten Einwänden von vornherein **präkludiert** wäre. N wurde am Aufstellungsverfahren des BPlans gar nicht beteiligt, sodass § 47 Abs. 2a VwGO ausscheidet.[723]

VIII. Die **weiteren Sachentscheidungsvoraussetzungen** sind erfüllt. Den Formvorschriften (§ 81 Abs. 1 VwGO analog) wurde genügt. Die Beteiligtenfähigkeit richtet sich nicht nach § 61 VwGO, sondern nach dem spezielleren § 47 Abs. 2 VwGO. G ist nach § 47 Abs. 2 S. 2 VwGO, N nach dessen Satz 1 beteiligtenfähig. G und N werden von ihren gesetzlichen Vertretern vertreten, die sich aus dem Kommunalverfassungsrecht ergeben ([Ober-] Bürgermeister). Behördenangehörige Volljuristen sind vor dem OVG/VGH postulationsfähig (§ 67 Abs. 4 S. 4 VwGO).

IX. Das **allgemeine Rechtsschutzbedürfnis** fehlt dem Normenkontrollantrag, wenn auch eine obsiegende Entscheidung die Rechtsstellung des Antragstellers

719 BVerwG NVwZ 1993, 886; Kopp/Schenke § 47 Rn. 80.

720 BVerwGE 81, 307; Gerhardt/Bier, in: Schoch/Schneider/Bier § 47 Rn. 78.

721 Vgl. BVerwGE 81, 307; Gerhardt/Bier, in: Schoch/Schneider/Bier § 47 Rn. 78 zu BPlänen.

722 BVerwG NVwZ-RR 2013, 387; Ehlers Jura 2005, 171 (176); a. A. OVG Münster BRS 67 Nr. 58; VGH Mannheim ESVGH 63, 192; VGH München BRS 76 Nr. 59; OVG Magdeburg NVwZ-RR 2012, 187; Kopp/Schenke § 47 Rn. 83.

723 Näher Kopp/Schenke § 47 Rn. 75a auch zur ausgeschlossenen Wiedereinsetzung.

nicht verbessern kann.[724] Das ist etwa der Fall, wenn der BPlan bereits vollständig umgesetzt worden ist (vgl. § 47 Abs. 5 S. 3 VwGO). Daran fehlt es.

Der Normenkontrollantrag der N ist zulässig.

B. **Begründetheit des Normenkontrollantrags**

291 Der Antrag ist begründet, wenn der BPlan gegen höherrangiges Recht verstößt, § 47 Abs. 1, Abs. 5 S. 2 VwGO,[725] also an einem formellen oder materiellen Fehler leidet, der nach §§ 214, 215 BauGB vom Gericht beachtet werden muss.

Das Normenkontrollverfahren ist ein **objektives Rechtsbeanstandungsverfahren**. Das OVG/der VGH prüft die Norm (BPlan) insgesamt auf ihre Rechtmäßigkeit. Die Prüfung ist nicht auf die subjektive Rechtspositionen oder die Belange des Antragstellers beschränkt.[726] Der ggf. landesrechtlich vorgesehene Vorbehalt zugunsten des Landesverfassungsgerichts aus § 47 Abs. 3 VwGO ist zu beachten (str., ob Zulässigkeitsvoraussetzung oder Einschränkung des Prüfungsmaßstabs[727]). Beschränkungen sehen Hessen (Art. 132 LVerf He) und Bayern (Art. 98 S. 4 LVerf BY) vor,[728] die hier aber nicht einschlägig sind.

I. Formelle Rechtmäßigkeit

292 1. Verstoß gegen die **Beteiligungspflicht** des § 4 BauGB

a) In Betracht kommt, dass der BPlan wegen Verstoßes gegen § 4 Abs. 1 S. 1, Abs. 2 S. 1 BauGB formell rechtswidrig und damit unwirksam ist. Ein solcher Verstoß ist gegeben, weil N – eine Behörde – weder bei der vorgezogenen (§ 4 Abs. 1 S. 1 BauGB) noch der allgemeinen Behördenbeteiligung (§ 4 Abs. 2 S. 1 BauGB) informiert und zur Stellungnahme aufgefordert worden ist. Damit hat G das formelle Abstimmungsgebot verletzt. Es ziehen jedoch nicht alle Fehler des BPlans dessen Unwirksamkeit nach sich.

b) Die Verletzung der Verfahrensvorschrift des BauGB könnte nach § 214 Abs. 1 S. 1 Nr. 2 BauGB **sachlich unbeachtlich** sein. Die Vorschrift ist negativ gefasst. Die Verletzung des dort genannten § 4 Abs. 2 BauGB ist beachtlich, die des dort nicht erwähnten § 4 Abs. 1 BauGB dagegen nicht. Der Verstoß ist nicht nach § 214 Abs. 1 S. 1 Nr. 2 Hs. 2 BauGB ausnahmsweise unbeachtlich, weil nur N als einzelne Behörde nicht beteiligt worden ist; weder N noch M sind beteiligt worden. Der Verfahrensfehler ist nicht **sachlich unbeachtlich**.

c) Der Fehler könnte jedoch nach § 215 Abs. 1 Nr. 1 BauGB **zeitlich unbeachtlich** geworden sein, weil N den Fehler nicht innerhalb eines Jahres seit der Bekanntmachung des BPlans in gehöriger Form gegenüber G geltend gemacht hat. Da die Bekanntmachung des BPlans mit allen erforderlichen Hinweisen i.S.v. § 215 Abs. 2 BauGB versehen war, ist Absatz 1 anwendbar.

---

724 BVerwG BRS 73 Nr. 54; BRS 65 Nr. 50.

725 BVerwGE 82, 233; OVG Bln-Bbg OVGE 16, 183; Ziekow, in: Sodan/Ziekow § 47 Rn. 353.

726 BVerwGE 131, 100; 78, 85; 68, 12.

727 Näher Kopp/Schenke § 47 Rn. 101.

728 Zu den Beschränkungen aller Bundesländer: Ziekow, in: Sodan/Ziekow § 47 Rn. 317–331.

Die Rügefrist hat N eingehalten. Der Fehler ist damit auch nicht zeitlich unbeachtlich.

Ob der Mangel durch ein ergänzendes Verfahren nach § 214 Abs. 4 BauGB geheilt werden könnte, ist für die gerichtliche Entscheidung unerheblich, weil die Heilung noch nicht erfolgt ist.[729] Da allerdings die Gesamtkonzeption des BPlans und damit der Kern der Abwägungsentscheidung berührt ist, spricht alles dafür, dass es sich um kein ergänzendes, sondern um ein (ggf. verdeckt) ersetzendes Verfahren außerhalb von § 214 Abs. 4 BauGB handelt.[730]

d) Der BPlan ist schon deswegen formell rechtswidrig.

2. Abwägungsfehler **293**

Weiter könnte der BPlan wegen eines **Abwägungsfehlers** nach der Abwägungsfehlerlehre (Abwägungsausfall, -defizit, -fehleinschätzung, -disproportionalität) unwirksam sein. Das Abwägungsgebot gilt sowohl für den Abwägungs**vorgang** als auch das Abwägungs**ergebnis.**[731]

a) Ein Fehler bei der Abwägung nach § 1 Abs. 6 und 7 BauGB scheidet aus, weil diese Vorschriften direkt nur auf Belange innerhalb derselben Gemeinde anwendbar ist.[732] Interkommunal geht der speziellere § 2 Abs. 2 BauGB vor.[733]

b) Der BPlan könnte gegen das aus § 2 Abs. 2 S. 1 BauGB folgende Gebot zur **materiellen** (= inhaltlichen, nicht lediglich formellen i.S.v. § 4 Abs. 2 S. 1 BauGB) **Abstimmung** verstoßen. Die BPläne müssen so aufeinander abgestimmt sein, dass auf die benachbarte Gemeinde Rücksicht genommen wird und unzumutbare Auswirkungen vermieden werden.[734] Insbesondere ist auf das aus § 1 Abs. 6 und 7 BauGB folgende Gebot sachgerechter Abwägung widerstreitender nachbarlicher Belange zu beachten.

aa) Dann müsste G zur Abstimmung verpflichtet gewesen sein; daran könnten Zweifel bestehen, weil N noch gar keinen BPlan für das von dem Sushi-Betrieb betroffene eigene Gemeinde beschlossen hatte. Das Abstimmungsgebot setzt jedoch keine beschlossenen BPläne voraus, sondern es genügt, dass die **Planungsabsichten** der Nachbargemeinde sich hinreichend konkretisiert haben und von der Planung beeinträchtigt werden. Dasselbe gilt bei gemeindlichen Einrichtungen.[735] Diese Voraussetzungen waren erfüllt. N hatte bereits einen Planentwurf für ein Wohngebiet erstellt und der war G auch bekannt. Insofern hatten sich die Planungsabsichten der N so konkretisiert, dass G zur Abstimmung verpflichtet war.

---

729 BVerwG BRS 73 Nr. 32; BRS 76 Nr. 66: Heilung nach Anhängigkeit führt nicht zur Unzulässigkeit des Antrags.

730 BVerwGE 116, 254; Battis, in: Battis/Krautzberger/Löhr § 214 Rn. 24.

731 BVerwGE 45, 309.

732 Kahl JA 2005, 280, 285.

733 BVerwGE 119, 25.

734 BVerwGE 84, 209; 40, 323.

735 BVerwG BRS 76 Nr. 30; BVerwGE 74, 124; Battis, in: Battis/Krautzberger/Löhr § 2 Rn. 22.

294 bb) Es könnte bereits ein **Abwägungsausfall** gegeben sein, weil G das BPlan-Verfahren nicht ergebnisoffen, sondern unstreitig mit dem Ziel geführt hat, den japanischen Industriebetrieb anzusiedeln. Nach § 214 Abs. 3 S. 1 BauGB (der systematisch eigentlich in § 1 Abs. 7 BauGB gehört) ist **entscheidungserheblicher Zeitpunkt** die Beschlussfassung über den BPlan.[736]

(1) G hatte sich also möglicherweise faktisch im Vorfeld gebunden, mit der Folge, dass für eine Abwägung der entgegenstehenden Belange tatsächlich kein Raum mehr war. Bei **faktischen Vorabbindungen** des Planungsträgers fehlt nach Auffassung des BVerwG ein Abwägungsausfall, wenn es 1) einen sachlichen Grund für die Vorwegnahme gibt, 2) die Gemeindevertretung (z.B. Rat) die Grundentscheidung getroffen hat und 3) die faktische Entscheidung selbst den Abwägungsanforderungen des BauGB genügt.[737]

Diese Voraussetzungen sind nur teilweise erfüllt. Bei Großvorhaben wie hier ist eine sachgerechte Planung nur möglich, wenn Gemeinde und Investor kooperieren. Ein sachlicher Grund ist gegeben. Der Rat hat die Vorabentscheidung auch mitgetragen (vgl. geänderter FPlan). Allerdings hat G keine Abwägung vorgenommen, die den Anforderungen des § 1 Abs. 6 und 7 BauGB entsprochen hätte. Insbesondere hat G auf die Bedürfnisse der N für deren ins Auge gefasste Wohnsiedlung keinerlei Rücksicht genommen.

(2) Fraglich ist, ob dieser **Fehler** aus gerichtlicher Sicht **beachtlich** ist. Das richtet sich nach §§ 214 f. BauGB. Liegt ein Fehler im Abwägungsvorgang, ist zu unterscheiden: Fehler in der Ermittlung und Bewertung des Abwägungsmaterials sind (nur) nach § 214 Abs. 1 S. 1 Nr. 1 BauGB beachtlich, können aber nicht als Mangel der Abwägung geltend gemacht werden.[738] Auch alle übrigen Mängel im Abwägungsvorgang müssen offensichtlich und auf das Abwägungsergebnis von Einfluss gewesen sein (§ 214 Abs. 3 S. 2 Hs. 2 BauGB).

Der der G unterlaufene Verstoß gegen das aus § 2 Abs. 3 BauGB folgende Ermittlungs- und Abwägungsgebot unterfällt § 214 Abs. 1 S. 1 Nr. 1 BauGB. Er ist sachlich nur beachtlich, wenn er offensichtlich und auf das Abwägungsergebnis von Einfluss gewesen ist.

(a) **Offensichtlich** sind Fehler, die auf der äußeren Seite des Abwägungsvorgangs, also auf objektiv fassbaren Umständen beruhen. Dies sind insbesondere Fehler, die die Zusammenstellung und Aufbereitung des Abwägungsmaterials, die Erkenntnis und Einstellung aller wesentlichen Belange in die Abwägung oder die Gewichtung der Belange be-

736 BVerwGE 149, 229.

737 BVerwG BRS 81 Nr. 20; BRS 79 Nr. 19; BVerwGE 45, 309.

738 Battis, in: Battis/Krautzberger/Löhr § 214 Rn. 20.

treffen und die sich aus Akten, Protokollerklärungen, aus der Entwurfs- oder Planbegründung oder aus sonstigen Umständen ergeben.[739] Da sich aus dem ersten Band der Verwaltungsakten ergibt, wie die Ausweisung des Industriegebiets vonstatten gegangen ist, lässt sich die **äußere Seite des Abwägungsvorgangs** rekonstruieren. Der Fehler ist mithin offensichtlich.

(b) Auf das **Abwägungsergebnis** ist der Fehler **von Einfluss** gewesen, wenn nach den Einzelfallumständen die konkrete Möglichkeit besteht, dass ohne den Mangel die Planung anders ausgefallen wäre.[740] Die abstrakte Möglichkeit der Fehlerrelevanz reicht nicht.[741] Diese konkrete Möglichkeit besteht. G hatte großes Interesse, durch den Betrieb ihre Gewerbesteuereinnahmen zu erhöhen. Es liegt nahe, dass G ohne diese Aussicht die N beteiligt hätte und zu einem anderen Abwägungsergebnis gekommen wäre, das GI also andernorts ausgewiesen hätte. 295

(c) Der Abwägungsfehler ist (sachlich) beachtlich.

(3) Der Fehler muss weiterhin auch rechtzeitig gerügt, also zeitlich beachtlich sein, § 215 BauGB. § 215 Abs. 1 S. 1 Nr. 1 BauGB stellt für den Fehler eine Frist von einem Jahr auf, sofern – wie hier – zutreffend darüber belehrt worden ist. Diese Frist ist eingehalten. Ein beachtlicher Abwägungsausfall liegt vor.

Auch insofern dürfte eine Heilung nach § 214 Abs. 4 BauGB ausscheiden, weil die Gesamtkonzeption der Planung berührt ist.

cc) Weiterhin könnte ein Abwägungsdefizit, also eine unterbliebene Berücksichtigung einzustellender Belange, darin liegen, dass die allgemeinen Anforderungen an gesunde Wohnverhältnisse (§ 1 Abs. 6 Nr. 1 BauGB) und die umweltbezogenen Auswirkungen auf den Menschen und seine Gesundheit (§ 1 Abs. 6 Nr. 7c BauGB) nicht berücksichtigt worden sind.

Grundsätzlich hat jeder BPlan die von ihm geschaffenen Konflikte selbst zu lösen (Grundsatz der **planerischen Konfliktbewältigung**).[742] Von einer abschließenden Konfliktbewältigung im BPlan darf die Gemeinde Abstand nehmen, wenn die nötige Konfliktlösung außerhalb des Planungsverfahrens auf der Stufe der Verwirklichung der Planung sichergestellt ist.[743] Eine Planung darf nicht dazu führen, dass Konflikte, die durch sie hervorgerufen werden, zulasten Betroffener auf der Ebene der Vorhabenzulassung letztlich ungelöst bleiben. Der Verweis in der BPlan-Begründung auf die Baugenehmigungsverfahren genügt dem 296

739 BVerwGE 138, 226 (FStrG); 64, 33.
740 BVerwGE 131, 100; 64, 33.
741 BVerwG BRS 57 Nr. 22.
742 BVerwGE 116, 144.
743 BVerwG BRS 76 Nr. 22; BRS 74 Nr. 17.

nicht. Es ist nicht klar, wie die sich widersprechenden Nutzungen Industrie und Wohnen zum Einklang gebracht werden können.

297 Speziell regelt § 50 S. 1 BImSchG diese Konfliktlage, indem er vorschreibt, dass (immissionsschutzrechtlich) unverträgliche Nutzungen räumlich zu trennen sind („Trennungsgrundsatz").[744] Das Industriegebiet an der Gemeindegrenze führt als rechtliche Folgewirkung dazu, dass N das ins Auge gefasste WA nicht verwirklichen kann, weil es zu einem Verstoß gegen § 50 BImSchG führen würde. Die Planungsziele der §§ 1 Abs. 6 Nr. 1 und 7c BauGB sind damit verfehlt. Das **Abwägungsergebnis** ist fehlerhaft.

Der Fehler (nach § 214 Abs. 3 S. 2 Hs. 2 oder § 214 Abs. 1 S. 1 Nr. 1 BauGB) ist offensichtlich auf das Abwägungsergebnis von Einfluss gewesen und die Frist des § 215 BauGB ist gewahrt. Es liegt ein Abwägungsdefizit vor.

Fehler im Abwägungsergebnis lassen sich grundsätzlich nach § 214 Abs. 4 BauGB heilen. Der Fehler muss sich aber isolieren lassen und seine Behebung darf keinen erheblichen Einfluss auf die Gesamtkonzeption der Planung haben.[745] Von beidem ist hier aber nicht auszugehen, sodass eine Heilung ausscheidet.

3. Der BPlan ist insgesamt formell rechtswidrig und folglich unwirksam.

II. Materielle Rechtmäßigkeit

298 Der BPlan könnte wegen Verstoßes gegen das **Entwicklungsgebot** des § 8 Abs. 2 S. 1 BauGB materiell rechtswidrig sein, weil der BPlan nicht „aus" dem FPlan entwickelt worden ist, sondern beide Pläne gleichzeitig entstanden bzw. geändert worden sind. § 8 Abs. 3 S. 1 BauGB erlaubt eine solche Parallelentwicklung jedoch. Ein zeitliches Nacheinander der Planerarbeitung ist entbehrlich, solange der BPlan inhaltlich aus dem FPlan entwickelt ist.[746] Insofern besteht kein materiellrechtlicher Mangel.

Der Normenkontrollantrag ist auch begründet und hat deswegen Erfolg.

---

744 BVerwGE 143, 24; BVerwG BRS 70 Nr. 15.

745 Vgl. Battis, in: Battis/Krautzberger/Löhr § 214 Rn. 24 f.

746 BVerwGE 70, 171; Jäde, in: Jäde/Dirnberger/Weiss § 8 Rn. 9.

Synopse der wichtigsten Vorschriften der 16 Landes-Bauordnungen (LBauO) 299

BW	Bay	Berl	BB	Brem	Hamb	Hess	M-V

Nds	NRW	RhPf	Saarl	Sachs	LSA	SH	Thür

Allg. Anforderungen	§ 3 I	Art. 3	§ 3 I	§ 3 I	§ 3 I	§ 3 I	§ 3 I	§ 3 I
Abstandsflächen/Grenzabstände	§§ 5–7	Art. 6	§§ 6, 6 a	§ 6	§ 6	§§ 6, 7	§§ 6, 7	§ 6
Gestaltung	§ 11 I, II	Art. 8	§ 9	§ 8	§ 9	§ 12	§ 9 I	§ 9
Werbeanlagen u. Warenautomaten	§ 11 III	Art. 8	§ 10	§ 9	§ 10	§ 13	§ 9 II	§ 10
Stellplätze und Garagen, z.T. Abstellmöglichkeiten für Fahrräder	§ 37	Art. 47	§§ 50, 52	§ 43	§ 49	§§ 48, 49	§ 44	§ 49
Die am Bau Beteiligten	§§ 41 ff.	Art. 49 ff.	§§ 53 ff.	§§ 46 ff.	§§ 52 ff.	§§ 53 ff.	§§ 47 ff.	§§ 52 ff.
Aufgaben und Zuständigkeit der Bauaufsichtsbehörden	§§ 46–48	Art. 53	§ 1 AG-BauGB, § 4 AZG, § 2 IV ASOG, § 58 BauO	§ 51	§§ 57, 58	§ 58 BauO, § 2 BezVG i.V.m. Anordn. ü.Zust. im Bauordnungs-wesen	§§ 52 f.	§ 57 I
Baueinstellung/Stilllegung	§ 64	Art. 75	§ 78	§ 73 I	§ 78	§ 75	§ 71	§ 79
Nutzungsuntersagung	§ 65 S. 2	Art. 76 S. 2	§ 79 S. 2	§ 73 III	§ 79 I 2	§ 76 I 2	§ 72 I 2	§ 80 II
Beseitigung/Abriss	§ 65 S. 1	Art. 76 S. 1	§ 79 S. 1	§ 74	§§ 79 I 1, II	§ 76 I 1	§ 72 I 1	§ 80 I
Generalermächtigung; nachträgliche Anordnungen	§§ 47, 58 IV, 76	Art. 54 II 54 III, IV	§ 58	§§ 52, 78	§ 58 II i.V.m. III, IV	§§ 58, 76 II–IV	§ 53	§ 58
Genehmigungsbedürftige Vorhaben	§ 49	Art. 55	§ 60	§ 54	§ 59 I	§ 59 I	§ 54 I	§ 59 I
Genehmigungs-,verfahrensfreie Vorhaben; Genehmigungsfreistel-lungsverfahren; Kenntnisgabe-, Anzeigeverfahren	§§ 50 f.	Art. 57 f.	§§ 62 f.	§§ 55, 58	§§ 61 ff.	§ 60 i.V.m. Anl. 2 zur HBauO	§§ 55 f.	§§ 61 f.
Bauantrag	53	64	69	62 f.	68 f.	70	60 f.	68 f.
Vereinfachtes Genehmigungsverfahren	§ 52	Art. 59	§ 64	§ 57	§ 63	§ 61	§ 57	§ 63
Abweichung, Ausnahmen, Befreiungen (von BauO)	§ 56	Art. 63	§ 68	§§ 60 f.	§ 67	§ 69	§ 63	§ 67
Beteiligung der Angrenzer bzw. Nachbarn	§ 55	Art. 66	–	§ 64	§ 70	§ 71	§ 62	§ 70
Baugenehmigung, Erteilungsvor.	§ 58	Art. 68	§ 71	§ 67	§ 72	§ 72	§ 64	§ 72
Ersetzung des gemeindlichen Einvernehmens	§ 54 III, IV	Art. 67	–	§ 70	–	–	§ 22 III DVO-BauGB	§ 71
Bauvorbescheid/Bebauungsgen.	§ 57	Art. 71	§ 74	§ 59	§ 75	§ 63	§ 66	§ 75

§ 3	§ 3 I	§§ 3, 4	§ 3 I	§ 3 I	§ 3 I	§ 3 II	§ 3 I	Allg. Anforderungen
§ 5	§§ 6, 7	§§ 8, 9	§§ 7, 8	§ 6	§ 6	§ 6	§ 6	Abstandsflächen/Grenzabstände
§ 10	§ 12	§ 5	§ 4	§ 9	§ 9	§ 10	§ 9	Gestaltung
§ 50	§ 13	§ 52	§ 12	§ 10	§ 10	§ 11	§ 10	Werbeanlagen u. Warenautomaten
§§ 46–48	§ 51	§ 47	§ 47	§ 49	§ 48	§ 50	§ 49	Stellplätze und Garagen, z.T. Abstellmöglichkeiten für Fahrräder
§§ 52 ff.	§§ 56 ff.	§§ 54 ff.	§§ 52 ff.	§§ 52 ff.	§§ 51 ff.	§§ 53 ff.	§§ 52 ff.	Die am Bau Beteiligten
§ 57	§§ 60, 62	§§ 58, 60	§ 58 I	§ 57 I	§ 56	§ 58	§ 57	Aufgaben und Zuständigkeit der Bauaufsichtsbehörden
§ 79 I 2 Nr. 1	§ 61 I 2	§ 80 I	§ 81	§ 79	§ 78	§ 59 II Nr. 1	§ 78	Baueinstellung/Stilllegung
§ 79 I 2 Nr. 5	§ 61 I 2	§ 81 S. 1	§ 82 II	§ 80 S. 2	§ 79 S. 2	§ 59 II Nr. 4	§ 79 I 2	Nutzungsuntersagung
§ 79 I 2 Nr. 4	§ 61 I 2	§ 81 S. 1	§ 82 I	§ 80 S. 1	§ 79 S. 1	§ 59 II Nr. 3	§ 79 I 1, II	Beseitigung/Abriss
§§ 76, 79	§§ 61 I 2, 87	§§ 59., 82, 85	§ 57	§ 58	§ 57	§ 59 § 60	§ 58	Generalermächtigung; nachträgliche Anordnungen
§ 59	§ 63 I	§ 61	§ 60	§ 59	§ 58 I	§ 62	§ 59	Genehmigungsbedürftige Vorhaben
§§ 60, 62	§§ 65–67	§§ 62, 67	§§ 61–63	§§ 61 f., 76	§§ 60 f.	§ 63	§§ 60, 61	Genehmigungs-,verfahrensfreie Vorhaben; Genehmigungsfreistellungsverfahren; Kenntnisgabe-, Anzeigeverfahren
67, 69	69	63, 65	69, 71	68 f.	67 f.	64, 67	67 f.	Bauantrag
§ 63	§ 68	§ 66	§ 64	§ 63	§ 62	§ 69	§ 62	Vereinfachtes Genehmigungsverfahren
§ 66	§ 73	§ 69	§ 68	§ 67	§ 66	§ 71	§ 66	Abweichung, Ausnahmen, Befreiungen (von BauO)
§ 68	§ 74	§ 68	§ 71	§ 70	§ 69	§ 72	§ 69	Beteiligung der Angrenzer bzw. Nachbarn
§ 70	§ 75	§ 70	§ 73	§ 72	§ 71	§ 73	§ 71	Baugenehmigung, Erteilungsvor.
§ 2 DVO-BauGB	§ 2 III BauGB-DVO	§ 71	§ 72	§ 71	§ 70	§ 1 II LVO z. Übertr. v. Zust. auf nachg. Beh.	§ 70	Ersetzung des gemeindlichen Einvernehmens
§ 73	§ 71	§ 72	§ 76	§ 75	§ 74	§ 66	§ 74	Bauvorbescheid/Bebauungsgen.

Stichwortverzeichnis

Die Zahlen verweisen auf die Randnummern.

Abbruch ... 26
Abbruch (BauGB) ... 41
Abgelehnter Bauantrag ... 62
Abrissverfügung ... 165
Abrundungssatzung ... 98
Abstandsfläche ... 204, 216
Abstimmungsgebot ... 294
Abstrakte Normenkontrolle ... 282
  Antragsbefugnis ... 285
  Antragsfrist ... 291
  Objektives Verfahren ... 292
  Verwaltungsrechtsweg ... 283
Abwägung
  Abwägungsausfall ... 271
  Abwägungsdefizit ... 271
  Abwägungsdisproportionalität ... 271
  Abwägungsergebnis ... 298
  Abwägungsfehleinschätzung ... 271
  Abwägungsfehler ... 271
  Abwägungsfehlerlehre ... 271
  Abwägungsgebot ... 270
Abweichende Bauausführung ... 171
Adressat (Bauordnungsverfügung) ... 175
Aktive Duldung ... 181
Aktiver Bestandsschutz ... 148
Altenteilerhaus ... 130
Amtshaftung ... 85
Änderung (BauO) ... 26
Anfechtung ... 236
Angrenzer ... 37, 198
Anlagen für soziale Zwecke (BauNVO) ... 108
Annexantrag (§ 113 VwGO) ... 240
Anspruch auf Einschreiten ... 245
Antragsbefugnis (Normenkontrolle) ... 285
Antragsfrist (Normenkontrolle) ... 291
Architekt ... 36
Art der baulichen Nutzung ... 103
Artfremde Bebauung ... 207
Aufschiebende Wirkung ... 194
Aufstellungsbeschluss ... 254
Aufstellungsverfahren ... 253
Ausfertigung ... 260
Auslegungsbeschluss ... 255
Ausnahmebebauung ... 48, 57
Aussiedlerhof ... 124
Außenbereich ... 40, 121 f.
  Altenteilerhaus ... 130
  Bedeutsame Regelungen ... 121
  Bodenversiegelung ... 140
  Definition ... 124
  Faustregel Zulässigkeit ... 122
  Größtmögliche Schonung ... 121
  Landwirtschaftliche Nebenerwerbs-stellen ... 128
  Mobilfunksendeanlage ... 137
  Öffentliche Belange ... 141 ff.
  Ortsgebundene Betriebe ... 137
  Pensionspferdehaltung ... 135
  Privilegiertes Vorhaben ... 125
  Prüfungsfolge ... 122, 145
  Rückbauverpflichtung ... 140
  Schädliche Umwelteinwirkungen ... 143
  Scheinprivilegierung ... 138
  Schonung ... 129
  Sonstige Vorhaben ... 132
Außenbereichssatzung ... 134
Außerkrafttreten (BPlan) ... 261

Bauabnahme ... 181
Bauaufsicht ... 11
Bauaufsichtsbehörde ... 35
Baueinstellung ... 156
Bauen (BauGB) ... 42
Baufreigabe ... 16
Baufreiheit ... 2, 15
BauGB, wichtigste Normen ... 8
Baugebiete (BauNVO) ... 47
Baugenehmigung ... 10 ff.
  Abweichende Ausführung ... 171
  Amtshaftung ... 85
  Anspruch ... 13, 57
  Anspruchsgrundlage ... 66
  Antrag ... 36
  Aufschiebende Wirkung ... 194
  Baufreigabe ... 16
  Bauvorbescheid ... 99 ff.
  Bekanntgabe ... 227
  Entscheidungserheblicher Zeitpunkt ... 68
  Erledigung ... 23
  Erlöschen ... 22
  Ermessen ... 57, 70
  Feststellungswirkung ... 18
  Fiktion ... 21
  Freiwilliges Genehmigungsverfahren ... 32
  Geltungsdauer ... 23, 30
  Grüneintragung ... 17
  Grünstempel ... 17
  Klagefrist ... 227
  Legalisierungswirkung ... 19
  Nachtragsgenehmigung ... 172
  Privatrechtliche Wirkung ... 62
  Prüfungsumfang ... 18
  Schlusspunkt ... 18
  Schriftform ... 39

VA mit Doppelwirkung ... 14
Verbot mit Erlaubnisvorbehalt ... 13
Verfügende Wirkung ... 16
Verhinderung ... 81
Versagungsbescheid ... 173
Verwaltungsakt ... 16
Verzicht ... 23, 30
Vollstreckungsgegenklage ... 85
Vorläufig ... 190
Widerspruchsfrist ... 227
Baugenehmigungspflichtigkeit ... 24
Baugrenze ... 209
Baulast ... 80
Brandenburg ... 80
Bauleitplanung ... 249
Bauliche Anlage ... 41
Bauliche Anlage (BauGB) ... 41
Bauliche Anlage (BauO) ... 25
Abbruch ... 26
Abgrenzung zum BauGB ... 25
Änderung ... 26
Errichtung ... 26
Nutzungsänderung ... 28
Verkaufsstand ... 25
Werbeschild ... 25
Windenergieanlage ... 25
Baulinie ... 209
Baulücke ... 92, 102
Baunachbarrecht ... 191
BauNVO
Dienen ... 108
Einbeziehung in BPlan ... 49, 69
Typisierung ... 50, 72
Wichtigste Normen ... 9
BauO, wichtigste Normen ... 10
Bauordnungsrecht ... 10
Bauordnungsverfügung ... 151
Adressat ... 175
Arten ... 152
Bestimmtheit ... 169
Duldungsverfügung ... 186 f.
Einwendungen ... 168
Einzelrechtsnachfolge ... 182
Entscheidungserheblicher Zeitpunkt ... 170
Ermessen ... 155
Form ... 169
Gleichbehandlung ... 177
Materielle Baurechtswidrigkeit ... 154
Musterfall ... 177
Prüfungsfolge ... 151, 187
Rechte Dritter ... 185
Rechtsnachfolge ... 182
Vertrauensschutz ... 180
Vollstreckung ... 186
Vollstreckungshindernis ... 186
WEG ... 176
Zwangsmittel ... 184
Baurechtsklausuren ... 4
Baustopp ... 156
Bauvorbescheid ... 99
Geltungsdauer ... 100
Nachbaranfechtung ... 100
Prüfungsumfang ... 100 f.
Verhältnis Baugenehmigung ... 100
Wirkung ... 100
Bauvorlageberechtigter ... 36
Bauweise ... 209
Bauzustandsbesichtigung ... 181
Bearbeitungsfrist (Bauantrag) ... 21
Bebauungsgenehmigung ... 100
Bebauungsplan (s. BPlan) ... 46
Bebauungsplangebiet ... 40
Bebauungsplangebiete (§ 30 BauGB) ... 55
Bebauungstiefe ... 209
Bebauungszusammenhang ... 92 f.
Befangenheit ... 259
Befreiung ... 76, 210
Beiladung ... 63
Bekanntgabe ... 227
Bekanntmachung (BPlan) ... 260
Belassungserklärung ... 181
Beseitigungsverfügung ... 165
Ermächtigungsgrundlage ... 169
Ermessen ... 167
Geeignetheit ... 178
Genehmigungsfreie Vorhaben ... 166
Sofortvollzug ... 184 f.
Verhältnismäßigkeit ... 177
Voraussetzungen ... 165 f.
Bestandsschutz ... 146
Bauordnungsverfügung ... 168
Fallbearbeitung ... 149
Formell ... 148
Materiell ... 148
Passiv ... 148
Übergesetzlich ... 174
Bestimmtheit ... 206
Betretungsrechte ... 187
Betriebsleiterwohnung ... 71
BImSchG ... 104, 143, 214
Bodenrechtliche Relevanz ... 42
Bodenrechtliche Spannung ... 96
Bodenversiegelung ... 140
BPlan ... 46, 251
Abstimmungsgebot ... 294
Abwägungsergebnis fehlerhaft ... 296
Abwägungsfehler ... 271, 294
Abwägungsausfall ... 271
Abwägungsdefizit ... 271
Abwägungsdisproportionalität ... 271
Abwägungsfehleinschätzung ... 271
Abwägungsgebot ... 270

Aufstellungsbeschluss ... 254
Aufstellungsverfahren ... 253
Ausfertigung ... 260
Auslegungsbeschluss ... 255
Außerkrafttreten ... 261
Befangenheit ... 259
Bekanntmachung ... 260
Entwicklungsgebot ... 267
Erforderlichkeit ... 264
Ewigkeitsfehler ... 274
Faktische Vorabbindungen ... 295
Fehlerfolgen ... 273
Festsetzungen ... 47
In Aufstellung ... 60
Interkommunales Abstimmungsgebot ... 287
Interkommunales Rücksichtnahmegebot ... 269
Offensichtliche Fehler ... 295
Planergänzung ... 277, 293
Planerhaltung ... 262
Planerische Gestaltungsfreiheit ... 263
Planerische Konfliktbewältigung ... 297
Präklusion ... 255
Prüfungsfolge ... 263
Qualifizierter BPlan ... 56
Raumordnung ... 266
Rügefrist ... 276
Sachlich unbeachtliche Fehler ... 293
Satzung ... 258
Textliche Begründung ... 254
Träger öffentlicher Belange ... 256
Typenzwang ... 268
Vorhabenbezogener BPlan ... 59
Wichtigste Normen ... 8
Zeitlich unbeachtliche Fehler ... 293
Bürgerbeteiligung ... 255

Darstellungen ... 251
Dauerhaftigkeit ... 42
Dauerverwaltungsakt ... 164
Dienen (BauNVO) ... 108
Dienstbarkeit (s. Baulast)
Dispens ... 76
Doppelhaus ... 54
Dorfgebiet ... 105
Drittschützende Vorschriften ... 196
Duldung ... 181
Aktive ... 181
Passive ... 181
Duldungsverfügung ... 186
Duldungszusage ... 181
Durchsuchung ... 187

Eigenart der näheren Umgebung ... 95
Eigentümermehrheit ... 176
Eilrechtsschutz des Bauherrn ... 190
Einfacher BPlan ... 58
Einfachrechtlicher Bestandsschutz ... 149
Einfügen ... 96, 213
Einschreiten der Bauaufsicht ... 220
Einstweilige Anordnung ... 190, 224
Einvernehmen der Gemeinde ... 63
Ersatz bei Verweigerung ... 64
Haftung ... 64
Prüfungsumfang ... 63
Widerruf ... 64
Einwirkungsbereich ... 198
Entscheidungserheblicher Zeitpunkt (Bauordnungsverfügung) ... 68, 170, 188, 232
Entwicklungsgebot ... 267
Entwurfsverfasser ... 36
Erforderlichkeit (BPlan) ... 264
Ermessen ... 221, 242, 245
Intendiert ... 155
Reduzierung auf Null ... 221
Errichtung (BauO) ... 26
Ersatzverkündung ... 260
Erschließung ... 56, 78, 106, 136
Ewigkeitsfehler ... 274

Faktische Vorabbindungen ... 295
Fehlerfolgen (BPlan) ... 273
Festsetzungen ... 47, 251, 252
Festsetzungserfindungsrecht ... 268
Feststellungsklage ... 189
Fläche für die Landwirtschaft ... 142
Flächennutzungsplan s. FPlan
Folgenbeseitigungslast ... 248
Formelle Baurechtmäßigkeit ... 34
Formeller Bestandsschutz ... 148
Fortsetzungsfeststellungsklage ... 87
FPlan ... 45, 250
Darstellungen ... 251
Freie Berufe (BauNVO) ... 52, 111
Futtergrundlage ... 126

Garagen (BauNVO) ... 52, 233
S. auch Stellplätze
Gebiet ... 108
Gebietscharakter ... 51
Gebietserhaltungsanspruch ... 207, 213, 231
Gebietsgewährleistungsanspruch s. Gebietserhaltungsanspruch
Gebietsprägungserhaltungsanspruch ... 208
Gebietsverträglichkeit ... 50, 70
Gebot der Rücksichtnahme ... 114
Geeignetheit ... 178
Gemeinde als Bauherr ... 32
Gemeindeordnung ... 253
Gemeindliches Einvernehmen
Rechtsschutz der Gemeinde ... 65
Gemengelage ... 97

Genehmigungsverfahren, freiwillig ... 31
Genehmigungsbedürftige Vorhaben ... 24
Genehmigungspflicht ... 11 f.
Gerüche ... 104 f.
Geschlossene Bauweise ... 54
Gesetzgebungsbefugnis ... 42
Gesetzgebungskompetenz ... 3
Gewerbegebiet ... 71
Gewerbe ... 108
Gewerbliche Tierhaltung ... 126
Gleichbehandlung
    (Bauordnungsverfügung) ... 177
Grenzabstand ... 201, 204, 216
Grundschema ... 5 f.
Grüneintragung ... 17
Grünstempel ... 17

Handwerksbetriebe (BauNVO) ... 108
Hausgruppen ... 54
Heranrückende Wohnbebauung ... 144

Im Zusammenhang bebaut ... 92
Inhaltsbestimmung ... 189
Innenbereich ... 91
  Abrundungssatzung ... 98
  Gemengelage ... 97
  Letztes Haus ... 92
Innenbereich, unbeplant ... 88
Insolvenzverwalter ... 183
Instandhaltung ... 27
Instandsetzung ... 27
Intendiertes Ermessen ... 155, 247
Interkommunales Abstimmungsgebot ... 287
Interkommunales Rücksichtnahmegebot ... 269

Klage ... 222
Klagebefugnis
  Grundstückseigentümer ... 61
  Nichteigentümer ... 61
Kleintierhaltung (BauNVO) ... 113
Kommunalverfassungsgesetz ... 253
Konzentrationswirkung ... 31

Lage ... 75
Landesbauordnungen (LBauOen)
  Synopse ... 300
Landwirtschaft ... 126
Legalisierungswirkung ... 19
Letztes Haus ... 92

Maß baulicher Nutzung (BauNVO) ... 53
Maß der baulichen Nutzung ... 209
Materielle Baurechtmäßigkeit ... 40
Materieller Bestandsschutz ... 148
Mieter ... 197
Mieter (Bauordnungsverfügung) ... 186
Miteigentümer ... 237
Mobilfunksendeanlage ... 113, 137
Musterfall (Bauordnungsverfügung) ... 177

Nachbar ... 197 f.
Nachbargemeinde ... 198
Nachbarliches Gemeinschaftsverhältnis ... 229
Nachbarrechtsschutz
  Begründetheit ... 200
  Klagebefugnis ... 199
  Prüfungsaufbau ... 199 f.
Nachbarschutz
  Abstandsfläche ... 216
  Angrenzer ... 198
  Annexantrag ... 240
  Anspruch auf Einschreiten ... 245
  Außenbereich ... 214
  Baugenehmigungsverfahren
    unterblieben ... 219
  Bauweise ... 209
  Befreiung ... 210
  Bestimmtheit ... 206
  BImSchG ... 214
  Drittschützende Vorschriften ... 196
  Einstweilige Anordnung ... 224
  Einwirkungsbereich ... 198
  Ermessen ... 221
  Fallaufbau ... 194
  Grundrechte ... 205
  LBauO ... 215 f.
  Maß der baulichen Nutzung ... 209
  Mieter ... 197
  Nachbargemeinde ... 198
  Offene Bauweise ... 201
  Rechtsschutz ... 222
  Repressiv ... 220
  Stellplätze ... 218
  Verwirkung ... 239
  Verzicht ... 228
  Verzicht, Widerruf ... 235
  Verzichtsanfechtung ... 236
  Vorläufiger Rechtsschutz ... 223
  Zivilrecht ... 220
Nachbarunterschrift ... 228
Nachtragsbaugenehmigung ... 172
Nähere Umgebung ... 94
Nassauskiesungsentscheidung ... 147
Nebenanlagen (BauNVO) ... 52, 113, 131
Nebenbestimmung ... 189
Nebenerwerbsstellen ... 128
Negativplanung ... 264
Normenkontrolle
  s. Abstrakte Normenkontrolle
Nutzungsänderung ... 28, 162
Nutzungsintensivierung ... 29
Nutzungsuntersagung ... 162

Dauerverwaltungsakt ... 164
Genehmigungsfreie Vorhaben ... 164
Sofortvollzug ... 184

Offene Bauweise ... 54, 201
Offensichtlichkeit, Fehler (BPlan) ... 295
Öffentliche Belange ... 141
Öffentlicher Bauherr ... 32
Örtliche Zuständigkeit ... 35
Ortsgebundene Betriebe ... 137
Ortsteil ... 93, 102

Passive Duldung ... 181
Passiver Bestandsschutz ... 148
Pensionspferdehaltung ... 135
Planentwurf ... 254
Planergänzung ... 277, 280, 293
Planerhaltung ... 262, 273 ff.
Planerische Gestaltungsfreiheit ... 263
Planerische Konfliktbewältigung ... 297
Planersatzvorschriften ... 252
Planungsabsichten ... 294
Planungshoheit ... 3, 45, 249
PlanzeichenVO ... 46
Präklusion (BPlanverfahren) ... 255
Privilegiertes Vorhaben ... 125
Prüfungsrelevanz öff. BauR ... 4

Qualifizierter BPlan ... 55 f.

Raumordnung, Ziele ... 266
Rechtmäßigkeit Bauvorhaben ... 5
Rechtsnachfolge (Bauordnungsverfügung) ... 182
Rechtsschutz des Nachbarn ... 222
Rechtsschutzinteresse ... 188
Abgelehnter Bauantrag ... 62
Verwertbarkeit ... 62
Regelbebauung ... 48
Repressiver Nachbarschutz ... 220
Rückbauverpflichtung (Außenbereich) ... 140
Rücksichtnahme ... 103, 114
Abstandsfläche ... 204
Art der baulichen Nutzung ... 116
Aussicht, Lage ... 75
Grenzabstand ... 204
In § 15 Abs. 1 S. 1 BauNVO ... 114, 117
In § 15 Abs. 1 S. 2 BauNVO ... 114, 118 ff.
In § 31 Abs. 2 BauGB ... 114
In § 34 Abs. 1 S. 1 BauGB ... 114
In § 35 Abs. 3 S. 1 Nr. 3 BauGB ... 114, 144
Prüfungsfolge ... 120
Wertminderung ... 120
Zumutbarkeit ... 74
Rücksichtnahmegebot ... 51, 73, 114, 205
Rügefrist ... 276

Sachliche Zuständigkeit ... 35
Satzung ... 46, 258
Schädliche Umwelteinwirkungen ... 143
Scheinprivilegierung ... 138
Schicksalsgemeinschaft ... 207
Schlusspunkttheorie ... 18
Schöne Aussicht ... 75
Schonung des Außenbereichs ... 129
Schriftform ... 39
Schutznormtheorie ... 196
Schwarzbau ... 172
Schweinemastbetrieb ... 144, 195
Schwimmbecken ... 123
Sicherheitsleistung ... 140
Siedlungssplitter ... 145
Sofortige Vollziehung ... 184
Sonstige privilegierte Vorhaben ... 138
Sonstige Vorhaben ... 132
Splittersiedlung ... 93, 102, 145, 174
Stellplätze
BauNVO ... 52, 110
BauO ... 201, 218
Stilllegungsverfügung ... 156
Baugenehmigungsfreies Vorhaben ... 158
Ermessen ... 159
Nachbarrecht ... 160
Sofortvollzug ... 184
Versiegelung ... 161
Voraussetzung ... 157
Störer (Bauordnungsverfügung) ... 175
Störpotenzial ... 72
Swimming-Pool ... 123
Synopse LBauOen ... 300

TA Lärm ... 104
Teilrückbau ... 179
Textliche Begründung ... 254
Tierhaltung, gewerblich ... 126
Torso ... 172
Träger öffentlicher Belange ... 256
Typenzwang ... 49, 252, 268
Typisierung ... 50
Typisierung (BauNVO) ... 50, 72

Überbaubare Grundstücksfläche ... 209
Übergesetzlicher Bestandsschutz ... 174
Überörtliche Planung ... 249
Überwachungspflicht Bauaufsicht ... 150
Umgebung, nähere ... 94
Umweltbericht ... 254
Unbeachtlichkeit, sachlich (§ 214 BauGB) ... 293
Unbeachtlichkeit, zeitlich (§ 215 BauGB) ... 293
Unbeplanter Innenbereich ... 40, 88
Unterschrift Nachbar ... 228

Variationsbreite ... 162

Veränderungssperre ... 82
  Entschädigungsanspruch ... 82
  Rechtsbehelfe ... 82
Verbot mit Erlaubnisvorbehalt ... 13
Vergnügungsstätte ... 97, 108
Verhinderung Baugenehmigung ... 81
Verhinderungsplanung ... 82, 86, 264
Verödung der Innenstädte ... 98
Versagungsbescheid ... 173
Versiegelung ... 161
Vertrauensschutz
  (Bauordnungsverfügung) ... 180
Verunstaltungsschutz ... 217
Verwaltungsakt mit Doppelwirkung ... 14, 192
Verwaltungsinternum ... 250
Verwaltungsrechtsweg (Normenkontrolle) ... 283
Verwirkung ... 229, 239
Verzicht ... 30
  Anfechtung ... 236
  Auf Nachbarrechte ... 228
  Widerruf ... 235
Vollstreckung Bauordnungsverfügung ... 184
Vollstreckungsgegenklage ... 85
Vollstreckungshindernis ... 186
Vollzugsfolgenbeseitigungsanspruch ... 242
Vorbild ... 105
Vorhaben ... 41
Vorhabenbezogener BPlan ... 59
Vorkaufsrecht ... 84
Vorläufige Baugenehmigung ... 190
Vorläufiger Rechtsschutz (§ 80a VwGO) ... 223

Wahrung des Gebietscharakters ... 51
WEG (Bauordnungsverfügung) ... 176
Werbeanlage (BauNVO) ... 113
Wertminderung ... 120, 193
Widerruf des Verzichts ... 235
Widerspruch ... 188, 222
Widerspruchsfrist ... 227
Windenergieanlage ... 113, 140
Wochenendhaus ... 138
Wohnartig ... 111
Wohngebäude (BauNVO) ... 108
Wohnungseigentümergemeinschaft ... 176

Ziele der Raumordnung ... 266
Zivilrechtlicher Nachbarschutz ... 220
Zurückstellung ... 83
Zuständigkeit, örtlich ... 35
Zuständigkeit, sachlich ... 35
Zwangsmittel ... 184
Zweck des Baugebiets (BauNVO) ... 71